Jonas Verlag

Dieses Buch ist ohne öffentliche Förderung oder sonstige Drittmittel entstanden. Daher kann es leider nicht als Digitalfassung allgemein oder mit Creative-Commons-Lizenz zur Verfügung gestellt werden.

Bibliografische Information der Deutschen Nationalbibliothek

Die Deutsche Nationalbibliothek verzeichnet diese Publikation in der Deutschen Nationalbibliografie; detaillierte bibliografische Daten sind im Internet über *http://dnb.dnb.de* abrufbar.

© 2016 Jonas Verlag
für Kunst und Literatur GmbH
Weidenhäuser Str. 88
D-35037 Marburg
www.jonas-verlag.de

Umschlaggestaltung: Satzzentrale
Druck: Beltz Bad Langensalza

ISBN 978-3-89445-522-4

Dieter Kramer

Konsumwelten des Alltags
und die Krise der Wachstumsgesellschaft

Vorwort Ulrich Brand, Wien

Jonas Verlag

Dank
Allen, die in der Zeit der Vorbereitung mit mir über einzelne Themen des Textes gesprochen haben, danke ich. Sie werden sich in manchen Passagen wiedererkennen. Und meiner Frau Susanne Enderwitz danke ich dafür, dass sie während der Arbeit an dem Text so geduldig war. Dieter Mayer-Gürr hat den Text sorgfältig bearbeitet. Ich danke auch meinen Wiener Studierenden von 2014/2015, die mich durch ihr Zuhören immer gezwungen haben, meine Gedanken besser zu ordnen.

Verwendete Abkürzungen
EK: Enquete-Kommission des Deutschen Bundestages
WWL: Wachstum, Wohlstand, Lebensqualität
Auf andere Kapitel hingewiesen wird in Klammern: (3.1) oder (s. 3.1) verweist auf Kapitel 3.1.

Inhalt

Vorwort 11
Ulrich Brand, Professor für Politikwissenschaft an der Universität Wien

Vorspiel 15
Zum Thema. Methode und Vorgehensweise. Das Rad neu erfinden? Fortschritt? Lohnt es, von Kultur zu reden? Transformative Wissenschaft.

1. Krisen und Krisenpotenziale 20
Mit dem Handwerkszeug und den Erfahrungen der Kulturwissenschaft, speziell der Europäischen Ethnologie, soll in diesem Buch überlegt werden, wie man mit den Krisen der Wachstumsgesellschaft umgehen kann. Häufig wird in den letzten Jahrzehnten des 20. Jahrhunderts „Krise" zum Thema. Vom drohenden Waldsterben ist seit den 1970er Jahren die Rede, ebenso von zur Neige gehenden Ressourcen von Rohstoffen und Energiequellen. Finanzkrise, Klimawandel und Flüchtlingskrise sind die aktuellen Themen: Werden, wie beim Waldsterben, apokalyptische Vorstellungen entwickelt, die sich dann doch nicht bestätigten? Werden Flexibilität und Anpassungsmöglichkeiten von Natur und Gesellschaft unterschätzt? Oder gewöhnt man sich allmählich an die schleichenden Veränderungen? Chancen werden nicht verbessert, wenn immer nur das Gespenst der Krise an die Wand gemalt wird. Interessanter ist es zu fragen, ob es auch anders geht. Ein einmal eingeschlagener Pfad zwingt anscheinend dazu, in der gleichen Richtung fortzuschreiten, aber es gibt immer wieder Möglichkeiten, an einzelnen Stellen mit zunächst kleinen, aber folgenreichen „molekularen" Veränderungen den Weg zu beeinflussen. Es gibt auch in den Krisen keinen Automatismus.

1.1 Die Motive der Akteure im Zentrum 20
Es geht um Kulturprozesse, nicht um Kulturen. Zu den behandelten Themen (schon eine Art Zusammenfassung).

1.2 Drohende Krisen und apokalyptisches Denken 23
Wachstum und Krise in der Geschichte. Ökologische Krise und subjektives Verhalten im Alltag. „Winzige Chancen" im Klimawandel.

1.3 Aktuelle Krisenpotenziale 27
Herausforderungen. Aus dem Ruder laufende Entwicklungen und Apokalypse.

2. Kulturelle Dimensionendes des alltäglichen Lebens 29
Das alltägliche Leben entwickelt sich nicht mit Naturgesetzlichkeit, sondern im Rahmen von eingeschlagenen, aber keineswegs unvermeidlich vorgegebenen Wegen. Immer wird versucht, die Vorstellungen vom guten und richtigen Leben in der Gemeinschaft zu verwirklichen. Wenn es um die Krise der Wachstumsgesellschaft

geht, werden kulturelle Dimensionen gern vernachlässigt: Es wird unterstellt, die historischen Erfahrungen zu Gesellschaften mit Selbstbegrenzung (Suffizienz) seien entmutigend. Oft wird in Krisen gefordert, das Verhalten und die Prioritäten zu ändern. Aber interessanter ist es, nach den im Alltag wirkenden Prägungen der Standards des guten und richtigen Lebens, ihrem Entstehen und ihrem Wandel zu fragen und dabei nach Ansätzen für Selbstbegrenzung (Suffizienz) zu suchen. Dann wirken auch die Krisenszenarien nicht mehr so bedrohlich. Das Alltagsleben dreht sich nicht nur um die einfache physische und familiäre Reproduktion, sondern bezieht immer auch Lebensqualität und symbolische Dimensionen ein.

2.1 Historische Erfahrungen und kulturelle Prägungen 29
Die Welt neu interpretieren. Historische Erfahrungen, kulturelle Dimensionen und Suffizienz.

2.2 Kulturelle Prägungen in der Geschichte 31
Wohlstandsgesellschaften mit Risikominimierungsstrategien. Herrschaft und Konsumwelten. Der Sparherd. Ein Beispiel für Pfadabhängigkeiten: Fastenspeisen und Hanse. Von der Versorgungs- zur Produktionswirtschaft. Die Qualitäten der überschaubaren Verhältnisse. Der Versuch einer „bäuerlichen Landwirtschaft" im Gutsbetrieb.

3. Der Verbraucher als Subjekt 37
Wenn man wissen will, welchen Beitrag die alltäglichen Lebensweisen zu den aktuellen Krisen leisten, muss man Ursachen und Triebkräfte für die Gestaltung dieser (Alltags-)Kultur begreifen. Konsumenten sind aktiv daran beteiligt. Wenn man ihre Motive aus kulturwissenschaftlicher Perspektive interpretiert, werden Kontingenzen und damit auch Spielräume erkennbar. Sie sind nicht nur habgierige Mängelwesen und kalkulierende Nutzenmaximierer. Nie handeln sie als isolierte Individuen, sondern immer in Gemeinschaft mit anderen, mit denen sie zusammenleben und auf deren Anerkennung sie angewiesen sind. Zur Organisation des Zusammenlebens gehört die „ideelle Lebensgrundlage" der Wertegemeinschaft, wie sie heute in Verfassungen festgeschrieben ist. Deren Teil sind die sozialen Grundrechte. Aus ihnen resultiert als Ergänzung des individuellen Konsums der gemeinschaftliche Konsum in Form von Infrastruktur und sozialen Leistungen.

3.1 Menschen konsumieren nie allein 37
Triebkräfte, Beteiligte, Wandel. Sozioökonomie. Bedarfsdeckungswirtschaft und ihre kulturelle Einbettung.

3.2 Märkte, Lebenswelten und *wahre* und *falsche* Bedürfnisse 41
Märkte im Plural. Lebensstil und Lebenswelt. Bedürfnisse und Bedürfnispyramide. „Wahre" und „falsche" Bedürfnisse.

3.3 Homo oeconomicus 45
Ein Akteur ohne Geschichte. Versuche zur Rettung des homo oeconomicus.

3.4 Markt, Staat und Infrastruktur 47
Markt und Staat. Private und öffentliche Güter: Infrastruktur für Alltagszwecke. Infrastruktur als Voraussetzung für produktive Tätigkeiten. Der „objektive Bedarf" an Infrastruktur ist nicht eindeutig bestimmbar: Meritorische Güter? Materielle Grundrechte und Soziale Demokratie.

4. Die Entwicklung der Marktgesellschaft: Pfadabhängigkeit und Kontingenz 53

Märkte gewinnen an Bedeutung mit der Entbettung des ökonomischen Handelns aus sozialkulturellen Zusammenhängen und dem Zerfall der Ständegesellschaft. Armut erhält ein neues Gesicht und ist nicht mehr Gelegenheit zur Mildtätigkeit für Gotteslohn, sondern Anlass zunächst für Arbeitszwang, dann für Sozialreform, und schließlich für Umverteilungsstrategien (Transferleistungen), mit denen die Konsumfähigkeit auch der nicht im Erwerbsleben stehenden Menschen erhalten bleibt. Es entstehen mit der Industrialisierung „marktgeprägte Klassen", gleichzeitig verliert die Selbstversorgung an Bedeutung. Arbeiter z. B. sind auf den Markt angewiesen. Als gemeinschaftliche Selbsthilfe gründen sie Konsumgenossenschaften. Seit dem Ende des Zweiten Weltkriegs und dem „Kalten Krieg" spielt die Systemkonkurrenz auch bezogen auf Konsum und Lebensweise eine Rolle; exemplarisch steht dafür die „Küchendebatte" zwischen Nixon und Chruschtschow. Markennamen, Branding, Werbung und modischer Verschleiß sind Instrumente zur Förderung des Absatzes und der Bindung von Kunden. Für die Individuen ist der Umgang mit der Warenwelt Teil der symbolischen Aneignung von Welt und der Persönlichkeitsentwicklung.

4.1 Marktbedingte Klassen, Luxus und Armut 53
Armut. Die doppelt freien Lohnarbeiter sind angewiesen auf Märkte. Eine Luxus-Diskussion.

4.2 Kolonialismus, Kalter Krieg und Konsumwelten 56
Eine frühe Globalisierung. Die Expansion der Märkte. Systemkonkurrenz. „Unsere Küchen halten länger".

4.3 Shoppig und Selbstverwirklichung (Eine neue Luxusdiskussion) 60
Süchtig nach Shopping. Persönlichkeitsentwicklung und Warenwelt. Lebensphasen, Wachstum und Nachhaltigkeit. Der „subjektive Faktor" und die Politik. Alltagsprobleme im Vordergrund.

4.4 Die Entgrenzung der Bedürfnisse 67
Erlebniseinkauf und Marketing. Kommodifizierung, Convenience-Produkte und Warenhäuser.

4.5 Branding, Werbung und Mode 70
Die Erfindung der Markenartikel. Werbekritiker und marktkonforme Eingriffe. Spezialfall Mode.

4.6 Stoffströme, Symbolbedeutung und Innovationen 75
Produktkulturen. Naturstoffwechsel und Symbolbedeutung. Innovationen und das Verschwinden der Modernisierungsgewinne.

5. Globale Dimensionen 79

Unterschiedliche kulturelle, religiöse und historische Prägungen führen in Ländern und Regionen zu spezifischen Ausprägungen von Konsumwelten. Sie schlagen sich auch nieder in je besonderen Standards und Regelungen. Nicht nur zwischen „Ost" und „West" gab es unterschiedliche Pfade der Entwicklung, auch zwischen Staaten gleicher marktwirtschaftlicher Orientierung gibt es erkennbare Unterschiede. Die eingeschlagenen Pfade sind Teil jener sozialkulturellen Vielfalt, die „angesichts der Unwägbarkeiten der Zukunft" eine unverzichtbare Ressource ist. In einer Welt der sozialen Ungleichheit entwickeln sich nicht nur „imperiale Lebensweisen" in „transnationalen Verbraucherklassen", sondern es entstehen auch Impulse für neue Le-

bensweisen in Europa und anderswo. Freihandelsabkommen gefährden die Chancen, in der Politik eigene Wege zu gehen.

5.1 Die „Pfadabhängigkeit" 79
Sozialkulturelle Vielfalt und Märkte. USA und Europa.

5.2 Globaler Luxus und imperiale Lebensweisen 80
Der Luxus der „transnationalen Verbraucherklasse". Die Aneignung der „Hypergüter der Moderne". Ernähren die Reichen die Armen (Mandeville)? Eine „Vielfachkrise".

5.3 Das Recht auf Entwicklung und die Nachhaltigkeit 86
Ein neuer Limes? Das Recht auf Entwicklung. Der Plural von „Modernisierung". Impulse aus dem Süden. Neue Akzentuierungen im Süden: Bruttowohlfahrtsprodukt und „Vivir buon".

5.4 Freihandel, kulturelle Vielfalt und die Nutzung von Spielräumen 91
Die „exception kulturelle". TTIP und kommunale Kompetenzen.

6. Rettung oder Überwindung des Wachstums? Wege aus der Wachstumsfalle 95
Die Akteure der Politik müssen einerseits Wachstum fördern, andererseits die globalen Probleme wie die Gefährdung von Nahrungsgrundlagen, Trinkwasser, Klima ebenso wie Ressourcenknappheit im Auge behalten. Große und kleine Innovationen wie Big Data, Internet der Dinge, aber auch überraschende neue Ressourcen können Lösungen für manche Probleme bieten, sind aber nicht vorauszusehen. In der Krise der Wachstumsgesellschaft drohen Ökodiktatur oder autoritäre Demokratie. Systemkonforme Auswege sind Green Economy oder der forcierte Übergang zu erneuerbarer Energie ohne Kohlendioxydausstoß (Energiewende). Regulierungen in der Landwirtschaft und anderen Bereichen sind auch „marktkonform" denkbar, ebenso ökologisch motivierte Verbraucherpolitik und Marktkontrolle. Nicht nur auf der Ebene des Staates gibt es Ansätze für eine Politik in Richtung auf Nachhaltigkeit. Auch bei den Individuen wächst Problembewusstsein, und sie reagieren mit verändertem Verhalten. Suchbewegungen von unten zeigen, was mit den Konsumenten möglich ist: Öko-Design, Re-Enactment, kollaborative Strategien (Commons), Vegetarismus und Veganismus. Freilich haben auch sie nur geringen Einfluss auf die Gesamtentwicklung des Wachstums. Deshalb muss es auch um Suffizienz gehen – selbstgewählte Begrenzung, nicht Askese und kein Verlust an Lebensqualität. Wenn die Individuen auf ihren Ebenen Suffizienz praktizieren, können sie Druck auf öffentliche Institutionen ausüben, ebenfalls Suffizienz als gesellschaftliche Strategie anzustreben, auch wenn die Spielräume der Politik durch EU-Verträge und Freihandelsabkommen gering sind.

6.1 Überraschende Entwicklungen 95
Unvorhergesehene Ereignisse und Innovationen. Nicht eintretende Prognosen. Größere Erfindungen, Internet der Dinge.

6.2 Das Dilemma der Politik 97
Privater Konsum und Schuldenmachen und Umweltkrise. Geplante Obsoleszenz. Moralische Appelle als Ausweg? Ökobilanz und Motive der Konsumenten. Demokratie und Wachstumsgesellschaft: Ökodiktatur oder „gelenkte Demokratie"?

6.3 Systemkonforme Auswege: Green Economy, Energiewende als Rettung für das Wachstum? ... 103
Rettung für die Droge Wachstum durch Transfereinkommen. „Qualitatives Wachstum" und Verwandtes. Landmaschinen und „Land-Grabbing". Was tun mit der frei werdenden Arbeit? Green economy. Wachstum für die nächsten Jahrzehnte – und dann?

6.4 Verbraucherpolitik und Marktregulierung ... 110
Zünfte und Marktordnungen. Verbraucherschutz und Konsumentendemokratie.

6.5 Nachhaltigkeit und Suffizienz im Alltag ... 113
Drei Chancen für Nachhaltigkeit im Alltag. Suchbewegungen der Konsumenten. Wohlstandsstress, „Luxese" und Zeitpioniere. Alternativen im Schatten der Prosperität. Risikominimierung.

6.6 Die Ästhetik der Subsistenz und die Moralität der Dinge ... 118
Die Moralität der Dinge und das Design. Gemeinsam nutzen. Vegetarier, Veganer und ihre Gegner. Nachhaltigkeits-Experimente.

6.7 Notgeborene Strategien ... 122
Kriegsmangelwirtschaft. Embargo-Folgen.

6.8 Neue Commons und der informelle Sektor ... 124
Die Neuentdeckung der Gemeinnutzen. Interfamiliäre und intrafamiliäre Kooperation. Der informelle Sektor.

6.9 Genossenschaften ... 129
Ein neuer Impuls zum Genossenschaftswesen: Das Schremser Maimanifest 2015. Soziale Innovationen. Aktuelle Probleme der Genossenschaften.

7. Lebensqualität und Suffizienz ... 136
Die Individuen müssen sich mit ihren Wünschen nach Lebensqualität auch beim sozialökologischen Wandel wiederfinden, und die Politik muss von diesen Wünschen angetrieben und aktiv werden. Daher ist es legitim, nach den subjektiven Zielen und Prägungen zu fragen. Die Motive der Handelnden lassen sich analysieren mit den qualitativen empirischen Methoden der Feldforschung, wie sie in den ethnologischen Wissenschaften praktiziert werden und bei denen die Individuen in ihren sozialkulturellen Milieus ernst genommen werden. „Lebenssinn", philosophische und religiöse Dimensionen können dabei nicht außen vor gelassen werden, weil sie das Handeln auch in den Konsumsphären deutlich beeinflussen. Immer aber wird zu beachten sein, dass es um konkrete Individuen in ihrem sozialen Umfeld geht und nicht um allgemeine anthropologische Interpretationen. Deswegen geht es im Folgenden nicht um das, was Philosophen, Theologen oder anderen Intellektuellen denkmöglich ist, sondern um das, was im Alltagsleben wirkt.

7.1 „Sinn" und Lebensqualität ... 136
Eigennutz und Verantwortung. Perspektive „Beziehungsreichtum". Glück und Anderes: „Wir wollen alles, aber subito". Das kleine Glück (Patchwork-Glück).

7.2 Welten der Suffizienz und der Preis des Fortschritts ... 141
Symbolwelten des „Genug". Zielvorstellungen und Bilanzierung des Fortschritts. Suffizienz in Japan. Me-ti und Lin-Yü t'ang: Es fehlt nicht viel.

7.3 Nichtmaterielle und außerökonomische Kräfte **147**
Religion und Liebe. Der Islam. Das Christentum.

8. Schluss: Menschen können 152

Die Stabilität vorindustrieller Gesellschaften weltweit scheint damit zusammenzuhängen, dass im Jahreslauf lange Phasen der Genügsamkeit (der Suffizienz) unterbrochen werden von kurzzeitigen Exzessen in Festen der verschiedensten Art. Mit „Symbolwelten des Genug" führen alle Gemeinschaften ihren Diskurs über Armut und Reichtum, und sie können sich für reich halten, weil sie geringe Bedürfnisse haben. Es kommt in der Krise der Wachstumsgesellschaft darauf an, neue Definitionen von Wohlstand, Lebensqualität und Entwicklung zu finden, die nicht an Wachstumszwang gebunden sind, ja auch Einschränkungen ermöglichen. Das ist ein sozialkulturelles Programm – nur mit Bezug auf die je spezifischen Werte und Standards lässt sich Wohlstand definieren. Viele zeitgenössische Experimente des Solidarischen Lebens im alternativen Milieu können in der jetzigen Gestalt nur in der Prosperität funktionieren. Aber sie bedeuten „molekulare Wandlungen" und helfen, das Feld für weiter reichende soziale Innovationen („über sich selbst hinaustreibende Reformen") zu bereiten. Politik und Staat müssen eine wichtige Rolle übernehmen. Sie können für Individuen und Wirtschaft wirksame gesellschaftliche „Instrumente zur Selbstverpflichtung" entwickeln.

8.1 Suffizienz und Exzess **152**

8.2 Molekulare Wandlungen **154**
Politik und Wahlmöglichkeiten. Alltäglichkeiten und das „Sanfte Gesetz". Eingriffe mit Folgewirkungen: Kleinmaßstäbliche Wandlungen.

Offenes Ende **157**
Nachträge **159**
Wichtigste Schlagworte **173**

Vorwort

Ulrich Brand (Professor für Politikwissenschaft an der Universität Wien)

Die Klimakonferenz in Paris Ende 2015 verdeutlichte aufs Neue, dass die große Politik an den scheinbar so kleinen, aber eben klimapolitisch hochproblematischen Alltag – nämlich eine auf fossilen Energieträgern und industrieller Landwirtschaft basierende Lebensweise – nicht herankommt. Die Klimadiplomatie thematisiert die Lebensweise nicht explizit; wie übrigens auch nicht die Herrschaftsverhältnisse im Produktionsbereich, etwa die Macht der Energiekonzerne. Die Berufsoptimisten sprechen dann von einem angeblich stattfindenden „Wertewandel", der sich ohnehin schon in Richtung Nachhaltigkeit vollziehe. Dass dies nur in kleinen Bereichen der Fall ist, zeigt sich bei einem etwas genaueren Blick auf die dominanten Entwicklungen. Die internationale Klimadiplomatie reagiert auf diese Konstellation mit blumigen Versprechen und im politischen Modus der freiwilligen Verpflichtungen.

„Es geht um den unspektakulären Alltag." Diese Aussage steht ziemlich am Anfang dieses Buches von Dieter Kramer und das macht es enorm spannend. Während etwa in der Politikwissenschaft auf die großen Linien und Brüche geachtet wird, geraten durch den kulturwissenschaftlich informierten Blick die weniger sichtbaren Verschiebungen, die gleichwohl mittel- und langfristig enorme Auswirkungen haben können, in den Blick.

Mikro- und Makroperspektiven zu verbinden, das ist ein Anspruch des Buches. Der Autor bezieht sich auf die „Konsumwelten", doch dieser Begriff wird sehr breit verstanden. Damit stellt das Buch einen wichtigen Beitrag dar zu den aktuellen Suchprozessen um gesellschaftspolitische Alternativen.

Die haben sich seit 2008 intensiviert. Emanzipatorische Perspektiven, welche den multiplen Charakter der Krise ernst nehmen – also nicht nur auf die Wirtschafts- und Finanzkrise, sondern auch ökologische und politische Dimensionen in den Blick nehmen – stellen häufig die Frage: Wie können die kapitalistischen Wachstumszwänge überwunden werden?

So auch der Ausgangspunkt Dieter Kramers: Es handelt sich um eine Krise der Wachstumsgesellschaften. „Wachstum" ist aber nicht das jährlich steigende Bruttoinlandsprodukt, das von fast allen relevanten gesellschaftlichen Akteuren „befeuert" werden soll. Wachstum ist in den Lebenspraktiken und Orientierungen tief verankert. Entsprechend müssen Alternativen eben dazu und darin entwickelt werden.

In diesem Kontext stellt der Verfasser eine entscheidende Frage: „Kann man von den Menschen erwarten, dass sie in ihrem Alltag auch die Probleme der Krise der Wachstumsgesellschaft berücksichtigen?" Sie haben ja mit ihren eigenen und alltäglichen Problemen zu tun. Seine Antwort ist deutlich und politisch höchst folgenreich: „Wenn es gelingt, den Zusammenhang zwischen den Problemen der Wachstumsgesellschaft und diesen Alltags-Problemen herzustellen, ohne dass daraus eine pessimistisch-regressive Haltung entsteht, dann lassen sich vielleicht

Ansatzpunkte für politische Motivation bezüglich der sozialökologischen Wende gewinnen."

Der Blick des Ethnologen hilft uns dabei. Allen selbsternannten „Realisten", die darauf hinweisen, dass „die Menschen" ja eh immer „mehr" wollten, widerspricht er faktenreich, dass es nämlich sehr viele Erfahrungen damit gibt, sich Grenzen zu setzen. Dabei ist Konsum, so die These gegen das Denken in Termini des vermeintlich rationalen und nutzenmaximierenden *homo oeconomicus*, hochgradig sozio-kulturell vermittelt. Umgekehrt heißt das: Die Entgrenzung der Bedürfnisse ist ebenso gesellschaftlich vermittelt und mit mächtigen ökonomischen Interessen verbunden.

Damit geraten Pfadabhängigkeiten in den Blick, aber auch Kontingenzen – und alternative Handlungsmöglichkeiten.

Der oft als „Verzicht" missverstandene Begriff der Suffizienz wird umgedeutet in selbstgewählte Begrenzung, was eben nicht bedeutet: Askese oder Verlust an Lebensqualität. Lebensqualität auf der Ebene der Subjekte wird zum zentralen Element einer sozial-ökologischen Transformation. Anhand vieler historischer und aktueller Beispiele wird das Ineinandergreifen von Suffizienz und Exzess gezeigt. Und anhand von Sprichwörtern und Mythen, in denen sich Suffizienz ausdrückt: „Wer nie genug hat, ist immer arm" oder „Besser genug, als zu viel". Dieter Kramer zeigt, dass Suffizienz nicht mit individuellen Verzichtshaltungen und -handlungen gleichzusetzen ist, sondern dass es sich um ein komplexes soziales Verhältnis handelt. Suffizienz muss gewollt, aber eben auch machbar sein: Gemeingüter müssen erhalten oder gefördert, die Wachstumspeitsche und Freihandel eingeschränkt, die gesellschaftlichen Macht- und Interessenstrukturen verändert werden.

Doch diese Subjekte haben selbst Motive und es ist wichtig, nach diesen zu fragen, sie politisch zu berücksichtigen. Dem öffentlichen Bild, dass „alle" immer nur „mehr" haben wollen, widerspricht der Kulturwissenschaftler mit vielfältigen Verweisen auf Suffizienzstrategien. Die sind je nach Milieu und vor allem Alter unterschiedlich, aber Menschen könnten ohne diese kaum leben. Insofern dominieren oft Strategien der Risikominimierung solche des Immer-Mehr. Wichtig sind dabei neben materiellen Voraussetzungen wie Einkommen und Vermögen sowie öffentlicher Infrastrukturen gerade die subjektiven Erfahrungen und gesellschaftlichen Symbolwelten. Dieter Kramer spricht öfters von einer „Ästhetik der Subsistenz", bei der die Persönlichkeitsentwicklung im Laufe der Lebensphasen betont wird.

Selbstbegrenzung, so das einleuchtende Argument, das öffentlich kaum Gehör findet, bedeutet Zukunftsvorsorge. „Wenn Lebensqualität auch als Ergebnis von bewusster Selbstbegrenzung verstanden wird und wenn Zukunfts- oder Kindesinteressen in die Motive einfließen, dann gibt es Ansatzpunkte für andere, weniger zerstörerische Lebensformen."

Dafür werden Bezüge zur Soziökonomie hergestellt, einem heterodoxen wirtschaftswissenschaftlichen Ansatz, bei dem umfassende Fragen der Lebensgestaltung eine zentrale Rolle spielen. Hier wird – wie übrigens auch in der feministischen Ökonomik – ein breites Verständnis von Arbeit und Wirtschaft entwickelt, also auch Sorge-Arbeit und Sorge-Ökonomie sowie die oft unterschätzte (individuelle, familiäre und nachbarschaftliche wie gemeinschaftliche) Subsistenzproduktion der „produzierenden Konsument_innen" berücksichtigt.

Als Politikwissenschaftler interessieren mich neben diesen Fragen jene der politischen Steuerung bzw. Möglichkeiten dazu (dem ist ein eigenes Kapitel gewidmet), aber auch solche der gesellschaftlichen Akteure und Kräfteverhältnisse. Die Untersuchung von Dieter Kramer regt dazu an, dies anders zu denken. Das trifft insbesondere zu, wenn es um Alternativen im Lichte einer als notwendig erachteten tiefgreifenden sozial-ökologischen Transformation geht.

Dieter Kramer weist darauf hin, dass materielle und soziale Infrastrukturen wichtig sind für Individuen und Gesellschaft. Die werden häufig in Form von öffentlichen Gütern geschaffen und ihre konkrete Ausformung ist Gegenstand sozialer Auseinandersetzungen. Wird bei öffentlichen Gütern auf sozialen Ausgleich und Chancen für alle Wert gelegt oder werden Städte segmentiert und das Gut „Sicherheit" durch die Militarisierung der Gesellschaft geschaffen? Politik dient also nicht zur Lösung vermeintlich objektiv bestehender Probleme, sondern ist selbst immer umkämpft.

Umgekehrt wird kritisiert, dass Politik sich oft in moralische Appelle flüchtet oder auf der Ebene des machtpolitisch „Machbaren" verbleibt, wie Dieter Kramer am Beispiel der „Grünen Ökonomie" zeigt, mittels derer die ökologischen Probleme bearbeitet werden sollen, ohne grundlegende Verhältnisse und Muster infrage zu stellen.

Zweitens wird, aus meiner Sicht zu Recht, deutliche Skepsis gegenüber einer zu starken Rolle staatlicher Politik angemeldet, ohne diese aus der Verantwortung zu entlassen – neben der Entwicklung gesellschaftlicher Regeln und ihrer Durchsetzung gerade in der Rolle des Vorbilds. Aber: „Die Standards des guten und richtigen Lebens entwickeln sich informell (teilweise auch formell), aber wirkungsvoll in Geschichte und sozialem Umfeld, und die Gewohnheiten und Bräuche des sozialkulturellen wie des religiösen (ritualisierten) Lebens wirken dabei mit." Dann muss aber Politik viel breiter gedacht werden, nämlich neben der staatlichen Seite auch die vielen Initiativen berücksichtigen, die sich gegen die Zumutungen herrschender Politik wenden oder die bereits konkrete Alternativen ausarbeiten und vorantreiben. Am Ende des Buches geht es um die kleinteiligen, oft nicht sichtbaren, molekularen Veränderungen.

Mit Dieter Kramer könnte man sagen, dass Politik viel stärker die kulturellen Bedingungen ihres eigenen Handelns berücksichtigen müsste.

Neben diesem „breiten" Politikbegriff weist Dieter Kramer darauf hin, dass sich gesellschaftliche Dynamik immer wieder mit dem Unvorhersehbaren – im Jahr 2015 etwa eine stark gestiegene Zahl von Flüchtlingen – auseinandersetzen muss. Auch hier unterliegt staatliches Handeln Pfadabhängigkeiten und Kontingenzen.

Dieter Kramer gelingt es mit seiner exemplarischen Methode, sehr breite und schwer zugängliche Themenfelder zu durchdringen und in lesbarer Form darzustellen. Damit wird die Grundaussage des Buches facettenreich belegt: Es bedarf einer attraktiven, für die Menschen lebbaren und mit Sinn erfüllten Produktions- und Lebensweise. Lebensqualität ist eben viel mehr als die Fixierung auf zu befriedigende materielle Bedürfnisse. Die Kulturwissenschaften machen uns insbesondere darauf aufmerksam, dass es dabei nicht zuletzt um symbolische Ordnungen und Bräuche geht.

Vorspiel

Zum Thema
Wir müssen, wir sollten, es ist dringend nötig, man müsste – solche Appelle gibt es zuhauf, wenn es um Klima-, Umwelt- und Ressourcenkrisen geht. Alle wissen um notwendige Konsequenzen, aber die Wachstumspolitik geht weiter.

In diesem Buch geht es weder um Apokalyptik noch um moralische oder sonstige Appelle. Es werden auch nicht einfach Forderungen an die Politik gestellt oder scheinbar irreversible Prozesse analysiert. Statt dessen wird gezeigt, wo und wie die Menschen in Vergangenheit und Gegenwart (trotz der Zwänge und Verführungen der Konsumwelt) in ihrem Alltag mit ihren Vorstellungen vom guten und richtigen Leben sich Grenzen zu setzen. Menschen sind bereit, auch im Miteinander Einschränkungen hinzunehmen, denn ihnen ist ihre Lebensqualität wichtig und sie denken an die eigene Zukunft und die ihrer Kinder. Eine Politik, die ernsthaft auf eine Lebensweise der Nachhaltigkeit hinarbeitet, kann daran anknüpfen.

Themen sind „Symbolwelten des Genug", „Ästhetik der Subsistenz", Selbstbegrenzungsfähigkeiten und reales Verhalten der Individuen (weder Bäume noch Menschen wachsen in den Himmel). Das sind die *kulturellen* Dimensionen, die in den Diskussionen um die Krise der Wachstumsgesellschaft gern vernachlässigt werden. *Zukunft ist ein kulturelles Programm*, sagt Hilmar Hoffmann (1997a). Menschen können Nein sagen.

Das sind die Stichworte, mit denen in der Krise der Wachstumsgesellschaft neue Wege beschritten werden können. Menschen müssen nicht alles realisieren, was sie können. Ohne Wachstumszwang leben die Menschen vor der Industrialisierung, auch das hochentwickelte Japan der Tokugawa-Zeit verzichtet vom 17. bis zur Mitte des 19. Jahrhunderts auf Expansion, China vernichtet einst seine den damaligen Europäern weit überlegene Flotte, und nukleare Massenvernichtungswaffen werden (bis jetzt) nur einmal eingesetzt. In diesem Buch geht es um Spielräume in Politik und Gesellschaft, um Handlungsmöglichkeiten dank der unterschiedlichen Pfade, die eingeschlagen werden können.

Finanzkrise, Klimawandel und Flüchtlingskrise sind die aktuellen Themen: Werden, wie beim Waldsterben, apokalyptische Vorstellungen entwickelt, die sich dann doch nicht bestätigen? Werden die Flexibilitäten und Anpassungsmöglichkeiten von Natur und Gesellschaft unterschätzt? Oder gewöhnt man sich allmählich an die schleichenden Veränderungen? Chancen werden nicht verbessert, wenn immer nur das Gespenst der Krise an die Wand gemalt wird. Interessanter ist es zu fragen, ob es auch anders geht. Ein einmal eingeschlagener Pfad zwingt anscheinend dazu, in der gleichen Richtung fortzuschreiten, aber es gibt immer wieder Möglichkeiten, an einzelnen Stellen mit zunächst kleinen, aber folgenreichen „molekularen" Veränderungen den Weg zu beeinflussen. Es gibt auch in den Krisen keinen Automatismus.

Methode und Vorgehensweise
Mit Forschungen aus Europäischer Ethnologie und Kulturwissenschaften, aber auch mit Hilfe der Sozioökonomie soll versucht werden, die Dynamik der Alltags-Konsumwelten sozialkulturell zu begreifen und dabei in den Widersprüchen des Alltags Handlungsmöglichkeiten für Gesellschaft und Politik zu erkennen.

Menschen sind mit ihren Vorstellungen vom guten und richtigen Leben in der Lage, sich im individuellen Leben Grenzen zu setzen. Wem dies nicht gelingt, der scheitert im Spielrausch, im Kaufrausch, in der Drogenabhängigkeit oder in den verschiedenen Arten der -holics (Workaholic, Alcoholic z. B.). Und Menschen sind bereit, auch im Miteinander Einschränkungen hinzunehmen, denn ihnen ist ihre Lebensqualität wichtig und sie denken an die eigene Zukunft und die ihrer Kinder. Eine Politik, die ernsthaft auf eine Lebensweise der Nachhaltigkeit hinarbeitet, kann daran anknüpfen und auf allen Ebenen die vorhandenen Handlungsmöglichkeiten nutzen.

Es geht in diesem Buch um Spielräume, um Handlungsmöglichkeiten dank der unterschiedlichen Pfade, die eingeschlagen werden. Zu den interessantesten Erfahrungen der Kulturgeschichte gehört es, dass Suffizienz und Exzess zusammengehören: Selbstbegrenzung wird die meiste Zeit des Jahres geübt, aber an wenigen Festtagen wird geprasst. Es scheint, dass Nachhaltigkeit der Lebensweise so am ehesten abgesichert werden kann.

Es wird kein Voluntarismus vertreten, der glaubt, mit etwas gutem Willen oder einem gigantischen runden Tisch aller Betroffenen ließen sich die Probleme lösen. Es wäre auch unangemessen, den Eindruck zu vermitteln, Politik und Menschen seien schon auf dem richtigen Weg. Die materiellen gesellschaftlichen Beziehungen, die Eigentumsverhältnisse, die Machtbeziehungen und alle davon abgeleiteten oder damit zusammenhängenden kulturellen, religiösen, traditionellen Prägungen (meinetwegen, trotz Epigenetik, auch die Gene) sind so einflussreich, dass sie mit dem Willen allein nicht beeinflusst werden können. Aber ich wehre mich einfach dagegen, das alles perspektivlos zu sehen. Es ist immer noch eine Krise mit offenem Ausgang.

Das Rad neu erfinden?
Es werden in diesem Buch viele Themen angesprochen, alle stehen im Zusammenhang mit der Frage, wie Lebensqualität und Zukunftsfähigkeit trotz Wachstumszwang eine Chance haben. Keines der Themen kann auch nur einigermaßen erschöpfend behandelt werde. Aber vielleicht ergeben sich Anregungen zum Weiterdenken und Handeln.

Themenorientiert, nicht historisch oder wissenschaftssystematisch wird argumentiert. Die herangezogenen Beispiele und Analysen sind oft zufällig, aber beispielhaft gemeint. Der Anspruch, vollständig und umfassend vorzugehen, wird nicht erhoben. Das exemplarische Vorgehen rechtfertigt die Zufälligkeit der Auswahl.

Oft entsteht nicht nur in den Kulturwissenschaften der Eindruck, das Rad werde immer wieder neu erfunden. Themen und Diskussionen, die anderswo oder früher schon abgehandelt wurden, können mit ein paar neuen Schlagworten in anderen Diskursinseln als neu und einzigartig präsentiert werden (und im Wissenschaftsbetrieb wird so etwas belohnt, wenn es um eine „unique selling position" und Karriere geht). Nun kann man auch sagen: Beim Rad ist es ja nicht so, dass es „erfunden" werden musste – gekannt hat man das Prinzip, eine runde Scheibe sich um eine

Achse drehen zu lassen, schon lange, aber es wird damit längst nicht schon als Rad beim Wagen angewendet. Erst wenn man entsprechende Transportformen und Wege hat, setzen Nutzung und Fortentwicklung ein. Amartya Sen argumentiert so mit seinem Capability-Konzept: Der Besitz eines Fahrrades reicht nicht, man muss auch damit fahren können und Wege sowie Ziele haben (Fischer 2014: 233).

Jede Generation muss, gerade in den Geistes- und Kulturwissenschaften oder Ökonomien, Grunderfahrungen und Grundwissen immer wieder neu sich aneignen und auf die eigene subjektive und gesellschaftliche Lebenssituation beziehen. Bei Medizinern und Naturwissenschaftlern mag das anders sein. Da zählt, wenn es nicht um Grundlagenforschung geht, bei speziellen Themen meist das jeweils jüngste Ergebnis. Bei den interpretierenden Gesellschafts- und Geisteswissenschaften geht es um Begriffsarbeit und die immer neue Aufbereitung von Informationsbeständen. Aber dennoch wundert man sich, wie wenig diese Wissenschaften sich gegenseitig zur Kenntnis nehmen und wie über modischen Trends überkommene Wissensbestände vernachlässigt werden. So oft müsste das Rad dann doch nicht neu erfunden werden.

sind Klassen, Milieus und Sozialschichten einigermaßen sauber zu trennen. Vor allem aber: Was sich in den hegemonialen Milieus abspielt, ist eine Ebene, und was dort geschieht, diffundiert auch nicht regelhaft als „nachholende Entwicklung" oder „Aufholen" in die anderen Milieus (auch wegen der großen Unterschiede zwischen den Regionen). Alle Milieus sind aktiv beteiligt an der Textur, an dem Erscheinungsbild der jeweiligen Alltage und gesellschaftlichen Realität (vielleicht heute nur sichtbarer als früher). Die „Postkolonialismus"-Diskussion spricht gern von „Subalternen", aber auch dieser Begriff wird hier weitgehend vermieden, weil diese „Subalternen" immer wieder indirekt oder direkt aktiv auf allen Ebenen beteiligt sind. Als Wahlbürger sind in der Demokratie ohnehin alle wichtig.

Auch „Modernisierung" und „Fortschritt" sind hier unbrauchbare Begriffe: Trotz aller nicht zu leugnenden Veränderungen behalten viele Strukturen vorhergehender Lebensformen ihre Geltung. Und beide Begriffe sind mit einer wertenden Komponente verbunden, die angesichts der aktuellen katastrophischen Perspektiven höchst unangebracht ist. Rettungsversuche mit Begriffen wie „zweite Moderne" sind für die zeitgenössischen Prozesse auch nicht überzeugend.

Fortschritt?
Bewusst wird in diesem Buch auf überkommene Epocheneinteilungen verzichtet. Bei den hier wichtigen Themen gehen die historischen Phasen ineinander über. Die Strukturen vergangener Lebensformen reichen in die darauffolgenden hinein; geografisch bleiben die Lebenswelten ohnehin immer uneinheitlich: Stadt und Land, Nord und Süd entwickeln sich je besonders. Und genau so wenig

Lohnt es, von Kultur zu reden?
Wenn Kultur genannt wird, so bezieht sich das auf einen von der UNESCO und den Ethnologien/Kulturanthropologien verwendeten *differenztheoretischen* Kulturbegriff, der die gesamte Lebensweise und deren Werte und Standards meint, eingeschlossen die Frage, wie wir leben *wollen*. Die „Allgemeine Erklärung zur kulturellen Vielfalt" der 31. Generalkonferenz der UNESCO von 2001 „bekräftigt,

dass Kultur als Gesamtheit der unverwechselbaren geistigen, materiellen, intellektuellen und emotionalen Eigenschaften angesehen werden sollte, die eine Gesellschaft oder eine soziale Gruppe kennzeichnen, und dass sie über Kunst und Literatur hinaus auch Lebensformen, Formen des Zusammenlebens, Wertesysteme, Traditionen und Überzeugungen umfasst" (Übereinkommen 2006). Mit Selbstverständlichkeit muss bei dieser Definition auch die Dynamik der sich verändernden kulturellen Strukturen berücksichtigt werden.

Immer wieder wird darüber diskutiert, ob man sich von dem kaum präzis definierbaren Begriff „Kultur" verabschieden soll (Rolshoven 2014). Aber es geht auch um ein Instrumentarium, mit dem Leerstellen von Gesellschafts- und Sozialwissenschaften ausgefüllt werden können: Jenseits von Sozialanthropologie, Verhaltensforschung, Sozialpsychologie und Soziologie gibt es Dimensionen, bezogen auf die Prägungen und die Motive der gemeinschaftlich lebenden Individuen, die nicht einfach ableitbar sind aus statistischen Daten oder anthropologischen Kategorien: Die handlungsleitenden Standards und Werte *des guten und richtigen Lebens* für die immer in Gemeinschaften lebenden Menschen entwickeln sich informell (teilweise auch formell) und wirkungsvoll in Geschichte und sozialem Umfeld, und die Gewohnheiten und Bräuche des sozialkulturellen wie des religiösen (ritualisierten) Lebens wirken dabei mit. Gewiss, irgendwie fließen diese Faktoren mit ihren Auswirkungen immer auch in die Interpretationen der anderen Wissenschaften ein, aber eben nur irgendwie und ungefähr. Bei Kultur stehen sie im Zentrum. Es geht um das Kulturelle im Sozialen und Politischen.

Kultur steht für die zur Überlebenssicherung notwendigen Symbole, Standards und Werte, mit denen Menschen ihr Zusammenleben und ihren Stoffwechsel mit der Natur organisieren. Kultur ist prägend für die Lebensweise, aber auch geprägt von Geschichte (Tradition) und Umwelt. Die Prägung und Ausgestaltung von Lebenswelten ist nicht beliebig, aber auch nicht voll determiniert von Geographie, Geschichte oder Ökonomie. Es gibt Spielräume, Pfadabhängigkeiten und Kontingenzen.

Transformative Wissenschaft
Wissenschaft kann nicht den Anspruch erheben, sie habe Lösungen für alle Weltprobleme anzubieten. Sie ist nur begleitender Teil aktueller Prozesse des Suchens und Aushandelns und erinnert an Voraussetzungen und Konsequenzen von Entscheidungen. Man kann dabei erwarten, dass die von ihren Vertretern vorgebrachten Argumente ernst genommen und dass einschlägige Entscheidungen in Politik und Gesellschaft reflektiert werden unter Berücksichtigung dessen, was man weiß und wissen kann. Aber entschieden werden muss in anderen Ebenen – bei den Subjekten und ihren Vergemeinschaftungen: *Wie wollen wir leben?*

Seit einigen Jahren wird von „Transformation" als Sammelbegriff für den Übergang zu nachhaltiger und zukunftsfähiger Lebensweise gesprochen. Entsprechende Fragestellungen werden auch in die universitäre Praxis übersetzt.

Transformative Wissenschaft unterstützt gesellschaftliche Umbauprozesse in Wirtschaft und Gesellschaft, aber sie kann in der Begleitung solcher Prozesse auch in Gesetzgebung und Verwaltungshandeln Einfluss auf Politik und Zivilgesellschaft nehmen. „Transformative Wissenschaft ist Disziplinen übergreifend (transdisziplinär) angelegt, sie ist praxistauglich und integriert lebensweltliche Akteure in Prozesse der kooperativen Wissensproduktion." (Elsen 2014: s. 17)

Mir schien schon 1988/1989 die Zeit reif, in einem systematischeren Zusammenhang über die sozialkulturellen Dimensionen eines „anständigen Lebens mit Zukunft" nachzudenken. Dieses jetzige Buch ist ein zweiter Versuch. Ein erster war vorbereitet durch „Grenzgänge", in denen ich die der Volkskunde vertrauten Formen von Gemeinnutzen mit der ökonomischen Theorie und Entwicklungstheorie in Verbindung bringen wollte (s. einige Aufsätze in Kramer 1997a). Der Versuch stieß auf das Unverständnis der Lektoren und scheiterte. Nach den Umbrüchen von 1989/1990 standen andere Themen im Vordergrund. Wenig später hat Elinor Ostrom den Wirtschaftsnobelpreis für die (Wieder-) Entdeckung der Commons (Gemeinnutzen) erhalten. Gleichzeitig hat die Öffnung der Märkte in der Globalisierung und im Neoliberalismus immer mehr nichtmarktförmige Gemeinschaftsaktivitäten überrollt, hat die Finanzökonomie mit ihren von der Produktion losgelösten spekulativen Transaktionen das globale Wirtschaftssystem und die Ökonomie einzelner Staaten zerrüttet. Die Krise der Wachstumsgesellschaft bleibt Thema; die Frage nach sozialkulturellen Dimensionen beim Umgang mit ihr ist noch wichtiger geworden: Es sind ja keine anonymen Prozesse, sondern immer sind auf allen Ebenen Menschen beteiligt, die auch Nein sagen können.

1. Krisen und Krisenpotenziale

Mit dem Handwerkszeug und den Erfahrungen der Kulturwissenschaft, speziell der Europäischen Ethnologie, soll in diesem Buch überlegt werden, wie man mit den Krisen der Wachstumsgesellschaft umgehen kann. Häufig wird in den letzten Jahrzehnten des 20. Jahrhunderts „Krise" zum Thema. Vom drohenden Waldsterben ist seit den 1970er Jahren die Rede, ebenso von zur Neige gehenden Ressourcen von Rohstoffen und Energiequellen. Finanzkrise, Klimawandel und Flüchtlingskrise sind die aktuellen Themen: Werden, wie beim Waldsterben, apokalyptische Vorstellungen entwickelt, die sich dann doch nicht bestätigten? Werden die Flexibilität und Anpassungsmöglichkeiten von Natur und Gesellschaft unterschätzt? Oder gewöhnt man sich allmählich an die schleichenden Veränderungen? Chancen werden nicht verbessert, wenn immer nur das Gespenst der Krise an die Wand gemalt wird. Interessanter ist es zu fragen, ob es auch anders geht. Ein einmal eingeschlagener Pfad zwingt anscheinend dazu, in der gleichen Richtung fortzuschreiten, aber es gibt immer wieder Möglichkeiten, an einzelnen Stellen mit zunächst kleinen, aber folgenreichen „molekularen" Veränderungen den Weg zu beeinflussen. Es gibt auch in den Krisen keinen Automatismus.

1.1 Die Motive der Akteure im Zentrum.

Es geht um Kulturprozesse, nicht um Kulturen
Um den unspektakulären Alltag geht es. Es wird nicht gesprochen von *den* Menschen allgemein, geschweige denn von *der Menschheit*, sondern von Menschen in konkreten Lebenszusammenhängen und von den Strukturen, innerhalb deren sie handeln: in der (industriegesellschaftlichen) Marktgesellschaft, oder in anderen historischen Zusammenhängen. Und es geht vor allem um die *kulturellen* Dimensionen der angestrebten Standards des „guten und richtigen Lebens", die bei der Analyse der Krise der Wachstumsgesellschaft gern vernachlässigt werden.

Die Dynamik der sich wandelnden Lebenswelten und damit sozialkulturelle *Prozesse* sind in der Gegenwart unübersehbar, und deswegen betrachten Kulturwissenschaftler das Alltagsleben (die Sozialkultur) nicht mehr mit Sprachbildern der Beständigkeit wie „Tradition" oder „Leben in überlieferten Ordnungen". Die Triebkräfte von Prozessen und die Ursachen von Veränderungen werden interessant, ebenso die Motive der unterschiedlichen Akteure. Kultur*prozesse* stehen im Vordergrund.

Im Alltag geht es nicht nur um die materiellen Anforderungen der Lebenswelt, bezogen auf den überlebenswichtigen Naturstoffwechsel und auf die zu seiner Befriedigung notwendigen Güter und Ressourcen, eingeschlossen den Erwerb des universalen Zahlungsmittels Geld. Auch symbolische Dimensionen spielen eine Rolle. Je weniger Zeit und

Ressourcen für notwendige Dinge eingesetzt werden müssen, je mehr Wahlmöglichkeiten es im Alltagshandeln gibt, desto wichtiger werden diese symbolischen Aspekte (wie z. B. bei der Kleidung, s. 4.3). Das Handeln wird *kontingent*, es gibt Wahlmöglichkeiten. Diese aber werden in den folgenden Überlegungen besonders wichtig, schließlich geht es nicht um irreversible Prozesse und „objektive" Notwendigkeiten, sondern um Spielräume und unterschiedliche Pfade.

Eine wichtige Rolle spielen dabei die Überlegungen Forschungen der Europäischen Ethnologie (Kulturanthropologie) als Kulturwissenschaft. Diese Wissenschaft ist geprägt von der ethnographischen Feldforschung. Sie tritt bei der Forschung und Interpretation der Lebenswelten den Menschen in der Rolle von „Partnern, Sympathisanten oder Lernenden" mit „ethnologischem Respekt" (Warneken 2006: 10) entgegen und akzeptiert deren „Eigensinn", freilich ohne sie zu affirmieren. Die „Rehabilitierung populärer Kulturen" vermeidet „Romantisierung oder Idealisierung". Bernd Jürgen Warneken formuliert: „Als ethnographisch bezeichne ich eine Forschung, die Lebensweisen (nicht nur Lebenslagen) von Gruppen oder einzelne Momente ihres Alltagsdenkens und -handelns möglichst konkret zu beschreiben sucht und dabei, wie man eingrenzend hinzufügen sollte, auch an der ‚Innenperspektive' der Akteure und nicht nur den objektiven sozialen Funktionen ihres Handelns interessiert ist." (ebd., Fn. 2 S. 9/10)

Politiker und öffentlich handelnde Personen müssen sich Kenntnisse über Motive und Zustände der Milieus und der in ihnen wirkenden Menschen verschaffen, aber sie dürfen nicht einfach affirmieren, sondern berücksichtigen, dass menschliches Denken und Handeln nicht unveränderlich festgelegt sind. Sie folgen auch nicht gesetzeshaften Regeln, allenfalls sind gewisse Wahrscheinlichkeiten anzunehmen. Menschen sind nicht gefangen im Käfig ihrer Sozialisation oder „Kultur". Deswegen ist es auch nicht angebracht, vom „Dialog der Kulturen" zu reden. Kulturen sind keine Subjekte. Im „interkulturellen Dialog" sind es immer Individuen, die in ihn eintreten. Sie sind geprägt von ihrer Sozialisation, Religion, Herkunft usf., aber sie sind nicht unabänderlich in ihren Prägungen und Vorurteilen gefangen. Sie haben Spielräume und können sie nutzen – ihr Verhalten ist kontingent (s. 3.1, 3.2). Aber das bedeutet keine kritiklose Affirmation der Lebensweise der Anderen: Immer muss auch gefragt werden, wie das Handeln in diesen Lebenswelten in Beziehung steht und sich auswirkt auf andere Lebenswelten. „Individuelles Handeln existiert nun einmal innerhalb übergreifender gesellschaftlicher Verhältnisse, deren Wirkung sich ‚hinter dem Rücken der Akteure' durchsetzt und die Intentionen der Handelnden u. U. in ihr Gegenteil verkehrt" (Deppe 1990: 95).

Kulturelle Faktoren werden in den Diskussionen um die Krise der Lebenswelt zu wenig berücksichtigt. Dass soziokulturelle Faktoren den sozioökonomischen Gesamtprozess beeinflussen (können), spielt in der Nationalökonomie (Volkswirtschaft) keine große Rolle. Auch die Politökonomie verfolgt die Auswirkungen des Wirtschaftens auf die Politik, ohne viel nach den Triebkräften zu fragen, die für die Menschen im Alltag wichtig sind. Oft meint man mit den statistischen Daten genügend Interpretationsmaterial zu haben. Marktforschung kommt am ehesten mit kulturellen Faktoren in Berührung, freilich nur im engen Focus der Kunden-Markt-Beziehung. Die Sozioökonomie (Fischer u.a. 2014; s. 3.1) berücksichtigt, dass die Menschen in sozialkulturellen Zusammenhängen handeln, fragt aber auch nicht ausführlich nach den sozialkulturellen Motiven des Handelns.

In den politischen Diskussionen in Deutschland und Mitteleuropa spielen sozialkulturelle Faktoren und Prozesse keine besondere Rolle. Die Politik fragt nach Umfragewerten und denkt in Legislaturperioden und bezieht sich zu wenig auf Langzeitperspektiven. Sie kümmert sich auch wenig um Motive und Befindlichkeiten der Menschen in ihren Milieus; sie stellt nicht Lebensqualität der Menschen ins Zentrum, sondern Wachstum. Die Linken denken bei Überlegungen zum Übergang von Politik und Praxis auch in der „Transformationsgesellschaft" immer an den Staat und seine Politik, weniger an „Zivilgesellschaft" und Gemeinwohlökonomie, die Öko-Grünen stützen sich gern auf Zivilgesellschaft und bottom-up-Initiativen, aber es gibt nicht mehr genügend überzeugende Überlegungen zur Politik von Staat und Gebietskörperschaften – alles grob gesagt.

Zu den behandelten Themen (schon eine Art Zusammenfassung)

Im Vordergrund dieses Buches steht der unspektakuläre Alltag der vielen Menschen, vor allem in den altindustrialisierten westlichen Industriegesellschaften. Dort spielen sich auch die wichtigsten Prozesse ab, mit denen die Zukunft der menschlichen Lebenswelt geprägt und gefährdet wird: Verknappung von Ressourcen, Vermüllung der Umwelt, Wachstum um nahezu jeden Preis, Verschärfung der globalen sozialen Ungleichheit nicht zuletzt wegen der rücksichtslosen Nutzung der Ressourcen der übrigen Welt durch die prosperierenden Milieus der reichen Staaten (etwa im Tourismus), Konsumexzesse aller Art. Und dort breitet sich die Krise der Wachstumsgesellschaft aus. Aber, und das ist ja das Thema des Buches, da gibt es auch Ansätze für neue Wege.

Es geht zunächst um *Zukunftsorientierungen im Alltag*. Dieser Alltag ist die Sphäre der Gestaltung und Befriedigung der Alltagsbedürfnisse, und da geht es um Sicherung des physischen Überlebens durch Essen, Trinken, Schlafen, Bildung, um Persönlichkeits- und Identitätsentwicklung; hier wird auch nach Zuwendung, Anerkennung und Liebe wie auch nach symbolischer Kontinuität des eigenen Lebens durch Familiengründung gesucht.

Drei Dimensionen sind es vor allem, bei denen im Folgenden sozialpsychologische, soziologische, ökonomische und politologische Interpretationen durch kulturwissenschaftliche Überlegungen ergänzt werden sollen: *Lebensqualität, Zukunftsorientierung und Selbstbegrenzung (Suffizienz) im Alltag*. (s. 6.5)

Zu meinem 50. Geburtstag schenkt mir die kleine F., die Tochter von Anna in Wien, ein Faltspiel „Himmel und Hölle": Auf vier Finger einer Hand sind durch Faltung miteinander verbundene vier Papierdreiecke aufgesteckt. Je nach dem, welches Fingerpaar man aktiviert, öffnet sich zwischen den Dreiecken ein blau gemalter „Himmel" oder eine rot gemalte „Hölle". Ich bitte zu öffnen: Es erscheint blauer Himmel. Dann wird die zweite Partie geöffnet: Wieder Himmel. Wo ist die Hölle, frage ich? Sie wolle mir zum Geburtstag doch nur Gutes zeigen, sagt die Kleine. In diesem Buch werden die Alltagsthemen unspektakulär abgehandelt, dann muss es aber doch um die „Hölle", die krisenhaften Prozesse gehen. Dennoch sollen keine apokalyptischen und pessimistischen Ängste beschworen werden, sondern es sollen Wahlmöglichkeiten und Chancen erkennbar werden.

Um zu begreifen, wie das Alltagsleben mit seinem Konsumverhalten beiträgt zu den krisenhaften Entwicklungen, sind Überlegungen zur Interpretation von ökonomischen Prozessen des Konsumierens und Produzierens notwendig, immer mit Blick auf kulturelle Dimensionen und Kontingenzen. Dabei werden auch die Strukturen vorindustrieller Gesellschaften in Erinnerung gerufen, in denen Wachstum nicht im Zentrum steht.

Dann geht es in den folgenden Abschnitten um die Entwicklung der Marktgesellschaft und die Entgrenzung der Bedürfnisse. Dazu gehören die koloniale Arbeitsteilung und die dadurch entstandenen neuen Möglichkeiten, schließlich auch die systematische Entwicklung von Märkten durch die Entgrenzung der Bedürfnisse mit Hilfe von Marketing, Werbung und Mode.

In der Politik versucht man, mit finanzwirtschaftlichen, technischen, ökonomischen und sozialen Innovationen sowie durch „green economy" mit umweltgerechtem Wachstum die Marktgesellschaft zu retten. In der „Zivilgesellschaft" versuchen viele den empfundenen krisenhaften Folgen der Expansion des materiellen Wachstums entgegen zu wirken. In diesem Zusammenhang wird hinzuweisen sein auf historische Formen von Suffizienzstrategien. Erörtert wird, dass es auch starke nichtmaterielle Handlungsanreize im Alltagsleben gibt. Und die Verbindung von Suffizienz und temporärem Exzess in Lebensweisen jenseits der Vorherrschaft des Marktes und der Nutzenmaximierung erinnert daran, was auch möglich ist.

Das ist das Programm. Nie wird es gehen können um Rezepte, wohl aber um die Sensibilisierung für Möglichkeiten angesichts von Kontingenzen, Pfadabhängigkeiten und Wahlmöglichkeiten.

1.2 Drohende Krisen und apokalyptisches Denken

Wachstum und Krise in der Geschichte
In der mehr als eine Million Jahre langen Geschichte der Menschheit gibt es seit dem ersten Auftauchen der Hominiden, sagen die ethnographischen Demographen, nicht allmähliches ständiges Wachstum. Dann wäre es schon viel früher zu Bevölkerungszahlen wie in der Gegenwart gekommen. Vielmehr ist ein „moderates Bevölkerungswachstum plus Katastrophen" anzunehmen (Lang 1993: 123; s. auch Reichholf 2007: 15f.; Kernig 2006). Nicht nur vor den Krisen des Kapitalismus muss man sich also fürchten. Die lange Geschichte der Menschen in Mitteleuropa hat von vielen Krisen wie Pestzügen und Kriegen zu erzählen, sie kennt aber auch Phasen und Regionen relativ stabilen gemeinschaftlichen Lebens, die nicht durch permanentes Wachstum gekennzeichnet sind. Im Zusammenhang dieses Buches sind sie besonders wichtig, erinnern sie doch an die Strukturen und Voraussetzungen von Nachhaltigkeit.

In manchen Fällen haben die Menschen sich an Veränderungen gewöhnt: Die Sahara ist noch grün, als schon Menschen dort leben. Mittelmeerregionen werden seit der Antike irreversibel entwaldet. Klimaveränderungen haben die Waldgrenze in den nördlichen Alpen nach oben, dann wieder nach unten verschoben. Alpine Regionen im Süden Frankreichs oder die Pfalz in Deutschland leiden seit mehr als zweihundert Jahren darunter, dass nach der französischen Revolution Wälder rücksichtslos gerodet werden können. Umweltschutz als Waldschutz ist einst auch in der UdSSR ein Thema, aber der sowjetische

Sozialismus ist gleichwohl für das Austrocknen des Aralsees verantwortlich. Auch andere lokale Umweltkatastrophen gibt es, an die man sich ebenso gewöhnt hat wie an die riesigen Landschaftsveränderungen, die durch Braunkohlentagebau im Osten wie im Westen Deutschlands entstanden sind (und denen mit Flutung und Begrünung auch noch Lebensqualität abzugewinnen ist).

Kann man sich auch an die Veränderungen durch den von Menschen verursachten Klimawandel gewöhnen? Meinhard Miegel hat einen nicht sehr überzeugenden Trost: Nicht alle Menschen werden bei den zukünftigen Katastrophen umkommen, einige werden überleben (Miegel 2010: 135; s. 5.2).

Ökologische Krise und subjektives Verhalten im Alltag
Claus Leggewie und Harald Welzer (2009) haben die bedrohlichen Perspektiven des Klimawandels beschrieben. Stichworte, wie sie von ihnen verwendet werden, spielen auch in einem Text von Naomi Klein eine Rolle: *Wir leben in einer untergehenden Welt, radikale Änderungen sind nötig*, usf. (Klein 2015: 45/46). Sie nennt dabei auch ansatzweise die dafür verantwortlichen Akteure und Strukturen.

Tiefgreifende Veränderungen scheinen zu drohen. Was sagt man in einer solchen Situation den Menschen im Alltag? Man kann sich ja nicht so herausreden wie einst der Tourismuskritiker Jost Krippendorf (Die Landschaftsfresser 1975), der in einer Diskussion mit Kommunalpolitikern in einer Tourismusregion meinte: *Die politischen Konsequenzen sind nicht unsere Sache, wir analysieren nur.*

Für Rentner, pensionierte LehrerInnen und sonstige TransferbezieherInnen mögen die subjektiven Konsequenzen aus der drohenden Klimakrise überschaubar sein. Sie können sagen: Wir verhalten uns mit unserem konkreten Konsum so, dass wir möglichst wenig Schaden anrichten und einen geringen ökologischen Fußabdruck hinterlassen (was bei einem so reisefreudigen Milieu gewiss schwierig ist). Denken sie dabei auch an die Zukunft der Kinder und Enkel, die sie einst fragen werden: Was habt ihr damals getan?

Lohnabhängige sind, wenn es um die Verantwortung für die Zukunft geht, schon stärker in der Zwickmühle: Wenn wir mehr verdienen, können sie sagen, sind wir auch eher in der Lage, umweltverträgliche Produkte zu kaufen, und wenn unsere Arbeitskraft teurer wird, dann wird alles teurer und es wird vielleicht insgesamt auch weniger produziert. So bleiben die Klimaschäden geringer (wenn internationale Zusammenhänge außer Betracht bleiben). Aber zunächst werden die meisten bei besseren Löhnen auch mehr konsumieren und ihre Möglichkeiten genießen und damit die Öko-Bilanz belasten.

Dem Landwirt kann man empfehlen, auf „bäuerliche Landwirtschaft" und ökologisches Wirtschaften umzusteigen. Aber das muss der Markt auch hergeben, sonst ist in der konkreten Situation das Überleben der ökonomischen Einheit (die Fortsetzung des Wirtschaftens im bäuerlichen Betrieb) nicht mehr möglich.

Für den Kleingewerbetreibenden oder den kleinen Mittelständler wird es noch schwieriger. Der muss seine Mitarbeiterinnen und Mitarbeiter entlohnen können, seine Investitionen amortisieren und seine Märkte sichern. Ihm kann man nur die längerfristige Perspektive bieten: Wenn in der gesamten Gesellschaft im Rahmen einer Konversion und Transformation von Produktion und Lebensweise allmählich mit planbaren und überschaubaren Fristen und Eingriffen der geschützte Übergang zu Nachhaltigkeit und zur klimaneutralen Lebensform eingeleitet wird, dann wirst Du genügend Zeit haben, dich darauf einzustellen (aber solche langsamen Übergänge müssen auch möglich sein – beim Einstieg in die Marktgesellschaft im 18. Jahrhundert gab es sie). Und man kann ihm Beispiele zeigen, in denen Unternehmen – meist welche ohne große Konkurrenz – umweltgerecht produzieren und sich auf niedrige Wachstumsziele einstellen. Sie können das nur, wenn sie nicht an die Steigerung des „shareholder"-Wertes gebunden, also an Modellen des Familienbetriebs wie im „Rheinischen Kapitalismus" oder in Genossenschaften orientiert sind (wie die Schuhfabrik GEA im österreichischen Waldviertel, s. Kap. 6.9).

Am meisten müssen sich alle in ihrem Urlaubsverhalten infrage stellen lassen: Den Touristen der prosperierenden Länder begegnen nicht mehr, wie vor Jahrzehnten, auf den Flughäfen die abgeschobenen Flüchtlinge. 2015 können überfüllte Schlauchboote von Flüchtlingen den Kreuzfahrtschiffen begegnen, oder sie benutzen auf griechischen Inseln die gleiche Promenade. Und es geht beim Tourismus um die rücksichtslose Unterwerfung von Land und Leuten unter die Luxusansprüche der Prosperierenden (und da sind, wenn es z. B. um Wasserressourcen für Pools geht, auch die Einheimischen der Oberschicht Komplizen). Die lokalen Ressourcen der Selbstversorgung oder Marktproduktion in Landwirtschaft oder Fischerei werden den Bedürfnissen der krisenanfälligen Monokultur Tourismus geopfert und sind irreversibel verloren, und so weiter.

Individuen und die oben genannten Gruppen von Individuen können beim eigenen Konsumverhalten auf die Folgen achten. Das ist nicht immer eindeutig, oft genug auch ambivalent, deswegen ist es angebracht, auch betriebswirtschaftliche Kalkulationen zu den Effekten vorzunehmen (6.6). Ansonsten können sie sich dort engagieren, wo gegen konkrete zukunftsschädliche Projekte protestiert wird, und man kann sich gegen die Aushöhlung der demokratischen Eingriffsmöglichkeiten durch Freihandelsabkommen wehren, denn mit ihnen wird die Kompetenz der regionalen Politik eingeschränkt, zugunsten der Zukunft der Region zu handeln, usf. (5.4).

„Winzige Chancen" im Klimawandel
Manche leugnen den Klimawandel (Brunnengräber 2011), andere setzen darauf, weil er Profite verspricht, z.B. bei der Ausweitung von Anbauzonen für Äpfel in Südtirol. Naomi Klein meint: Der Klimawandel ist die Antwort auf die Vorstellung, man könne in der auf Kohle und Öl gestützten Industrialisierung die Natur beherrschen (die „große Erzählung" des 19. Jahrhunderts). Die Natur schlägt zurück (N. Klein 2015: 54). Europa und die USA, die „altindustrialisierten Länder", müssen anfangen sich einzuschränken, wird gesagt, denn die Länder des Südens haben Nachholbedarf. In ihnen muss das Menschenrecht auf einen kulturspezifischen angemessenen Lebensstand erst gesichert und die größte Not beseitigt werden, um überhaupt Wege zu Nachhaltigkeit und Klimaschutz beschreiten zu können. Am besten geschähe dies durch einen globalen Staatenfinanzausgleich (s. 5.2).

Naomi Klein zeigt Ansätze für Veränderungen, die aus *bottom up*-Initiativen entstehen, und sie sieht eine „winzige Chance", den Klimawandel noch zu wenden. Sie fordert wie die *fossil-fuel-devestment*–Bewegung ein Moratorium: „Lasst es im Boden", wird, bezogen auf Kohle, Öl und Gas, in den USA gesagt (ebd.: 56/57). Angesichts der aktuell sinkenden Öl-Profite hätte das sogar eine Chance, aber welche politischen Akteure setzen sich dieses Ziel? Und wie dauerhaft wäre ein solches Moratorium?

Die Basis-Initiativen in aller Welt und die Versuche, Nachhaltigkeit zu praktizieren, sind gefährdet durch die Eröffnung einer schrankenlosen Konkurrenz. Und ihre Aktivitäten stehen unter dem Vorbehalt, mit Freihandelsverträgen als „Handelshemmnisse" verboten oder verhindert zu werden (s. 5.4).

Naomi Klein berichtet über den Plan einer „just transition", einer gerechten Konversion in der kanadischen Provinz Ontario: Bis 2015 sollte dort auf die Energiegewinnung aus Kohle verzichtet werden, und die in der Krise der US-Auto-Industrie gefährdeten kanadischen Zuliefer-Industrien sollten mit Hilfe des Staates sich umwandeln in Industrien für die Produktion von Anlagen zu erneuerbarer Energie. Der Konversionsplan ist überzeugend, aber aufgrund von Beschwerden aus Japan und der EU wird er von der World Trade Organization als „Protektionismus" teilweise verboten (ebd.: 52). Ähnlich klagt auch Vattenfall gegen Deutschland und will wegen der Energiewende-Maßnahmen bedeutende Entschädigungen. Mit solche Drohungen und Klagen können Vorstöße für Veränderungen aufgehalten werden. Freihandelsabkommen sind „äußerst aggressiv", denn sie „behindern aktiv gerade die Politikformen, die wir von unseren Regierungen angesichts des Klimawandels einfordern müssen" (ebd.: 51/52). Damit sind nicht nur demokratiefeindlich, sondern auch ein Hindernis für Konversionsstrategien.

Alle Möglichkeiten auch am Rande der Legalität müssen dabei ausgeschöpft werden. Vielleicht können die hessischen Bauern des 18. Jahrhunderts dabei ein Vorbild sein: Sie klagten mit Zähigkeit gegen ihre Grundherren bis vor das Reichskammergericht in Wien, und solange sie klagten, durfte nichts neu eingeführt werden (Troßbach 1987).

„Furchterregend" ist für Naomi Klein Geo-Engeneering mit Großeingriffen in globale Prozesse (wie die Weltmeere zu düngen oder Schwefel in die Stratosphäre zu schießen, um Kohlendioxyd zu binden) (ebd.: 46). Sie sieht auch andere Möglichkeiten. Überzeugend tritt sie dafür ein, dass die Anti-Austeritätsbewegung (der Kampf von Attac z. B. gegen die Sparzwang-Politik der EU und des Neoliberalismus) zusammengeht mit der Bewegung für Klimaschutz (ebd.: 51). Das ist auch der Inhalt des Programms der „sozialökologischen Wende" – mit den Problemen, die damit verbunden sind: Mehr Kaufkraft für die Ärmeren bedeutet zunächst auch mehr Konsum (und damit Emissionen).

Das System des Kapitalismus und des finanzpolitisch-neoliberal begründeten Sparzwanges widerspricht den Interessen der Mehrheit (ebd.: 55), wie Naomi Klein am Beispiel des Wirbelsturms Katrina erläutert: Er ist damals in New Orleans auf eine Infrastruktur gestoßen, die, weil die öffentliche Infrastruktur im Rahmen der vom Finanzkapitalismus verordneten, ja erzwungenen Sparpolitik vernachlässigt und verrottet ist (ebd.: 50), und kann deswegen so verheerend werden. Auch in Deutschland ist die Infrastruktur von Verkehrswegen und Sozialeinrichtungen nicht im besten Stand. Die neoliberalen Versprechungen der marktbasierten „Win-Win-Prozesse" (ebd.: 50) sind keine Lösung: Unternehmen investieren in Klimaschutz, aber Wachstum bleibt das Ziel und der „Rebound"-Effekt kompensiert alle Erfolge. Die „TINA"-Politik von Margarethe Thatcher (There is no Alternative) hatte in Großbritannien behauptet, es gebe keine Alternativen, und sie hat Sachzwänge konstruiert, statt Alternativen zu suchen. Sie hatte auch gemeint, es gebe keine Gesellschaft („There is no society") und deswegen sei kollektives Handeln nicht wichtig, ja auch nicht möglich (ebd.: 48).

1.3 Aktuelle Krisenpotenziale

Herausforderungen

Von der Krise der Wachstumsgesellschaft und von der Bedeutung des alltäglichen Konsums in dieser Krise soll hier gehandelt werden. Von *Krise* spricht man, wenn *drohende* Entwicklungen eine Gemeinschaft (oder ein Individuum) zu außergewöhnlichen Anstrengungen auffordern. Gemeinschaften haben unterschiedliche Krisenelastizität. Die aktuelle Katastrophenforschung, in vielen Disziplinen betrieben, kann daran erinnern, dass auch hier kulturelle Komponenten eine Rolle spielen (Hern 2014). Es gibt Definitionsspielräume, die mit Risikominimierungsstrategien verbunden sind. Bei einer nicht überwundenen Krise drohen *Katastrophen*: Das sind Ereignisse, die konkret mit den gewohnten Mitteln nicht mehr bewältigt werden können und die übliche Weiterexistenz infrage stellen.

Staaten und Gemeinschaften müssen in der Gegenwart auf aktuelle Herausforderungen reagieren und sich neu verorten in

– *einer Welt, in der Kultur mit all ihren Facetten immer mehr Beachtung findet, gesellschaftliche und politische Akteure sich immer häufiger kulturell definieren und gleichzeitig immer neue Konflikte durch die Instrumentalisierung kultureller (religiöser, ethnischer, historischer ...) Unterschiede entstehen;*
– *einer Welt, in der globale Beziehungen in Verkehr, Wirtschaft, Medien und Kultur (Künsten) eine größere Rolle spielen als je zuvor, die ungleich verteilten Chancen aber eine Quelle ständiger Konflikte sind;*
– *einer Welt, in der neue und nie gekannte globale Herausforderungen von Ökonomie, Ökologie und waffentechnischen Zerstörungskräften (bezogen auf Krieg und Terror) alle Gemeinschaften und Staaten in gemeinsamer Verantwortung zu neuartigen Lernprozessen auffordern;*
– *einer Welt, in welcher der europäisch-atlantische Raum („der Westen") nicht mehr mit Selbstverständlichkeit das Zentrum aller Entwicklungen darstellt.*

Und es gibt die speziellen Herausforderungen, die sich in Deutschland und Europa in der Krise der Arbeitsgesellschaft und der Demokratie stellen (nur einige Aspekte seien genannt):

– *Arbeitslosigkeit und niedrige Beschäftigung, Armut und Abhängigkeit von Sozialleistungen bedeuten für eine wachsende Zahl von Betroffenen verminderte Chancen sozialer Anerkennung sowie subjektiv und objektiv eine Position am Rand der Gesellschaft;*
– *die tendenzielle Schrumpfung der Bevölkerung und die dadurch begünstigte Einwanderung von Menschen aus verschiedenen Teilen der Welt einschließlich der Flucht- und Asylbewegungen fördern Parallelwelten, die mit der Gesamtgesellschaft oft nur gering verbunden sind;*
– *die wachsende Kluft zwischen Arm und Reich führt lokal und national wie global zu auseinanderdriftenden sozialkulturellen Parallelwelten, die gegenseitig nur sehr wenig voneinander Kenntnis nehmen.*

Die Herausforderungen summieren sich in der „Vielfachkrise" (s. 5.2) der Wachstumsgesellschaft, bezogen auf Ökonomie, Ökologie, Arbeitswelt, Geschlechterordnung, Strukturpolitik usw. Die ökologischen Krisen erreichen kaum die „Alltagsebene" in den reichen Ländern (Brand/Wissen 2011: 79). Denn dort haben die Menschen ihre eigenen Probleme. Die Brücken von da zu den Krisen der Wachstumsgesellschaft zu schlagen ist nicht leicht, aber darum geht es in dem ganzen Buch.

Aus dem Ruder laufende Entwicklungen und Apokalypse

Harald Welzer greift das Beispiel der Osterinsel auf: Ihre Bewohner haben ihre eigenen Lebensgrundlagen vernichtet, weil sie beim Bau ihrer gigantischen Statuen ihre Wälder abgeholzt haben (Welzer 2012). Für die Malta benachbarte Mittelmeerinsel Gozo hat man ähnliches angenommen. Und die mittelmeerischen Wälder sind im Laufe vieler Jahrhunderte vor allem dem Schiffbau geopfert worden.

In einer Konferenz im sizilianischen Erice berichteten in den 1980er Jahren Atomforscher über die vermutlichen Folgen eines atomaren Krieges: Rauch und Staub werden im „atomaren Winter" die Sonne verfinstern; auf der Nordhalbkugel wird es keine Ernten auf den Feldern mehr geben, und die Menschen werden schon allein deswegen in großer Zahl sterben. Jüngst haben Forscher darauf aufmerksam gemacht, dass auch ein kleiner Atomkrieg zwischen Atommächten wie Indien und Pakistan (oder der Einsatz der israelischen Atomwaffen) schon ähnlich schlimme Folgen haben wird. Es besteht also diesbezüglich immer noch Grund zur Sorge. Und alle diejenigen, die wie Jeremy Rifkin, Naomi Klein, Papst Franziskus und ich – freilich mit jeweils anderen Argumenten – meinen, die Menschen hätten in den ökologischen und sonstigen Krisen der Wachstumsgesellschaft noch Chancen, sagen dies unter dem Vorbehalt, dass es keine großen Kriege oder andere Katastrophen gibt.

Die Apokalypse des Johannes ist der namensgebende Text für alle europäisch-christlichen Untergangsszenarien. Es gibt ähnliche fast überall; über die Gründe kann man nur spekulieren. Das jüdische Armageddon und die nordische Endschlacht sind andere Ausprägungen. Der Text des Apostel und Evangelisten Johannes hat furchterregende Bilder.

„Wenn ich wüsste, welches Kraut dieser Johannes damals geraucht hat, könnte ich heute ein Vermögen machen", hat ein jüngerer Nachbar in unserem Dorf gemeint.

In der Erscheinung des Johannes ist es das Lamm, das in der Lage ist, das Buch mit sieben Siegeln zu öffnen (Text in der Luther-Übersetzung, Fassung 1930er Jahre):

Und ich sah, daß das Lamm der Siegel eines auftat; und ich hörte der vier Tiere eines sagen wie mit einer Donnerstimme: Komm!

Und ich sah, und siehe: ein weißes Pferd. Und der daraufsaß, hatte einen Bogen; und ihm ward gegeben eine Krone, und er zog aus sieghaft, und daß der siegte. (6.1–2)

Und ich sah, und siehe, ein fahles Pferd. Und der daraufsaß des Name hieß Tod, und die Hölle folgte ihm nach. Und ihnen ward Macht gegeben, zu töten das vierte Teil auf der Erde mit dem Schwert und durch die Tiere auf Erden. (6. 8)

Und ich sah, daß es das sechste Siegel auftat, und siehe, da ward ein großes Erdbeben, und die Sonne ward schwarz wie ein härener Sack, und der Mond ward wie Blut. (6.12)

Und die sieben Engel mit den sieben Posaunen hatten sich gerüstet, zu posaunen. Und der erste Engel posaunte: und es ward ein Hagel und Feuer, mit Blut gemengt, und fiel auf die Erde ... (8.6–7)

Und der andere Engel posaunte: und es fuhr wie ein großer Berg mit Feuer brennend ins Meer; und der dritte Teil des Meeres ward Blut ... (8.8)

„...und es ging auf ein Rauch aus dem Brunnen wie ein Rauch eines großen Ofens, und es ward verfinstert die Sonne und die Luft von dem Rauch des Brunnens ... (9.3)

Und es ward ihnen gegeben, daß sie nicht töteten, sondern sie quälten fünf Monate lang ... Und in den Tagen werden Menschen den Tod suchen, und nicht finden ... (9.5–6)

2. Kulturelle Dimensionen des alltäglichen Lebens

Das alltägliche Leben entwickelt sich nicht mit Naturgesetzlichkeit, sondern im Rahmen von eingeschlagenen, aber keineswegs unvermeidlich vorgegebenen Wegen. Immer wird versucht, die Vorstellungen vom guten und richtigen Leben in der Gemeinschaft zu verwirklichen. Wenn es um die Krise der Wachstumsgesellschaft geht, werden kulturelle Dimensionen gern vernachlässigt: Es wird unterstellt, die historischen Erfahrungen zu Gesellschaften mit Selbstbegrenzung (Suffizienz) seien entmutigend. Oft wird in Krisen gefordert, das Verhalten und die Prioritäten zu ändern. Aber interessanter ist es, nach den im Alltag wirkenden Prägungen der Standards des guten und richtigen Lebens, ihrem Entstehen und ihrem Wandel zu fragen und dabei nach Ansätzen für Selbstbegrenzung (Suffizienz) zu suchen. Dann wirken auch die Krisenszenarien nicht mehr so bedrohlich. Das Alltagsleben dreht sich nicht nur um die einfache physische und familiäre Reproduktion, sondern bezieht immer auch Lebensqualität und symbolische Dimensionen ein.

2.1 Historische Erfahrungen und kulturelle Prägungen

Die Welt neu interpretieren
Die Krise der Wachstumsgesellschaft folgt keiner Naturgesetzlichkeit, sondern es gibt Entscheidungsspielräume, Pfadabhängigkeiten. Menschen entscheiden und können Nein sagen. Den Herausforderungen der Gegenwart, bezogen auf Ökologie, Nachhaltigkeit, Energiekrise und Klimawandel, Gerechtigkeit und internationale Beziehungen zu begegnen braucht es nicht nur neue politisch-wirtschaftliche Instrumentarien, sondern zu deren Anwendung und Akzeptanz auch neue Bilder, Begriffe und Symbolarbeit. *Wir haben die Welt lange genug verändert, jetzt kommt es darauf an, sie neu zu interpretieren*: So argumentiert Günter Nenning (1983) in Umkehrung der letzten Feuerbachthese von Marx, in der davon die Rede ist, dass die Philosophen die Welt nur interpretiert haben, es aber darauf ankommt sie zu verändern. Erst mit einem neuen Verständnis der Welt und der Rolle des Menschen in ihr kann man vielleicht auch wieder einmal daran gehen, sie zu verändern. Sie kann nicht allein mit technischen und politischen Neuerungen nachhaltig gestaltet werden, sondern braucht eine neue Sozial- und Wertekultur, die tief im Alltag und in der Wertewelt verankert ist. Das allerdings kann aus dem verfügbaren Fundus von menschenmöglichen Verhaltensformen aktiviert werden.

Behauptet wird im Schlussbericht der Enquete-Kommission Wachstum, Wohlstand, Lebensqualität des Deutschen Bundestags (EK WWL): „Der Mangel an historischer Erfahrung mit wachstumslosen Perioden führte zwangsläufig dazu, dass heute ein unmittelbarer Zusammenhang zwischen Marktwirtschaft, Wachstum und Fortschritt gesehen wird. In der eurozentristischen Konzentration tun wir uns schwer, uns Alternativen vorzustellen, denn es gibt kaum noch Erfahrungen mit Perioden ohne Wachstum. Zudem sind solche Erfahrungen aus vergangenen Perioden oder anderen Weltregionen entweder nicht übertragbar oder alles andere als attraktiv." (Schlussbericht 2013: 191)

Die Kulturwissenschaft, insbesondere die Europäische Ethnologie, erinnert daran, dass vor der „Entbettung" (Polanyi 1978) des ökonomischen Handelns aus seinen sozialkulturellen Zusammenhängen eigentlich alle Gesellschaften, sofern sie ihre Lebensweise über längere Fristen erhalten können, mindestens rudimentär über stabilitätssichernde sozialkulturelle Strukturen mit Selbstbegrenzungsmechanismen (Suffizienzstrategien) verfügen. Auch diese früheren und anderen Gesellschaften verfügen über Chancen für Glück und Lebensqualität. Sie können nicht aufgerechnet werden im Vergleich mit zeitgenössischen Gesellschaften, aber es wäre Fortschritts- oder Modernitätsarroganz, sie zu verleugnen und in Elendsmalerei verschwinden zu lassen. Dazu haben zeitgenössische Gemeinschaften, in denen z. B. auch in prosperierenden Staaten ein Drittel oder ein Fünftel der Kinder in Armut lebt, keine Veranlassung.

Erst der Siegeszug des Marktes stellt wirtschaftliches Handeln unter den Zwang der Gewinnmaximierung und des Wachstums. Keine frühere Gesellschaft ist dem so unterworfen wie die Marktwirtschaft. Zweifellos hatten auch frühere Gesellschaften ihre gravierenden Probleme, aber diejenigen der heutigen Gesellschaften mit Wachstumszwang sind ja auch alles andere als harmlos, erst Recht wenn man die weltweite Nichtübertragbarkeit der Lebensweise der frühindustrialisierten Gesellschaften und die Zukunftsperspektiven betrachtet. In der Apotheose des Fortschrittsdenkens werden die Erfahrungen vergangener (und zeitgenössischer anderer) Gemeinschaften abgewertet. Aber wenn man sich verabschiedet von dem Programm „Modernisierung", kann man auf viele konkrete Ausprägungen dauerhafter Lebensweise hinweisen.

Historische Erfahrungen, kulturelle Dimensionen und Suffizienz

Einzelnen Phasen der historischen Entwicklung und je spezifischen Regionen kann man eigene Typen und Formen von Konsum (Konsummuster) zuordnen: Bei Gesellschaften, die von Ackerbau oder Viehzucht leben, sehen sie anders aus als in Industrie- oder Dienstleistungsgesellschaften. „Der regulationstheoretische Begriff des Konsummusters und der Konsumnorm verweist ... nicht lediglich auf den Verbrauch von Gütern und Dienstleistungen ..., sondern auf eine dynamische Entwicklungsweise, deren materielle Dimension soziales Dasein und soziale Verhältnisse wie Ernährung, Wohnen und Mobilität, Lohnarbeit und andere gesellschaftlich notwendige Arbeiten, Freizeit, das Öffentliche im weiteren und das Politische im engeren Sinn sowie Kollektivität, Familiarität und Individualität strukturiert. Der konkreten Ausgestaltung der Entwicklungsweise liegen historische Erfahrungen sowie soziale Auseinandersetzungen und Kompromisse zugrunde, die sich in technologischen Entwicklungen und institutionell verfestigen." (Brand/Wissen 2011: 81)

Mit der Formel vom „gesellschaftlichen Niveau der Bedürfnisse" wurde das früher in der Politischen Ökonomie benannt (Kramer 1987: 84 f.). Aber sind es wirklich nur „historische Erfahrungen", die da zugrundeliegen, oder sind es nicht auch kulturelle Prägungen, resultierend aus Wahlentscheidungen innerhalb des vorgegebenen Rahmens? Dafür haben die Sozial- und Gesellschaftswissenschaften keine Sensibilität. Diese Prägungen mögen kontingent sein, sind in ihren Triebkräften und Motiven oft nicht im Einzelnen erklärbar, aber sie sind überdauernd und werden weitergegeben. Bei ihnen spielen religiös begründete Prinzipien eine Rolle, sie werden in Alltagsregeln und Sprichwörtern weitergegeben, sie sind enthalten in Überlieferungen, Gebräuchen, Sitten und Anstandsregeln. Damit zusammenhängende sozialregulative Standards des guten und richtigen Lebens werden internalisiert.

Alle Menschen praktizieren auch heute notwendigerweise Selbstbegrenzung – im Widerspruch zur von Markt und Werbung anempfohlenen Entgrenzung der Bedürfnisse. Die drei Dimensionen Lebensqualität, Selbstbegrenzung und Zukunftsorientierung gehören zusammen (s. 1.1). Im Alltagsleben sind die Individuen in ihren sozialen und soziokulturellen Bindungen immer wieder bereit, sich Grenzen zu setzen. Wem dies nicht gelingt, der scheitert im Kaufrausch, im Spielrausch oder in den verschiedenen Arten der -holics (Workaholic, Alcoholic z. B.) – das wissen die meisten Menschen. Den Symbolen der Selbstbegrenzung treten konkretisierende Praktiken und Strategien zur Seite.

Das ist in der Vergangenheit noch ausgeprägter. Die in allen Gesellschaften vorhandenen „Symbolwelten des Genug" und die handlungsleitenden normativen Standards thematisieren Suffizienz, Selbstbegrenzung und Zukunftssicherung. Sie sind immer mit sozialer Kontrolle verbunden. Immer aber gibt es auch Formen des genussvollen Exzesses in Festen und Kulten, mit denen die Zeit gegliedert und Lebensqualität generiert wird (s. 7.2).

2.2 Kulturelle Prägungen in der Geschichte

Wohlstandsgesellschaften mit Risikominimierungsstrategien
„Von der Vorgeschichte und Anthropologie bis hin zu den Forschungen über ‚Peasant Society' und ‚Peasant Economy' lassen sich Risikominimierungsstrategien als zentrale Kategorie und als harter Kern der Verhaltens- und Deutungsmuster von Subsistenzökonomien nachweisen..." (Groh 1992: 112; s. auch Köhler 1993: 573). Historische Formen der vorwiegenden Subsistenzproduktion mit geringen Austauschbeziehungen in Gesellschaften von Wildbeutern (Sammlern und Jägern) folgen Konsummustern, die mit den spezifischen Form des Naturstoffwechsels verbunden sind. Sie haben nur geringe Variationsmöglichkeiten beim privaten Konsum. Mit kulturspezifischen Ausprägungen organisieren die Menschen dabei innerhalb eines Korridors von Möglichkeiten (und nicht nur zwanghaft einem vorgegebenen Muster folgend) ihren Stoffwechsel mit der Natur. Während man früher sagte, sie befänden sich ständig am Rande der existenziellen Not, werden sie später als „Wohlstandsgesellschaften" betrachtet, die erfolgreich Risikominimierungsstrategien betreiben (Groh 1992: 54f). Wie die australischen Aborigines („Ureinwohner") erwerben sie mit wenigen Stunden „Arbeit" am Tag ihren Lebensunterhalt, den Rest der Zeit verbringen sie mit Kulten, Künsten und Spielen. Aber sie kennen keine Vorratshaltung, müs-

sen deswegen immer Zeiten der Knappheit überwinden und können sich nicht beliebig vermehren.

Solche Verhaltensweiswen wachsen in langen Zeitläuften in einer Gemeinschaft so, dass sie als positiv empfunden werden. Sie können nicht verordnet werden: Langweile wäre die Folge, und entsprechende Ventile würden gesucht.

Herrschaft und Konsumwelten

Konsumwelten entwickeln sich in sozialen Zusammenhängen, zu denen in der Regel auch Herrschaft gehört. In der vorindustriellen Geschichte in Mitteleuropa begegnen wir einem ständigen Nebeneinander von Einflüssen der (Grund-)Herrschaft und der Selbstorganisation der Gebietskörperschaften (Landgemeinden z. B.) (Franz 1976; Mayer 1976; H.H. Hoffmann 1976; s. auch Abriß 1972; Kuczynski 1981). Eingriffe und Vorschriften – territorial und zeitlich sehr unterschiedlich – beziehen sich auf Landnutzung und Konsum, auf Feiertage und Feste.

Bei den Kleiderordnungen (Scott 2009) spielen Luxusverbote, Statussymbole und die Herstellung der „Lesbarkeit der Welt" durch die Kleidung eine Rolle. Letzteres ist und bleibt Bestandteil der Lokaltrachten bis ins 20. Jahrhundert, wenn es etwa um den Familienstand geht (Böth 2001). Schon äußerlich ist erkennbar, welchem „Stand" jemand angehört. Regionale Tracht ist wie bei den Spreewälder Ammen lange Zeit auch Qualitätsmerkmal. Speisevorschriften regeln manchmal, wie viele Schüsseln bei Hochzeiten aufgetischt werden dürfen. Merkantilistisches Denken motiviert solche Vorschriften: Verschwenderischer Luxus, mit dem die Steuerkraft der Untertanen beeinträchtigt wird, soll vermieden werden; Luxuswaren sollen nicht importiert werden, und es sollen aber auch die Unterschiede zwischen den Ständen erkennbar bleiben. Luxus und höherer Genuss sind den Herrschenden vorbehalten, Suffizienz und Risikominimierung werden erzwungen.

Nahrung, wichtiger Bestandteil des Alltagskonsums, repräsentiert in allen Gesellschaften ein kulturelles System, eingebunden in soziale Kontexte, notwendigerweise selektiv und über die Sozialisation vermittelt. Sie ist ein „soziales Totalphänomen" (bei dem wie bei der Sexualität freilich die Genusskomponente einbezogen ist; sie ist Teil des „Formierens nach den Gesetzen der Schönheit" oder des Angenehmen). Nahrungsmitteln werden von den Nutzern auch Symbolbedeutungen zugewiesen (Tolksdorf 2001: 245).

Die schwedische volkskundliche Nahrungsforschung erinnert an einige Zusammenhänge. „Die Nahrung, ihre Art, Präparierung und Bereitung sowie Sitten, die sich mit ihrem Genuss verbinden, sind abhängig von Faktoren wie die Gestaltung des Wirtschaftslebens, technischem Können, sozialen Verhältnissen, religiösen Vorschriften und volkstümlichen Aberglauben. Aber die Kost ist nicht nur ein Spiegel der Kultur, sondern wahrscheinlich auch ein wirksamer Kulturfaktor, insofern nämlich Entwicklung und Fortschritt auf nahrungsphysiologischen Verhältnissen zu beruhen scheinen." (Egardt 1961: 368) An letzteres denkt man allerdings heute kaum noch – wenn auch beachtet werden muss, dass Mangelernährung besonders bei Kindern die Leistungsfähigkeit in jeder Hinsicht schwächt.

Exemplarisch lassen sich die Veränderungen beim Brot interpretieren. „Das Brot des schwedischen Volkes war in vorgeschichtlicher Zeit das ungesäuerte weiche Gerstenbrot, ein zum sofortigen Verbrauch bestimmtes Frischbrot, das durch Rösten auf dem Broteisen, Rost oder Steinen oder durch Wärmestrahlung, hochkant ans Feuer gestellt, gebacken wurde. Während des Mittelalters änderten sich die bis dahin herrschenden sozialen, ökonomischen und technischen Voraussetzungen und damit auch die Brotkultur. Der Roggen- und Haferanbau wurde intensiver, kirchlicher Einfluss beförderte den Getreideverbrauch, dank der Wassermühle und des Backofens wurde eine Vorratswirtschaft möglich; so ergaben sich die Voraussetzungen für den Siegeszug des gesäuerten Brotes." Es wird mit und ohne Hefe gebackenes Brot für die Bevorratung hergestellt (ebd.: 375). Die herrschaftlich eingeführte Gewerbefreiheit in der Mitte des 19. Jahrhunderts bedeutet zunehmenden Markteinfluss (ebd.: 376) – auch hier sind Pfadabhängigkeiten erkennbar.

Der Sparherd
Heizen und Kochen sind weitere wichtige dynamische Elemente des Alltagskonsums. Es hat in Europa lange gedauert, bis Sparherde, rauchfreie Stubenöfen und dergleichen sich verbreiteten, und beteiligt ist daran die ganze Skala der sozialkulturellen Innovationsmöglichkeiten, angefangen von aufgeherrschten Vorschriften zu Brandschutz und Holzsparen über importierte Vorbilder bis zu Marktprozessen.

Die geniale Erfindung einer nicht fest gemauerten, sondern transportablen Kochstelle, die nur ein Ofenrohr als Kaminanschluss braucht, wird „Sparherd" genannt. Maßgeblichen Anteil daran hat Baron Rumford, Soldat und Diplomat, Politiker und Propagandist der Aufklärung, Sozial- und Militärreformer, Stadtplaner und Erfinder (Sir Benjamin Thompson, Count Rumford, 1753 Boston, 1814 Paris) (Rumford 2014). Das offene Feuer auf dem gemauerten Herd, über das der Kessel gehängt wird oder in dessen Glut man dreibeinige Töpfe stellt, wird durch die geschlossene Feuerkammer im gemauerten Herd ersetzt. Abgedeckt wird sie mit einer Eisenplatte, auf die dann Töpfe mit flachem Boden gestellt werden können (Ehrensperger 1995; Oikos 1992). Wenn diese Feuerkammer auf vier Füße gesetzt wird und an geeigneter Stelle an einen Kamin angeschlossen werden kann, ist der transportable „Sparherd" erfunden. Er breitet sich erst nach der Mitte des 19. Jahrhunderts in Europa aus und bedeutet eine große Veränderung: Nicht nur Energieersparnis ist damit verbunden, auch Steinkohle und Braunkohle können erst so gefahrlos im Haushalt zum Kochen verwendet werden. Er ist auch untrennbar verbunden mit der Industrialisierung und der Erweiterung der Städte, denn er kann auf jedem Stockwerk aufgestellt werden und ist so die Voraussetzung für den Etagenwohnungsbau und die „Mietskasernen". Das Prinzip des transportablen „Sparherdes" ermöglicht dann auch den bruchlosen Übergang zum Kochen mit Gas und – noch später – Elektrizität, wie sie erzeugt werden kann durch fossile oder erneuerbare Energiequellen.

In dieser historischen Entwicklung gibt es manche Punkte, an denen mit Wahlmöglichkeiten unterschiedliche Wege eingeschlagen werden können – wenige Entscheidungen sind zwangsläufig. In manchen Regionen Europas wird noch bis zum Beginn des 20. Jahrhunderts in Rauchküchen mit offenem Feuer gekocht.

Ein Beispiel für Pfadabhängigkeiten: Fastenspeisen und Hanse
Auch andere Faktoren beeinflussen die Entwicklung des privaten Konsums. Durch herrschaftliche Setzungen geregelte Fastengebote

des Katholizismus, nämlich das Verbot des Fleischkonsums in der Fastenzeit von Aschermittwoch bis Ostern, haben den Bedarf nach gesalzenen Heringen erzeugt und damit sowohl die nordeuropäische (vor allem norwegische) Trockenfischproduktion, die dazu notwendige Salzproduktion und die entsprechenden Handelswege über Jahrhunderte hinweg gefördert (so wie der Bedarf an Wein für die christliche Ritualhandlung des Abendmahles Weinbau und Weinhandel schließlich weltweit gefördert haben). Man kann solche und andere Speisegebote für ernährungsphysiologisch sinnvoll halten, aber nötig sind sie nicht, und noch viel weniger sind sie zwangsläufig entstanden. Aber einmal fixiert und akzeptiert haben sie beträchtliche Folgen.

Manches hätte auch anders laufen können. In einem Detail wird das erkennbar bei dem vergeblichen Versuch des Bischofs Nikolaus Cusanus von Brixen, den Tirolern im 15. Jahrhundert zu gebieten, in der Fastenzeit auf Butter, Käse und Milch (Laktizinien) zu verzichten und statt dessen Olivenöl zu verwenden (Baum 1985: 260). Hätte er sich durchgesetzt, wäre der Handel mit (südeuropäischem) Olivenöl auch in den Milchwirtschaft treibenden Alpenregionen gestärkt worden und die Viehwirtschaft hätte sich anders entwickelt. Aber sein Gebot scheiterte am Widerstand der Bevölkerung – ein weiteres Beispiel für mögliche unterschiedliche Pfade und Entwicklungen.

Von der Versorgungs- zur Produktionswirtschaft
Das Schwergewicht liegt in diesem Buch auf der Bedeutung sozialkultureller Faktoren in den Konsumwelten. Geprüft werden soll, wo Kontingenzen und Möglichkeiten liegen, wenn Nachhaltigkeit in den Konsumwelten verankert werden soll. Wie die Individuen in der Alltagspraxis ihre handlungsleitenden Standards gestalten, das ist Thema. Wie diese Standards in der Psyche verankert sind, kann hier nicht geklärt werden, auch die Sozialpsychologie ist kein Thema, wohl aber die Geschichte.

„Von der Versorgungs- zur Produktionswirtschaft" (Reinhard 2014: 753) verläuft der Weg, der im Rahmen einer „Fortschrittsgeschichte" wertend beurteilt werden kann: „Um 1350 konnte in Europa kaum mehr von Subsistenzwirtschaft im Sinne eines geschlossenen Systems von Erzeugung und Verbrauch im selben Haus oder auf demselben Gute die Rede sein. Aber das bestehende System von geld- oder naturalwirtschaftlichen Abgaben und Märkten, von Gewerbe und von Handel orientierte sich nicht nur ideologisch, sondern überwiegend auch in der Praxis immer noch an der Versorgung der Menschen, das hieß meistens: an der Befriedigung elementarer Bedürfnisse eines bescheidenen Lebensstandards, der allzu oft nicht weit vom Existenzminimum entfernt war. Die Vorstellung wirtschaftlichen Wachstums durch wirtschaftliche Produktivität war unbekannt. Man ging stattdessen von einer gleichbleibenden Gütermenge aus, die so verteilt werden musste, wie es recht und billig war. Das hieß: so, dass jeder genug zu leben hatte. Nichtsdestoweniger wies die Agrarwirtschaft des lateinischen Europa, die sich im Frühmittelalter entwickelt hatte, vielversprechende Eigenschaften auf. Die nordalpine Dreifelderwirtschaft kombinierte nämlich in weltgeschichtlich ziemlich außergewöhnlicher Weise Ackerbau und Viehzucht." (ebd.: 753) Damit verfügt sie über Zugtierkraft und Dünger. „Dazu kam die einfache, aber vielseitig verwendbare Technologie der Wasser- und Windmühlen, deren Ausbreitung wie das ganze System unter anderem durch das Eigeninteresse von Grundherren als Inhabern des Mühlenbannes gefördert wurde." (ebd.)

Anderswo gibt es ähnliche Strukturen (der Wendepflug z. B. ist auch anderswo entwickelt), und Wasser- und Windkraft gibt es nicht nur hier, Bewässerungssysteme und Düngerverwertung zur Erhöhung der Bodenfruchtbarkeit ebenso, aber nicht überall wird – aus welchen Gründen und durch welche Kräfte auch immer (das ist die Kontingenz) – das wirtschaftliche Handeln so erfolgreich „entbettet" wie in Europa.

Der Weg zur industriellen Revolution ist entstanden in „Ketten von kontingenten Aktivitäten und Entwicklungen" (Iriye 2014: 17). Man kann, von heute aus rückwärts betrachtet, diesen Prozess nicht als alternativlos betrachten. Die „vielversprechende Eigenschaften" in Intensitätsinseln (Reinhard 2014: 753, 754) sind nicht verheißungsvoll wie vielversprechende Küsse; man kann sie zu Beginn des 21. Jahrhunderts angesichts der durch selbstzweckhaftes Wachstums ausgelösten multiplen Krisen der Marktgesellschaft auch anders werten.

Die Qualitäten der überschaubaren Verhältnisse
Im späten 18. Jahrhundert hat *Justus Möser* noch einmal die Vorteile der in kleinen geographischen Einheiten organisierten bedarfswirtschaftlichen Lebensweise hervorgehoben. Über ihn lesen wir: „Indem er sich warm für alte Stände- und Zunftvorrechte einsetzt und die Städtefreiheit verficht, bekämpft er mittelbar die fürstlichen Einebnungs- und Eingliederungsversuche", mit denen die Marktwirtschaft vorbereitet wird (Aufklärung 1974: 679). Er sympathisiert „mit dem bäuerlichen Freisassentum der großen westfälischen Einzelhöfe", verteidigt mit den „alten Rechten" eher opportunistisch die Leibeigenschaft (ebd.: 680, 681). Das „fünfundzwanzig Jahre später erlassene bekannte Oktoberedikt des Freiherrn von Stein (1817) entspricht in etwa vielen Gedankengängen des um eine Generation älteren, damals schon verstorbenen westfälischen Publizisten." (ebd.: 682) Möser meint, „daß auch für die arbeitenden Bevölkerungsschichten zu einem menschlichen Leben Feste, Feiern und Vergnügungen gehören und daß diese nicht eingeschränkt oder gar abgeschafft, sondern öffentlich geleitet werden sollten." (ebd.: 684) Deswegen verteidigt er auch das „soziale Kapital" (wie ich es nennen möchte) der alten Volkssitten.

Der Versuch einer „bäuerlichen Landwirtschaft" im Gutsbetrieb
Auch wenn hier in diesem Buch auf Epochengliederung verzichtet wird, die Dimension Fortschritt relativiert und nicht von „Moderne" gesprochen wird, ist auf Entwicklungen hinzuweisen. Das Vordringen des Marktes in immer weitere Bereiche ist unübersehbar. Die Abkehr von den bedarfswirtschaftlich orientierten Lebensweisen zu den erwerbswirtschaftlichen ist ein langer Prozess mit verschiedenen Stufen. Agrarreformen und Verbesserungen der landwirtschaftlichen Produktivität spielen dabei immer eine Rolle. Im Übergang vom 18. zum 19. Jahrhundert und in diesem selbst gibt es dabei für die Landwirtschaft Phasen, in denen vor dem exzessiven Kunstdüngergebrauch, vor der Technisierung und der Kapitalisierung der Landwirtschaft noch einmal alle Ressourcen der „vormodernen" Agrarwirtschaft geprüft werden.

Gustav Freytag (1816 – 1895) ist als Student Gast auf einer Musterwirtschaft in der Mark Brandenburg, Amt Wollup. Ihr Leiter ist Johann Gottlieb Koppe (1782 Beesdau – 1863); er leitet ab 1830 die Staatsgüter Wollup und Kienitz (Koppe 1818, 1885). Freytag nennt Koppe „den deutschen Musterwirth der geldarmen Zeit", „in welcher die Schwäche des Betriebskapitals allgemein, die Verbindung des einzelnen Gutes mit der Verkehrswelt noch umständlicher und weniger sicher war, und in der deshalb als Norm gelten mußte, das Landgut allmählich durch zweckmäßige Fruchtfolge und ein richtiges Verhältniß zwischen Viehstand und Fruchtbau in seiner Kraft zu steigern. Ihm war deshalb das Gut ein kunstvoller Organismus, welcher sich durch seine eigenen Erzeugnisse und richtiges Gleichgewicht der Theile zu erhalten und vorwärts zu bringen hatte." (Freytag 1887: 133) So ist eine erweiterte nachhaltige Landwirtschaft auch auf größeren Flächen möglich, und die Prinzipien einer „bäuerlichen Landwirtschaft" lassen sich auch im Gutsbetrieb realisieren. Die ostelbische Landwirtschaft ging später den Weg der marktwirtschaftlich orientierten Rationalisierung, Spezialisierung und Kapitalisierung. Inzwischen können die Prinzipien von Koppe auch wegen der verbrauchernahen und auf Kreisläufe orientierten Produktion wieder interessant sein. Damals hätten sie den Bedürfnissen einer wachsenden Industriearbeiterschaft gerecht werden können, hätten aber deren Ernährung so teuer werden lassen, dass einem hemmungslosen Wachstum und einer expansionistischen Politik Schranken auferlegt worden wären (kann man argumentieren). In Manchem erinnert Koppe mit dieser Landwirtschaft an die Figur des alten Risach im „Nachsommer" von Adalbert Stifter.

3. Der Verbraucher als Subjekt

Wenn man wissen will, welchen Beitrag die alltäglichen Lebensweisen zu den aktuellen Krisen leisten, muss man Ursachen und Triebkräfte für die Gestaltung dieser (Alltags-)Kultur begreifen. Konsumenten sind aktiv daran beteiligt. Wenn man ihre Motive aus kulturwissenschaftlicher Perspektive interpretiert, werden Kontingenzen und damit auch Spielräume erkennbar. Sie sind nicht nur habgierige Mängelwesen und kalkulierende Nutzenmaximierer. Nie handeln sie als isolierte Individuen, sondern immer in Gemeinschaft mit anderen, mit denen sie zusammenleben und auf deren Anerkennung sie angewiesen sind. Zur Organisation des Zusammenlebens gehört die „ideelle Lebensgrundlage" der Wertegemeinschaft, wie sie heute in Verfassungen festgeschrieben ist. Deren Teil sind die sozialen Grundrechte. Aus ihnen resultiert als Ergänzung des individuellen Konsums der gemeinschaftliche Konsum in Form von Infrastruktur und sozialen Leistungen.

3.1 Menschen konsumieren nie allein

Triebkräfte, Beteiligte, Wandel
Menschen konsumieren immer in sozialen Zusammenhängen. Sie treffen ihre Konsumentscheidungen mit Bezug auf ihre Familie, ihre Erfahrungen, ihre Lebenssituation, ihre Mitmenschen und ihr Milieu. Ihre Vorstellungen vom guten und richtigen Leben in ihrer Gemeinschaft spielen dabei eine Rolle.

Im Laufe der Geschichte erweitern sich in den immer komplexer arbeitsteilig werdenden Gesellschaften die Konsumsphären. Zahlreiche allgemeine Darstellungen beschreiben diesen Prozess; für sie stehen meist die hegemonialen Schichten im Vordergrund (Braudel 1985 u.v.a.).

Diese Darstellungen erwecken gern den Eindruck eines kontinuierlichen und tendenziell flächendeckenden Prozesses. Dagegen steht hier in diesem Buch die Vielfalt des Alltagslebens der „subalternen" Milieus in den verschiedenen Regionen, in Stadt und Land, im Zentrum, und dann entsteht auch nicht annähernd der Eindruck eines kontinuierlichen evolutionären Prozesses: Die verschiedenen Lebenswelten existieren nebeneinander. Sie können sich zwar gegenseitig befruchten, aber eine zwangsläufige „gesetzes"ähnliche Abfolge der sich abspielenden Prozesse ist nicht erkennbar: In manchen Milieus finden Wandlungen wegen der begrenzteren materiellen Ressourcen und Techniken oft viel langsamer und weniger grundlegend statt. Anderswo werden Veränderungen durch wirksame soziokulturelle Prägungen verhindert. Reiche und arme Gegenden existieren ohne ausgleichende Strukturpolitik (wie sie erst im 20. Jahrhundert ausgeprägter entwickelt wird) manchmal eng nebeneinander, Reichtum und Armut ohnehin, Hegemonie und Unterdrückung desgleichen, und alle haben teil an der Gesamtentwicklung. Die „Subalternen" spielen dabei eine aktive Rolle – als

Individuen, die sich am Konsum beteiligen, ihre Auswahlen treffen und sich verweigern können. Und in Krisen wie in der Prosperität loten die vergesellschafteten Individuen mit ihren Motiven und Interessen ihre Möglichkeiten in kreativen Suchbewegungen immer wieder neu aus.

Für die zeitgenössischen Marktgesellschaften ist der private Konsum entscheidend für Konjunktur und Wachstum. Der individuelle und gemeinschaftliche Konsum von Produkten, im Naturstoffwechsel der (Lebens-)Umwelt entnommen und in arbeitsteiligen Prozessen für den Verbrauch vorbereitet, ist für die Individuen Bestandteil von Lebensqualität und gleichzeitig (mit-)verantwortlich für die „Krise der Wachstumsgesellschaft". Die Konsumstandards der reichen Länder sind nicht weltweit übertragbar. Die durch wirtschaftliches und demographisches Wachstum und durch die private und öffentliche Konsumtion bewirkten globalen krisenhafte Veränderungen der Lebenswelt im „Anthropozän" (der durch menschliche Einwirkungen gestalteten jüngsten Phase der Erdgeschichte) bedrohen die Zukunft des Lebens auf der Erde, und sie verursachen Konflikte zwischen Staaten und Gesellschaften.

Individuen sind keine isolierten Monaden. Sie handeln auch bei ihren Konsum-Aktivitäten in sozialen, damit auch kulturellen, von Werten und Standards geprägten Zusammenhängen. Über und durch die Nutzung von erworbenen Gütern gewinnen sie nicht nur ihre Überlebensmittel, sondern auch Selbstwert, Anerkennung durch andere, Zuwendung, ja Liebe. Die symbolischen Dimensionen des Konsums sind verantwortlich für Identität und Distinktion, für Genuss und Lebensqualität. Solche Themen stehen für die Individuen im Vordergrund, und deswegen handeln sie auch nicht, indem sie ständig verantwortungsbewusst an die ökologischen Folgen ihres Handelns denken.

Sozioökonomie

Wie die Motive der Individuen den sozioökonomischen Prozess prägen, wird in der Nationalökonomie (Volkswirtschaft) nicht immer genügend beachtet. Die *Politische Ökonomie* untersucht die prägenden Auswirkungen des wirtschaftlichen Geschehens auf Politik und Gesellschaft. Die *Nationalökonomie* beschreibt, wie in einem Staat die wirtschaftlichen Verhältnisse gestaltet werden (öffentliche Haushaltspolitik eingeschlossen). Es gibt die *Verhaltensökonomie*, die davon ausgeht, dass Konsumentscheidungen in einem „komplexe(n) System interagierender psychischer Prozesse" getroffen werden (Hellmich 2014: 40). Beim *Marketing* kommen die Wirtschaftswissenschaften am ehesten mit Motiven und kulturellen Faktoren in Berührung, freilich nur im engen Focus der Kunden-Markt-Beziehung, beispielhaft etwa beim Ethnomarketing (Fischer 2014, s. 4.4 und 4.6). Und es gibt die *Sozioökonomie*, bei der nicht psychische, sondern *soziale* Prozesse mit interagierenden Individuen im Zentrum stehen. „Sozioökonomie kann verstanden werden als die Gesamtheit der Aktivitäten und Organisationen zur Gestaltung der Lebensbedingungen unter den historisch gewordenen und kulturell geformten – zunächst einmal vorgefundenen – materiellen und immateriellen Bedingungen der Lebensgestaltung als Individuum, in Kleingruppen und in großen Verbänden. Für die Bereitstellung der Lebensmittel im weiten Sinn, also einschließlich kultureller Lebensmittel, müssen die Menschen einen Prozess organisieren, der gemeinhin als Wirtschaft bezeichnet wird. Zentral ist der Aspekt gefühlter Knappheit, die es zu mildern gilt, um ein persönliches Fließgleichgewicht in der Umgebung herzustellen und aufrecht zu erhalten." (Piorkowsky 2014: 224) Legitimiert wird in der Sozioökonomie auch die Entfaltung von „angesichts der Unwägbarkeiten der Zukunft" (Our Creative Diversity) erwünschter Diversität und Vielfalt (Hedtke 2014:109). Mit den „historisch gewordenen und kulturell geformten" Bedingungen wird an sozial*kulturelle* Dimensionen erinnert. Sie stehen mit der Analyse und Beachtung der wertbezogenen Standards des guten und richtigen Lebens bei der kulturwissenschaftlichen Analyse im Zentrum.

So bezieht die Sozioökonomie deutlich die sozialen Dimensionen der wirtschaftenden Menschen ein. Diese handeln nicht einfach als Nutzenmaximierer wie im Bild des *homo oeconomicus* (s. 3.3). Ihre „Präferenzen oder Werte sind stattdessen mehr oder weniger durch den jeweiligen kulturellen Kontext des Akteurs definiert und durch Lern- oder Sozialisationsprozesse erworben. Sie sind aber nicht vollständig determiniert ..." (Hellmich 2014: 39). Ähnlich argumentiert der US-amerikanische Kommunitarist Amitai Etzioni (1994, s. 7.1). Er benennt das *I & We-Paradigma* (ich und wir), das die Beziehung des handelnden Individuums zu einer Gemeinschaft berücksichtigt (Hellmich 2014: 41). Von „sozialer Kontextualisierung" als Einbettung des Handelns reden andere (ebd.: 45).

Das weiß eigentlich jeder, der sich überlegt, warum Menschen auf Werbung „hereinfallen" oder „süchtig nach *shopping*" werden (4.4). Da bezieht sich die Sozioökonomie dann auch gelegentlich auf kulturelle Faktoren, aber nach dem Zusammenhang der Motive der Konsumenten mit der Lebenswelt insgesamt wird eher nicht gefragt. Eine ausgeprägte kultursoziale (sozialkulturelle) Ökonomie gibt es anscheinend nicht. Zwar gibt es eine Kulturökonomie, die aber beschäftigt sich vor allem mit der Ökonomie kultureller Einrichtungen und Märkte im engeren Sinne sowie mit den Märkten und Institutionen für ästhetisch-kulturelle Prozesse und Produkte (ähnlich wie es eine Tourismusökonomie gibt, aber keine Ökonomie des touristischen Verhaltens). Die sozialkulturellen Prozesse, die beim Konsum eine Rolle spielen, werden meist nur beiläufig behandelt oder sind Thema der einseitig nach dem Konsumentenverhalten fragenden Marktforschung.

Bedarfsdeckungswirtschaft und ihre kulturelle Einbettung

Nicht in allen Gesellschaften ist der Markt vorwiegend für die zentralen Lebensbereiche zuständig. Für ökonomische Prozesse der vorindustriellen Ständegesellschaft oder des Feudalismus außerhalb der Marktgesellschaften braucht es besondere Zugänge und Methoden. Dies gilt z.B. für subsistenzorientierte Agrargesellschaften oder die „Bedarfsdeckungswirtschaften". Alexander Cajanov (Chayanow) (1888–1939) meint für die bäuerliche Familienwirtschaft: „Die *ökonomische Einheit* bildet nicht das wirtschaftende Individuum, sondern die Haus- und Familienwirtschaft ..., und zwar sowohl als Produktionsgemeinschaft als auch als Reproduktionsgemeinschaft." (zit. in Groh 1992: S. 36) So ähnlich werden von den Ethnologen Edit Fél und Támas Hofer die ökonomischen (betriebswirtschaftlichen) Strukturen der Bauern des ungarischen Dorfes Átány analysiert (Fél 1972). Es zeigt sich dabei die enge Verflechtung dieser Wirtschaft mit kulturgeprägten Werten und Standards: Zum Beispiel ist eine Arbeit gut getan, wenn die Pferde nicht völlig erschöpft vom Felde zurückkehren; die Feldarbeit wird so organisiert, dass auch die Schwächeren mithalten können. Und die gern zitierte Passage über das Maß der Dinge zeugt ebenfalls davon: Als bei einem Umtrunk die Feldforscher Edit Fél und Támas Hofer dem ungarischen Bauern Ferenc Orbán im Dorf Átány eine Ernte von 100 Hektolitern Wein in den Keller wünschen, antwortet dieser: „Das wäre zuviel ... soviel wünschen Sie mir lieber nicht. Zwanzig Eimer genügen." Zuviel fügt sich nicht in das sozialökonomische und sozialkulturelle System. Die Forscher kommentieren: "Das Glück ist kein Ausblick ins unendliche. Ferenc Orbán wünscht sich im Grunde seines Herzens keinen unmäßigen, sich fortgesetzt vermehrenden Ertrag seiner Wirtschaft." (ebd.: 1)

Diese Wertvorstellungen prägen nicht nur das Familienleben, sondern auch das der Nachbarn und Mitbewohner in der Gemeinde (und sie sind, wie zu betonen ist, Voraussetzung für die Sicherung von Gemeinnutzen und Gemeinwerk, s. 7.3). Karl Polanyi erinnert daran, dass auch Symbolwelten bei dieser Organisation der gemeinschaftlichen Lebensverhältnisse mitwirken, Künste eingeschlossen: „Brauch und Gesetz, Magie und Religion wirkten zusammen, um den einzelnen zu Verhaltensformen zu veranlassen, die letztlich seine Funktion innerhalb des Wirtschaftssystems sicherten." (Polanyi 1978: 87)

Beim Übergang zur industriegesellschaftlichen Marktwirtschaft werden die vorher üblichen Formen der Einbettung des wirtschaftlichen Geschehens in sozialkulturelle Strukturen entwertet oder zerstört. Seit die herrschenden Paradigmen der neoklassischen und neoliberalen ökonomischen Wissenschaft immer mehr infrage gestellt werden, haben andere, weltweit in unterschiedlichen Ausprägungen verbreitete Strukturen der Gemeinnutzen (Commons) neue Aufmerksamkeit in der kulturhistorischen und ökonomischen Forschung gefunden (Ostrom 1999; s. 6.8).

Produktion und Konsumtion gehen zusammen
In der Sozioökonomie werden Aspekte der „aktiven, produktiven Lebensgestaltung" (Piorkowsky 2014: 225) der vergesellschafteten Individuen thematisiert. Damit wird die scharfe Trennung von Konsum und Produktion aufgegeben. Die Lebensgestaltung wird „insgesamt als ein produktiver Prozess begriffen" (ebd.: 225/226), und damit können auch Subsistenzproduktion, Familienorganisation, Frauenarbeit (und Männerarbeit) in der Familie, Erziehungs- und „Care"-Arbeit, die Herstellung der Arbeitsfähigkeit der heranwachsenden Individuen (auch in der klassischen Politökonomie immer ein Thema) in die Analyse des wirtschaftlichen Prozesses einbezogen werden, so auch die „Strategien der Subsistenz" und die Suche nach „neuen prekären, subversiven und moralischen Ökonomien". Angeknüpft werden kann auch an die Forderung, die Fähigkeit das eigene Leben zu gestalten.

„Es geht aber ... immer auch um die vielfältigen Dimensionen der nicht-marktförmigen Reproduktion von Menschen, Gesellschaft und Natur, Freiwilligen- und Sorgearbeit ist genauso wichtig wie jene ‚Dienstleistungen' der Natur, die keinen Preis haben." (Schlussbericht 2013: 647) Damit wird an entscheidende soziale (sozialkulturelle) Innovationen erinnert.

Anerkannt wird, dass menschliches Überleben mehrere Ebenen einbezieht: *Erstens* individuelle und familiare (kleingruppenorientierte arbeitsteilige) Existenzsicherung durch Subsistenztätigkeiten, gerichtet auf unmittelbare Nutzung von Ressourcen durch wechselseitige Hilfe, durch Sammeln oder Eigenproduktion. *Zweitens* gibt es gemeinschaftliche Tätigkeit als wechselseitige Hilfe in der Nachbarschaft oder in sonstigen gemeinschaftlich geregelten formellen oder informellen Gemeinschaften wie Vereinen, Gemeinnutzen, Genossenschaften (s. 7.3), nicht unbedingt auf das universelle Zahlungsmittel Geld angewiesen. *Drittens* schließlich gibt es Lohn- oder Erwerbsarbeit zwecks Gewinnung des universellen Zahlungs- und Tauschmittels Geld.

Als „produzierende Konsument(inn)en" (Engartner 2014: 169) nehmen die Verbraucher in vielfältiger Weise teil an der Produktion (Piorkowsky 2014; G. Becker 1965 und 1981). Aber sie sind schnell überfordert, wenn es um Warenkunde und Gebrauchswert geht (Engartner 2014: 168), und damit sind sie Fremdbestimmungen ausgeliefert. Dazu tragen auch „Knappheitsvergrößerungskonzepte des Marketing bei" (Kutscha 2014: 71, s. auch Sachs 1993). Die Konsumentensouveränität wird so eingeschränkt (Kahsnitz 2014: 319).

3.2 Märkte, Lebenswelten, *wahre* und *falsche* Bedürfnisse

Märkte im Plural
Als selbstreferentielle autopoietische (sich selbst aufrechterhaltende und selbstergänzende) Systeme, endogen unruhig und reproduktionsbereit, kann man Märkte beschreiben (Luhmann 1986: 36). Durch die Ermutigung zum Konsum und durch die Erfindung neuer Bedürfnisse sollen sie am Leben erhalten werden und Wachstum generieren. Die Fiktion von dem „gespenstisch erscheinenden Eigenleben des Marktes" (Friedrichs 2014: 245) wird von den zeitgenössischen Prozessen an den Finanzmärkten bestätigt.

Es gibt nicht nur *den* Markt. Märkte sind unterschiedlich. Wenn man allerdings fundamentalistisch und allgemein von „dem Markt" spricht (Altvater 2015: 35), dann übernimmt man schon eine verengte Definition. Märkte existieren im Plural, und sie bilden komplexe Strukturen, die unterschiedlich sozialkulturell eingebettet sein können (Hellmich 2014: 53). Es gibt z. B. unterschiedliche Akzentuierungen und „Pfadabhängigkeiten" in Frankreich und Deutschland oder den USA und Europa (s. 5.1), deswegen sollte man immer im Plural von ihnen reden. Die Vielfalt der Formen bietet Spielräume.

Oft entsteht der Eindruck, die Systeme von Wirtschaft, Umwelt, Sozialem und Zukunftsvorsorge würden in der Politik weitgehend beziehungslos nebeneinander behandelt. Wechselseitige Bezugnahmen stoßen, wie in der Kommunalpolitik zwischen den Ressorts der Verwaltung, schnell auf Widerstände. Die Systemtheorie hat den Politikern eine passable Rechtfertigung zurechtgelegt: Weil die verschiedenen Systeme von Markt, Umwelt, Sozialem usf. selbstreferentiell sind, also weitgehend nur auf das reagieren, was innerhalb ihres Systems vorgeht, gibt es keine automatische Tendenz, Lebenswelten und Umwelt zwecks Harmonisierung miteinander zu koppeln. Diese „selbstreferentielle(n) autopoietische(n) Systeme" (Luhmann 1986: 36) können sich bis hin zur Selbstzerstörung verselbständigen. Krisen werden in einzelnen isolierten Bereichen festgemacht und es wird versucht, sie dort auch zu lösen (wie die Finanzkrise durch Wachstum gelöst werden soll, ohne aber die Folgen des Wachstums zu prüfen, oder wie Sparen in den öffentlichen Haushalten eine Hilfe bringen soll, aber die Folgen des Sparens – öffentliche und private Armut – sollen anders bearbeitet werden, usw.). „Mit der Autonomie der verschiedenen Handlungsfelder der Gesellschaft wird versucht, Ruhe- und Normalitätszonen zu schaffen, von denen aus solche grundlegenden Krisentendenzen immer wieder bewältigt werden können." (Demirović 2011: 13/14)

Wenn die Systemtheorie von Politikern zur Legitimation ihres Tuns herangezogen wird, wirkt sie wie eine „selffulfilling prophecy". Und auch die Wirtschafstheorie ist eine Wissenschaft, deren Theoreme und Interpretationen direkte Folgen für das politische Handeln haben (Graupe 2014).

Lebensstil und Lebenswelt
Die Menschen gestalten ihre Welt. „Erkennen, Interpretieren und Verstehen" gehören dazu (auch ästhetisch-kulturelle Gestaltungen der Künste wirken mit ihrer Symbolproduktion dabei mit). Dabei spielen „Denkschablonen" aus Sozialisation oder anderswo her eine Rolle (Piorkowsky 2014: 225).

Aber was sind Denkschablonen? Dazu gehören nicht nur Meinungen, sondern auch die mit anderen geteilten Symbolwelten, eingeschlossen Brauch, Religion, Künste (Polanyi 1978: 87). Jürgen Habermas bezieht sich 1958 „ausdrücklich auf Rothackers Anthropologie beziehungsweise dessen Begriff des Lebensstils, um auf die ‚Verschränkung von Umweltbindung und Weltoffenheit' aufmerksam zu machen. Diese geschichtlich erworbenen Lebensstile würden ‚an Stelle der angeborenen Lebensweisen tierischer Arten treten'. Gedankengut von Erich Rothacker referierend, heißt es: ‚Die Menschen leben und handeln nur in konkreten Lebenswelten je ihrer Gesellschaft, niemals in *der* Welt'" (Müller-Doohm, 2014: 66, Hervorhebung von DK). Damit kritisiert Habermas eine Denkweise (etwa der „naturalistisch orientierten Anthropologie" von Arnold Gehlen), die anthropologische Konstanten unterstellt und gewissermaßen „'ontologisch'" verfährt (ebd.: 67). Das ermutigt die Vorgehensweise der ethnologisch inspirierten Kulturwissenschaften und erscheint wie eine Vorwegnahme der „kulturalistischen Wende". Die kulturelle Prägung der Lebenswelt wird akzeptiert.

Auch bei Bourdieu wird dies thematisiert. Man kann anknüpfen an seinen Begriff des „Habitus": Er „bezeichnet Gewohnheiten, die zu selbstverständlichen Eigenschaften geworden sind. Werte, Denkmuster, Wissen, Tätigkeiten, Haltungen und Geschmäcker generieren aus der sozialen Herkunft und bilden das bewusste wie unbewusste Bewertungs-, Orientierungs- und Wahrnehmungsschema eines Menschen." So wird das beschrieben von Silvia Weißengruber (2015: 17). „Durch das Zusammentreffen von ähnlichen Habitus entsteht eine unhinterfragte Akzeptanz der bestehenden Alltagswelt. Die beinhaltet einen ‚Sinn für Grenzen', also für jeweils passendes oder unpassendes Verhalten" (ebd.: 17), auch so etwas wie „ungeschriebene Gesetze". Mit „Doxa" fasst Bourdieu das zusammen (ebd.), aber immer wird man auch die Dynamik von Prozessen der Veränderung dabei berücksichtigen müssen. Auch beim Konsum ist davon auszugehen, dass er in konkreten, historisch verorteten sozialen und kulturellen Lebenswelten und -prozessen stattfindet und nicht mit abstrahierenden Modellen begriffen werden kann.

Bedürfnisse und Bedürfnispyramide
Bedürfnis ist eine Zentralkategorie der Grenznutzenschule der Nationalökonomie: Ein Bedürfnis wird nur befriedigt, wenn die Intensität des Bedürfnisses und der Aufwand zu seiner Befriedigung eine bestimmte Grenze nicht übersteigt. Ein Verdurstender in der Wüste ist für Wasser bereit, seine ganze Habe aufzuwenden; anderswo kann es kaum einen Preis erzielen. Konkret z. B. mag es sein, dass

die Kaufkraft als Bedarfsdeckungsmittel nur zur Abdeckung eines begrenzten Teils des empfundenen Bedürfnisses reicht. Dann müssen die Individuen sich Grenzen setzen. Das können sie tun, und darauf wird hier immer wieder hingewiesen.

„Bedürfnisse gelten allgemein als der Wunsch, einen gefühlten Mangel zu beheben." (Birgit Weber 2010: 16/17) *Bedürfnis* konkretisiert sich in *Bedarf*, der über Kaufkraft verfügt und damit zur *Nachfrage* wird. Die Deckung des Bedarfs durch Marktteilnehmer erfolgt im Markt, der als Käufer- oder Verkäufermarkt strukturiert ist (s. 5.2). Die Bedürfnispyramide, zuerst entworfen von Abraham Harold Maslow (1908–1970), positioniert ganz unten und breit die Grundbedürfnisse (Essen, Trinken, Schlafen), dann, in der Pyramidenform immer schmaler, die weiteren sechs Aspekte: Sicherheitsbedürfnis (Physischer Schutz und Geborgenheit heute und in der Zukunft), Soziale Bedürfnisse (Freundschaft, Liebe, Gruppenzugehörigkeit), Ich-Bedürfnisse (Anerkennung/Geltung), Selbstverwirklichung, Wissen und Verstehen, Ästhetik. Zu letzteren zählen die „Kulturbedürfnisse" wie Entfaltung, Differenzierung, Erlebnisse.

Diese Bedürfnispyramide ist ein Schematismus. Schon die alltägliche Lebenserfahrung zeigt, dass manchmal, ja sehr oft, mindestens temporär, „höhere" Bedürfnisse die Grundbedürfnisse verdrängen. Dazu gehören Liebe (oder Liebeskummer angesichts von Liebesverlust), Selbstverwirklichungs- oder Selbsterfahrungsbedürfnisse, mit denen die Grenzen der physischen oder psychischen Leistungsfähigkeit erkundet werden sollen, ja es soll sogar, vielleicht für Studenten heute kaum nachvollziehbar, einen Wissensdrang (intrinsische Motivation in der Suche nach Erkenntnis) geben, der Essen, kaum jedoch Liebe (höchstens Libido – oder umgekehrt?) in den Hintergrund treten lässt. Und literarische Gestaltungen der verschiedensten Künste können nicht verzichten auf Verschiebung der Bedürfnisskala in der einen oder anderen Richtung – wo blieben sonst Leidenschaft, Pathos und Ironie?

Auch religiöse Motivationen und Haltungen sind ebenso wie ethische Prioritätensetzungen mit dieser Bedürfnispyramide nicht nachvollziehbar, und die speziellen religiösen und sonstigen missionarisch-intrinsischen Motivationen sind höchst folgenreich (s. 7.3).

„Wahre" und „falsche" Bedürfnisse
Auch hinter der kulturkritischen Formel von den „wahren und falschen Bedürfnissen" ist die Bedürfnispyramide verborgen. Jürgen Habermas diagnostiziert in dem Freizeit-Artikel zur Rothacker-Festschrift „schon damals kapitalismuskritisch, dass der Stand der Produktivkräfte ‚die Befriedigung so gut wie aller Bedürfnisse erlaubte'. Aber der ‚Konsument wird, trotz allem, im Stande der Bedürftigkeit gehalten von einer Produktion, die seine aktuellen Bedürfnisse nur um den Preis der Erweckung neuer Bedürfnisse befriedigt – neuer Bedürfnisse, die Bedürfnisse der Produktion und nicht mehr der Menschen selber sind'" (zit. in Müller-Doohm 2014: 80/81)

Die Anhänger der „Kritischen Theorie" der Frankfurter Schule von Adorno und Horkheimer unterscheiden gern zwischen „wahren" und „falschen" Bedürfnissen. Freizeit z. B. kann, so auch Ernst Bloch, unter kapitalistischen Bedingungen nie in das Reich der Freiheit jenseits der Sphäre der eigentlichen materiellen Produktion führen (Bloch 1959: 1039). Davor stehen „erkünstelte Bedürfnisse", wie Bloch sie mit einem Zitat des „Volksschriftstellers" Johann Peter Hebel aus dem 19. Jahrhundert benennt. Ein Hindernis ist ferner die Erfahrung, dass die Möglichkeiten – der Zweistundentag ist für Bloch denkbar – durch die „überalterte Wirtschaftsform künstlich gedrosselt" (ebd.: 1054) werden. In dieser Tradition wird auch vom „totalitären Freizeitkapitalismus" gesprochen (Kurz 2009: 584/594). Das ist Kulturkritik, genau so unpassend wie religiös motiviertes Moralisieren.

Im Lichte einer naturalistischen Anthropologie, die den Menschen als „bedürfnisoffenes Wesen" betrachtet, aber auch aus der Perspektive einer Ethnologie, bei der Bedürfnisse als Produkt der Sozialisation und Geschichte betrachtet werden, muss da anders interpretiert werden.

Die These von den „falschen Bedürfnissen" wird von Adorno selbst relativiert: Die Freizeit- und Kulturindustrie könne die Menschen nicht dazu nötigen, ihre Produkte zu kaufen, „verlangte nicht etwas in den Menschen danach; aber deren eigenes Bedürfnis nach Freiheit wird funktionalisiert, vom Geschäft erweitert reproduziert; was sie wollen, nochmals ihnen aufgenötigt." (Adorno 1980: 648) Adorno weiß, dass die Individuen in ihrem Verhalten auch im Kapitalismus nicht voll vereinnahmbar sind und eröffnet so Anschlussmöglichkeiten zur empirischen Kulturforschung und den *Cultural Studies*: Er ahnt, dass es bei den Menschen etwas gibt, auf das auch die gern und oft kritisierten medialen Unterhaltungsangebote antworten. Die Motive und Bedürfnisse der Menschen und ihre Auswirkungen auf die Konsumwelten werden von den Kulturwissenschaften ernst genommen, aber in der ökonomisch inspirierten Diskussion zu den Grenzen der Wachstumsgesellschaft nicht genügend berücksichtigt.

In der Konsumgesellschaft wird die nach oben offene Bedürfnisstruktur genutzt für das Überleben dieser „überalterte(n) Wirtschaftsform" (ebd.). Aber die Individuen können immer darauf beharren, dass niemand befugt ist, ihnen vorzuschreiben, was sie tun und lassen sollen, wenn sie nicht selbst zugestimmt haben. Es muss berücksichtigt werden, dass der Wunsch nach Industriegütern und Lebensformen der prosperierenden Regionen auch bei denen, die bisher nicht in die „Globalisierung" einbezogen sind, rasch entsteht (s. 5.2). Auch wenn man das nicht akzeptieren will, ist diese Dynamik zu existent.

Konsumentenbildung, Geschmackserziehung und Verbrauchererziehung (G. König 2008) sind Versuche, die Souveränität der Konsumenten zu stärken. Die kulturkritische Auseinandersetzung mit den „falschen Bedürfnissen" trägt dazu bei, selbst wenn sie kritisiert werden muss. Auch pädagogische Motive wie Freizeitpädagogik spielen eine Rolle (Kramer 2011, Fischer 2014: 285, 325 ff.). In diesem Feld ist eine Menge an sensibilisierenden Impulsen möglich, immer im Spannungsverhältnis zwischen der Programmatik der Freiheit und Selbstbestimmung der Individuen und einer öffentlichen Verantwortung z. B. für die Gesundheit der Bevölkerung im Rahmen der sozialen Grundrechte. Eine beherzte Politik kann hier „marktkonform" und ohne Furcht vor „Handelshemmnissen" interessante Pfade bei der „sozialökologischen Transformation" beschreiten.

3.3 Homo oeconomicus

Ein Akteur ohne Geschichte
Ökonomische Modellannahmen gehen gern von dem isolierten Verbraucher aus. „Sowohl die Haushaltstheorie als auch die Haushaltsproduktionstheorie legen bei ihren Analysen den *homo oeconomicus* als Modellannahme zugrunde, der seinen Nutzen maximieren will, weshalb er rational die Entscheidung bevorzugt, die den größten Vorteil verspricht." (Birgit Weber 2010: 19; s. auch Hedtke 2014: 105) Er kann in einem potentiellen Käufermarkt vernunftgeleitet frei wählen (das Prinzip des „rational choice").

Der *homo oeconomicus* ist „Akteur ohne Biographie, Sozialisation, Geschlecht und kulturelles Umfeld" (Fischer 2014: 37). Im Mainstream der Ökonomie gibt es seit Paul Samuelson das „stillschweigende Selbstverständnis" (Graupe 2014: 177) über einen „leidenschaftslosen Methodenmonismus" (ebd.: 179), der nach dem Vorbild der Naturwissenschaften ökonomische Prozesse „rational" mit dem Modell des *homo oeconomicus* erklären will und mit mathematischen Formeln arbeitet. Distanziertes, emotionsloses Verhalten zur Welt und die Fiktion der „Objektivität" gehören dazu. Der Sozialwissenschaftler ist wie der Ökonom „desinteressierter Beobachter" und schaut ohne „Mitgefühl" auf die Welt (ebd.: 187, 189). So werden blickdichte und argumentationsresistente Parallelwelten konstruiert.

„Das Rational Choice-Programm führt, stark vereinfach, soziale Strukturen, Prozesse und Probleme auf das eigennützige, rational kalkulierende Handeln individueller Akteure und dessen aggregierte Wirkungen zurück." (Hedtke 2014: 105) Es prägt, auch wenn es nicht überall und immer realisiert bzw. realisierbar ist, Charaktere und Persönlichkeiten. Es erlangt in der modernen Gesellschaft als „verwissenschaftlichte Rationalisierung, verbreitetes Verhaltensmuster, politisches Steuerungsideal und normative Erwartung reale Relevanz." Es produziert „rationalistische Selbstbilder bei den Subjekten, modelliert subjektive Orientierungen, erzeugt Anpassungsdruck auf Denken und Handeln, erhöht damit die Rechenhaftigkeit des Subjekts, das sein Leben zum Objekt von Kalkulationen und sich selbst zum Gegenstand der Selbstoptimierung macht". Es verstärkt den Entscheidungszwang und „verringert die Chancen des Subjekts auf eine nicht instrumentalistische Lebensführung, die in kapitalistischen Gesellschaften grundsätzlich schwer fällt." (ebd.)

Die aktuellen Trends von „Big data" verstärken diesen Trend. Es wächst die Chance, Individuen „zu manipulieren" und sie dank der Kenntnis ihrer Gewohnheiten immer wieder zu bestimmten Handlungen zu bewegen (Meyer-Schönberger 2013). Damit wird die Konsumentensouveränität zur Fiktion, auch wenn sich die Anbieter darauf berufen, wenn sie diese Wahlfreiheit mit verführerischen Mitteln aushebeln.

In der EK WWL spielt das Leitbild des „mündigen Bürgers" eine Rolle. „Weitgehender Konsens war, dass es einerseits Menschen braucht, die nachhaltig konsumieren ‚wollen', andererseits auch Rahmenbedingungen, die es ihnen ermöglichen, nachhaltig konsumieren zu ‚können'." (Schlussbericht 2013: 784/785) Aber es gibt nicht *die Menschen*, sondern nur Menschen in ihren sozialkulturellen Zusammenhängen, und in denen muss die entsprechende Bereitschaft vorhanden sein. Zivilgesellschaftliche Strukturen (des Verbraucherschutzes wie „Food Watch" mit Thilo Bode) üben, quantitativ gesehen, nur begrenzten Einfluss aus. Sie können aber mit der Politik zusammenwirken, wenn es um Kontrolle und Einschränkungen geht. Gerade in diesem Feld aber sind auch „zivilgesellschaftliche Akteure" nicht problemlos – vor „Partizipationsillusion" und vor der Instrumentalisierung für Werbestrategien wird auch bei der Enquete-Kommission Wachstum, Wohlstand, Lebensqualität gewarnt (ebd.: 785/786). Der Staat hat nicht nur die Aufgabe, „eine Vorbildfunktion zu übernehmen, Vorgaben zu formulieren, Innovationen zu fördern und für die Einhaltung der Standards zu sorgen." (ebd.: 785) Er muss in demokratisch legitimierte Prozessen Standards und Ziele setzen.

Milieus sind (mit)verantwortlich für die Konsumentscheidungen der Individuen. Ihre Wahlmöglichkeiten bewegen sich innerhalb des Korridors eines imaginierten Nutzenkalküls; was außerhalb liegt, kann nicht berücksichtigt werden; Kontingenz ist nur innerhalb dieses engen Korridors möglich. Die Kulturwissenschaften beobachten kontingentes Verhalten in der ganzen alltäglichen Lebenspraxis, Emotionen und nichtmaterielle Überlegungen eingeschlossen, und all das hat Einfluss auf die Konsumentscheidungen. Wenn es um den Umgang mit den eingangs genannten globalen Krisen geht, ist deshalb die Analyse der komplexem Lebenspraxis wichtig. Auch in der Wirtschaftsethnologie wird darüber diskutiert (Köhler 1993: 564).

Konsumentensouveränität und Marktstruktur hängen zusammen: Beim *Käufermarkt* kann der Käufer aus einem über seinen konkreten Bedarf hinausgehenden Angebot auswählen. In den funktionierenden Märkten der Wachstumsgesellschaft ist dies der Normalfall. Beim *Verkäufermarkt* steht ein begrenztes Angebot des Verkäufers einer größeren Nachfrage der Käufer gegenüber. Zeitweise wird solche Knappheit bewusst produziert, z. B. bei neuen Datenendgeräten renommierter Anbieter. In Notzeiten (s. 6.7) oder in staatlich geregelten Wirtschaften ist Knappheit prägend (z. B. bei Autos einst in der DDR). Beim Tourismus gibt es Elemente von Verkäufermarkt bei stark nachgefragten Zielen, in Bezug auf das Gesamtangebot aber können die Käufer in einem Käufermarkt aus einem Angebot wählen, das größer als die Nachfrage ist.

Mit künstlicher Verknappung oder gezielter Überschwemmung von Märkten lassen sich Märkte zerrütten. Die KSZE-Verträge von Helsinki zwischen Ost und West (OSZE-Verträge) vom August 1975 haben solche Marktzerrüttung ausdrücklich verboten. Im Dokument über vertrauensbildende Maßnahmen versprechen die Staaten, „dass ihr Handel mit den verschiedenen Waren auf eine solche Weise erfolgen soll, dass auf den Inlandsmärkten für solche Waren und insbesondere den inländischen Erzeugern gleichartiger oder unmittelbar konkurrierender Waren keine ernstliche Schädigung – gegebenenfalls eine Marktstörung bzw. Marktzerrüttung – entsteht oder zu entstehen droht" (Gasteyger 2005: 277). In Zeiten des Freihandels gibt es für solche Klauseln in internationalen Verträgen wenig Chancen. Aber sie ließen sich auch heute wieder als Instrument zur Gewinnung von Handlungsmöglichkeiten einsetzen.

Versuche zur Rettung des homo oeconomicus
Weiterentwicklungen der „formalistischen" ökonomischen Theorie versuchen unbefriedigende Aspekte des Modells des *homo oeconomicus* zu eliminieren. Sie beziehen die Vorsorge für Risiken und Unsicherheitsfaktoren

oder nichtlineare Prozesse und kompetetive Aktivitäten ein (Görlich 1993: 245). Mit Spieltheorie wird die „divinatorische Praxis" des „Knochenwerfens" zum „Randomisierungsprozeß zur Generierung von gemischten Jagd-Strategien" (ebd.: 246) – das „Zufallsprinzip" erhält Eintritt in die Überlegungen. Die Informationsökonomie berücksichtigt „Ereignisunsicherheit" und den „Umgang mit periodisch wiederkehrenden Subsistenzkrisen" (ebd.: 251). „Soziale Verläßlichkeit" spielt bei Handlungspartnerschaften eine wichtige Rolle (ebd.: 252). Auch das sind Themen, die sich in der Ökonomie wiederfinden – bei Bankern redet man „Fühlungsvorteilen".

Über die Informationsökonomie lassen sich die Beziehungen von „rationalem Handeln" zur Symboltheorie herstellen. Symbolischer Gewinn und Prestige werden gewichtet; das „multiple self" von Amartya Sen findet auch Erklärungen für nichtegoistisches Verhalten (die Soziobiologie macht das auf ganz andere Weise mit dem „egoistischen Gen"). Berücksichtigt werden Verpflichtung („committment", ebd.) und solidarische Kooperation (*assurance game*). Schließlich kann man sozialkulturellen Wandel durch die Veränderung von Strategien-Clustern erklären (ebd.: 254, 256). So kann man die verschiedensten Motive berücksichtigen und im Sinne der nichtmateriellen, nichtmonetären Nutzenmaximierung interpretieren. Aus der kognitiven Anthropologie werden prozedurale Rationalität (ebd.: 246) und die Bedeutung mentaler Prozesse übernommen.

Aber mit all diesen Einschränkungen und Ergänzungen wird die Figur des *homo oeconomicus* so relativiert, dass sie ihren Erkenntniswert verliert. Das kulturgeprägte Handeln der Menschen und die Einbettung ihres wirtschaftlichen Handelns in die Kultur ist eigentlich ein zentrales Moment und nicht nur eine zusätzliche Komponente in der Theoriebildung. Das Modell des individuellen Nutzenmaximierers ist trotz aller Versuche zu seiner Rettung unbrauchbar, weil es das isolierte Individuum zur Grundlage der Überlegungen macht. Da die Ökonomie eine Wissenschaft mit direkten Auswirkungen auf den Alltag ist, ist die Anwendung dieses Modells ebenso wie auch die Abkehr davon folgenreich. Strategien zur sozialökologischen Transformation müssen andere Begrifflichkeiten verwenden.

3.4 Markt, Staat und Infrastruktur

Markt und Staat
Ökonomischer Austausch (von Leistungen und Gütern) findet zwischen Individuen und zwischen Gemeinschaften statt. Er wird gestaltet mit sozialkulturellen Vorgaben und Rahmenbedingungen. Wenn die Individuen in ihrem Konsumverhalten beitragen zu der Krise der Wachstumsgesellschaft, dann geschieht das nicht naturwüchsig und unvermeidlich, sondern mit vielfältigen, auf verschiedenste Weise von Motiven und Wünschen begleiteten Prozessen. Sie sind „pfadabhängig" und an Entscheidungspunkten beeinflussbar, und es gibt Wahlmöglichkeiten, nicht nur Handlungszwänge, wie sie die Politik gern unterstellt.

Viel zitiert ist das Bild von der *„invisible hand"* im Markt, das der Ökonom Adam Smith (1723–1790) verwendet: „Nicht von dem Wohlwollen des Fleischers, Brauers oder Bäckers erwarten wir unsere Mahlzeit, sondern von ihrer Bedachtnahme auf ihr eigenes Interesse. Wir wenden uns nicht an ihre Humanität, sondern an ihren Egoismus und sprechen ihnen nie von unseren Bedürfnissen, sondern von ihrem Vorteil. ...Jeder Einzelne bemüht sich darum, sein Kapital so einzusetzen, dass es den größten Ertrag bringt. Im Allgemeinen wird er wenig bestrebt sein, das öffentliche Wohl zu fördern, noch wird er wissen, inwieweit er es fördert. Er interessiert sich nur für seine eigene Sicherheit und seinen eigenen Gewinn. Und gerade dabei wird er, wie von unsichtbarer Hand geleitet, ein Ziel fördern, das er von sich aus gar nicht anstrebt; indem er seine eigenen Interessen verfolgt, fördert er das Wohl der Gesellschaft häufig wirksamer, als wenn er es direkt beabsichtigt hätte." (Smith, zit. Birgit Weber 2010: 29)

Dieser Markt funktioniert, wenn alle Teilnehmer eine mehr oder weniger gemeinsame Grundhaltung teilen: das kaufmännische Gewohnheitsrecht, die Moral des „guten Kaufmannes" und seine Prinzipien des Umganges mit Ressourcen und mit Marktteilnehmern sind Grundlage, ebenso der „gesunde Menschenverstand" und übliche Verhaltensweisen. Die rechtlichen Regelungen von Handelsrecht und bürgerlichem Gesetzbuch ergänzen eigentlich nur die informellen Regeln, mit denen vertrauensvoll Geschäfte gemacht werden können (internationales Handelsrecht ist wohl über lange Zeiten Gewohnheitsrecht, deswegen ist auch spätestens seit der Antike die organisierte Gastfreundschaft so wichtig).

In vorindustriellen Verhältnissen hat man es mit einer Fülle von obrigkeitlich festgelegten Qualitätsstandards und Marktbegrenzungen zu tun, oft mit Nutzergemeinschaften (Zünften z. B.) ausgehandelt. Auch der Markt von Adam Smith funktioniert nicht ohne den Staat. Immer gibt es auch in diesen freien Märkten Kräfte, die aktiv auf ihre Gestaltung Einfluss nehmen, freilich mit unterschiedlichen Prinzipien und Regeln: Obrigkeiten und Zünfte, Zünfte untereinander, Zünftige und Zunftungebundene rivalisieren miteinander. Und einschlägige Regelungen sind „Pfade", die Strukturen festlegen.

Waren, wie sie am Markt gehandelt werden, „sind das Ergebnis dynamischer und kontingenter Prozesse der Kommodifizierung" (Topik 2012: 594). Wichtig ist die „Geschmeidigkeit" von Waren: Sie verändern ihren symbolischen Gehalt bei der Wanderung durch die Sphären und Milieus (ebd.: 596). Der Kolonialismus bedeutet für die Entfaltung der Warenwelt einen starken Schub. Im entwickelten Markt „schaffen Angebote sich ihre Nachfrage selbst." (ebd.: 594). Das gilt für viele Fälle, ist aber am Beispiel der Kolonialwaren gut zu erläutern: Was einst in den überseeischen kolonialen Landwirtschaften (Plantagen) produziert wird, „reagierte nicht nur auf Begehrlichkeiten in wohlhabenden Industrieländern, sondern formte den dortigen Geschmack und die Vorstellungen eines ‚angemessenen' Lebensstandards." Die vorher in Europa nicht oder kaum oder, wie Zucker, nur in anderer Form bekannten und dann importierten Waren werden zu „Kernstücken der nationalen Identität wie der Klassendefinition, seien es Tee und Weizen in Großbritannien oder Kaffee und Zucker in den USA und Deutschland." (ebd.: 594) Der „Geltungskonsum" (Thorstein Veblen 1971) macht früher nicht einmal vorstellbare Güter für die Wohlhabenden zu „Statussymbolen und Kennzeichen ihrer Modernität. Im Laufe der Zeit verallgemeinerten diese Produkte sich dann und wurden zu Massenkonsumgütern." (ebd.: 594) „Kolonialwaren" sind wesentlicher Bestandteil der Konsumwelten seit dem 19. Jahrhundert.

Private und öffentliche Güter: Infrastruktur für Alltagszwecke

Auf den Märkten treten Anbieter und Käufer miteinander in Aktion; die Käufer versorgen sich mit jenen lebensnotwendigen Gütern (und Dienstleistungen), die sie selbst nicht erbringen können oder wollen. Aber nicht alles, was für das Leben der Individuen gebraucht wird, kann gekauft oder selbst erzeugt werden.

Nicht nur im individuellen (privaten, familiären) Konsum werden Ressourcen verbraucht, auch im öffentlichen Konsum geschieht dies. Staat und Gebietskörperschaften treten als Konsumenten auf, finanziert von eigenen Einnahmen (aus eigenem Besitz, z. B. von Bergwerken), aus Verpachtungen und Zwangsabgaben (Bergrechte, Nutzung von Gewässern, Wäldern und Weiden) oder durch Steuern, Abgaben und Gebühren. Die so finanzierte öffentliche Infrastruktur ist für die Individuen ähnlich wichtig wie das, was sie erwerben oder selbst erzeugen. Sie schafft die Rahmenbedingungen für die Reproduktion der Individuen (für das Leben der Individuen und Familien samt der Kinder), gestaltet die Lebensbedingungen der Individuen, ermöglicht Produktion und Distribution von Gütern, schafft die Voraussetzungen der Existenz der Gemeinschaft einschließlich ihres Schutzes gegen Naturgewalten und Feinde in gewohnten und vereinbarten Grenzen. Sie schützt auch vor systemimmanenten Gefährdungen (wie bei der Regulation des Marktes und im Verbraucherschutz, s. 6.5).

Die Konsumwelten des Alltags sind nicht existenzfähig ohne Infrastruktur: Waren müssen transportiert und verteilt werden, der rechtliche Rahmen für die Transaktionsprozesse muss hergestellt und gesichert werden. Das geht nicht ohne Bürgerliches Recht, Gerichte (und notfalls auch Gefängnisse) zum Schutz des Eigentums, der Transaktionen sowie der Waren und ihrer Qualitäten. Aber die Individuen verlangen auch für ihre eigenen individuellen, sozialen und kulturellen Zwecke öffentliche Infrastruktur: Sie müssen zu den für sie wichtigen Gütern und Orten kommen und die Güter in ihre Wohnungen transportieren.

Wie die Supermärkte auf der Grünen Wiese die städtische Infrastruktur verändert haben, ist oft beklagt worden. Auch hier gibt es im Planungsprozess Pfadabhängigkeiten: In den USA sind es die Ausfallstraßen, an denen sich die entsprechenden Einrichtungen reihen; in romanischen Staaten Europas sind es eher abgetrennte eigene Industriezonen mit Einkaufstätten, in Deutschland Mischungen von beidem. Will man innerstädtische Gebiete lebendig erhalten, müssen Kommunen mit kapitalstarken Investoren konkurrieren, und wenn ihnen dazu die finanziellen Mittel genommen werden, haben sie keine Chance. Verwaltung und Gesetzgebung haben Einfluss auf die Entwicklung entsprechender Strukturen. In Japan z. B. ist der Einzelhandel für Alltagsbedürfnisse längst nicht im gleichen Maße zurückgedrängt worden wie in Deutschland – mit entsprechenden Folgen für innerstädtische Entwicklung und Arbeitsplätze.

Die Verkehrsinfrastruktur dient nicht nur der Produktion und Distribution der Güter. Die Individuen selbst wollen sich bewegen – als Käufer und Produzenten, als Berufspendler, als Angehörige von Patchwork-Familien, als multilokale Residenten mit Wohnungen an unterschiedlichen Orten, als Personen mit Partnern an verschiedenen Orten, und schließlich als Touristen. Gerade für diesen Teil des privaten Konsums sind außerordentliche Infrastruktur-Einrichtungen geschaffen: Straßen, Hotels, Flughäfen, Häfen für Kreuzfahrtschiffe, ferner die Spaß-Infrastruktur von Stränden, Wanderwegen, Freizeitparks usf. All das verlangt finanzielle und materielle Ressourcen, und es zeitigt Landschaftsverbrauch (Krippendorf 1975).

Dass der öffentliche Konsum für die Verteidigungs- oder Aggressionsbereitschaft eines Staates gewaltige materielle Auswirkungen hat, muss im Zusammenhang mit den Umweltfolgen des Kalten Kriegs wieder erwähnt werden (4.2). Wenn es um Wege zur Nachhaltigkeit geht, wird der militärische Sektor angesichts der gewaltigen dafür erbrachten Ausgaben und genutzten Ressourcen viel zu wenig beachtet (und wie eine Satire wirkt es, wenn derzeit nach umweltfreundlichen militärischen Sprengstoffen geforscht wird). Aber solange es keine „Rüstungsverwertung" mit Nutzung dieser Investitionen gibt, können alle froh sei.

Infrastruktur als Voraussetzung für produktive Tätigkeiten

Alle produktive Tätigkeit, für welche Zwecke auch immer, ist an Infrastruktur gebunden. „Öffentliche Güter als Verwertungsbedingung für das Kapital" (Candeias 2009: 29) sind unentbehrlich. Auf dem Höhepunkt der fordistischen Urbanisierung (etwa seit den 1960er Jahren) ist es so, dass der Staat, finanziert durch das gestiegene Steueraufkommen einer wachsenden Wirtschaft, „sich in größerem Maße um die Bereitstellung der kollektiven Mittel der Produktion und Reproduktion kümmerte. Alle möglichen Formen der Infrastruktur, Sozialwohnungen, Gesundheits- und Freizeiteinrichtungen und alle möglichen Formen sozialer Dienste wurden kollektiv organisiert, häufig durch Schulden finanziert, aus dem privaten Zirkulationsprozess des Kapitals herausgenommen und durch kollektives Kapital weitergeführt, das der Staat investierte und kontrollierte. Es war eben jene kollektive Bereitstellung der Mittel zur Produktion und Reproduktion, die die Akkumulation des Kapitals und die Mehrwertproduktion in andere[n] Sphären erhöhte, erleichterte und unterstützte." (Candeias 2009: 106; s. auch Kramer 2011)

Unter dem Vorzeichen des Neoliberalismus wird Infrastruktur soweit möglich privatisiert, gleichzeitig wird sie wegen der Sparpolitik der öffentlichen Hand vernachlässigt. Weil die notwendigen säkularen Erneuerungs-Investitionen nicht getätigt werden, verrottet sie in vielen Fällen (wie z. B. die Brücken der Autobahnen). Die Institutionen der Demokratie verlieren durch die Sparpolitik gleichzeitig jene Handlungsmöglichkeiten, mit denen dies aufgehalten oder verhindert werden könnte.

In den 1970er Jahren gibt es in der BRD eine Diskussion über Infrastruktur-Politik als Teil der Sicherung der Rahmenbedingungen für die gesellschaftliche Reproduktion (für die Wirtschaft konkret). Bei ihr wird auch der Zusammenhang mit Kultur- und Freizeitpolitik hergestellt (Hoffmann 1978). Bei der Infrastruktur für die nicht-industriellen Wachstumsfaktoren jenseits von Arbeitskraft und Kapital spricht man damals vom „Datenkranz", der die Rahmenbedingungen für das Wachstum herzustellen hat (Güther 1977: 9). Es geht dabei nicht nur um die üblichen Infrastruktur-Leistungen wie Verkehr usf., sondern auch um Gesundheits- und Freizeiteinrichtungen sowie qualitatives Wachstum, bei dem der Produktionsfaktor Arbeit (Humankapital eingeschlossen) und die produktive Rolle auch der Wissenschaft für dieses Wachstum wichtig ist (ebd.: 30).

Zum Ende des 20. Jahrhunderts wird auf ähnliche Weise über die „creative City" diskutiert. Mit dem Konzept der „Kreativstadt" von

Richard Florida (2004) wird der Eindruck erweckt, man brauche nur die Infrastruktur-Komponenten *Technology, Tolerance, Talents* und (meist vergessen) *Trade* zusammenzubringen, und schon würde ein kreatives Zentrum entstehen. Gegen einen solchen Schematismus wird darauf hingewiesen, dass man auch die Agglomerationsvorteile einer Region braucht. Und auch das ist kein Automatismus, denn Städte haben ihre besondere sozialkulturelle Eigenlogik, wie sie in ihrer Geschichte entwickelt und durch Marketing verstärkt wird. Mit Kontingenz, nicht Gesetzmäßigkeit ist auch hier zu rechnen.

Der „objektive Bedarf" an Infrastruktur ist nicht eindeutig bestimmbar: Meritorische Güter?
Die so geführte „objektivierende" Diskussion zur Infrastruktur weist einige Leerstellen auf. Sie ist bei der einschlägig beschäftigten Kommission für wirtschaftlichen und sozialen Wandel (Kramer 2011: 112) wie auch bei den Linken so auf Produktion und Arbeitskraft fixiert, dass zwar Gesundheit und Erholung berücksichtigt werden, aber andere Bereiche, die mit Lebensqualität zu tun haben, weitgehend ausgeblendet blieben: Unterhaltung, Vergnügen, erotische und sexuelle Bedürfnisse, Familie, usf. gehören zwar zum erweiterten Datenkranz, werden aber der Produktion und dem Produktionsfaktor menschliche Arbeit untergeordnet, nicht als wirkende Faktoren anerkannt, die keiner Rechtfertigung bedürfen. Ähnlich wie in den gängigen Versionen der Maslow'schen Bedürfnispyramide werden sie nicht stark beachtet, auch wenn sie als Motive für das Handeln der Menschen oft so zentral sind wie Liebe, Zuwendung, Anerkennung, Begehren (s. 7.3).

Die neoliberale Theorie spricht bei einigen Teilen der Infrastruktur (z. B. den kulturellen Einrichtungen, s. Haselbach 2012) diesem Zusammenhang (gleichsam entwertend) von „meritorischen Gütern": Es sind „sind solche, deren Konsum unabhängig von Wirtschaftlichkeitserwägungen gesellschaftlich erwünscht ist. Sie sind gleichsam halböffentlich. Der Begriff, der darauf anspielt, daß jeder Mensch den Zugang zu diesen Gütern unabhängig von seiner Zahlungskraft ‚verdient', wurde in den fünfziger Jahren von dem Wirtschaftswissenschaftler Richard Musgrave geprägt. Meritorische Güter bestehen aus zwei Komponenten: einer teilbaren und potentiell rivalisierenden, die marktfähig ist, und einer zweiten, für die sich kein Preis bilden und mithin kein Verkauf bewerkstelligen läßt. Ein gutes Beispiel ist die Gesundheit. Meine Gesundheit ist zwar nicht rivalisierend, da sie die anderer keineswegs ausschließt; dennoch läßt sie sich von deren Gesundheit trennen, sie ist also teilbar, und deshalb sind gesundheitsfördernde Maßnahmen ohne weiteres marktfähig." (Crouch 2011: 64/65) Ähnlich ist es mit Bildung (ebd.: 112) und entsprechend mit kulturellen „Gütern", wie sie durch die Kulturinstitutionen vorgehalten werden. Aber solche „Güter" sind als „materielle Grundrechte" etwas ganz anderes: Es sind in der Nutzergemeinschaft der Staatsbürger ausgehandelte und vereinbarte Leistungen. Daneben gibt es Güter ohne Preis, für die allenfalls Opportunitätskosten als entgangene Gewinne kalkulierbar sind (wie Familie und Kinder z. B.).

Materielle Grundrechte und Soziale Demokratie
In diesem Zusammenhang soll auch auf materielle (materiale, soziale) Grundrechte hingewiesen werden. Sie sind begründet in der „ideellen Lebensgrundlage" einer Gemeinschaft und deren „mentaler Infrastruktur"

(Meier 1993). Ohne diese Werte kann das gesellschaftliche Leben nicht organisiert werden. Sie sind auch Teil der unterscheidenden spezifischen Kultur einer Gemeinschaft. Festgeschrieben sind sie in den Verfassungen (z. B. dem Grundgesetz der BRD).

Zu dieser ideellen Lebensgrundlage gehören die *Freiheitsrechte* oder liberalen Grundrechte, die *Staatsbürgerrechte* oder politischen Grundrechte (auf die Mitwirkungsbefugnisse bezogen) und die *Leistungsrechte* oder sozialen Grundrechte, die dem Individuum Ansprüche auf öffentliche Leistungen verbürgen. „Es ist also nicht mehr reines Bekenntnis, wenn das Grundgesetz sagt, die Würde des Menschen sei unverletzlich oder jeder habe das Recht auf freie Entfaltung seiner Persönlichkeit oder Männer und Frauen seien gleichberechtigt. Diese schönen Formeln haben vielmehr handgreiflich Gestalt gewonnen, indem ein Bundesverfassungsgericht darüber wacht, dass sie im Finanzamt und auf dem Polizeirevier ... Anwendung finden." (Dahrendorf 1965: 466) . Zu ihnen schreibt der polnische Student Aleksander Solinski 2015 in einer mir vorgelegten Hausarbeit in Wien: Sich beziehend auf Dahrendorf würde auch er sich „wünschen, daß die schönen Formeln ‚im Finanzamt und auf dem Polizeirevier' Anwendung finden."

„Das entscheidende Moment des Gedankens der Sozialstaatlichkeit im Zusammenhang des Rechtsgrundsatzes des Grundgesetzes besteht also darin, dass der Glaube an die immanente Gerechtigkeit der bestehenden Wirtschafts- und Gesellschaftsordnung aufgehoben ist, und dass deshalb die Wirtschafts- und Gesellschaftsordnung der Gestaltung durch diejenigen Staatsorgane unterworfen wird, in denen sich die demokratische Selbstbestimmung des Volkes repräsentiert." (Abendroth 1967: 113/114)

4. Die Entwicklung der Marktgesellschaft: Pfadabhängigkeit und Kontingenz

Märkte gewinnen an Bedeutung mit der Entbettung des ökonomischen Handelns aus soziokulturellen Zusammenhängen und dem Zerfall der Ständegesellschaft. Armut erhält ein neues Gesicht und ist nicht mehr Gelegenheit zur Mildtätigkeit für Gotteslohn, sondern Anlass zunächst für Arbeitszwang, dann für Sozialreform, und schließlich für Umverteilungsstrategien (Transferleistungen), mit denen die Konsumfähigkeit auch der nicht im Erwerbsleben stehenden Menschen erhalten bleibt. Es entstehen mit der Industrialisierung „marktgeprägte Klassen", gleichzeitig verliert die Selbstversorgung an Bedeutung. Arbeiter z. B. sind auf den Markt angewiesen. Als gemeinschaftliche Selbsthilfe gründen sie Konsumgenossenschaften. Seit dem Ende des Zweiten Weltkriegs und dem „Kalten Krieg" spielt die Systemkonkurrenz auch bezogen auf Konsum und Lebensweise eine Rolle; exemplarisch steht dafür die „Küchendebatte" zwischen Nixon und Chruschtschow. Markennamen, Branding, Werbung und modischer Verschleiß sind Instrumente zur Förderung des Absatzes und der Bindung von Kunden. Für die Individuen ist der Umgang mit der Warenwelt Teil der symbolischen Aneignung von Welt und der Persönlichkeitsentwicklung.

4.1 Marktbedingte Klassen, Luxus und Armut

Armut
Es gibt einen Zusammenhang zwischen der Entwicklung von Märkten und der Entstehung von sozialen Milieus, die sowohl auf Märkte angewiesen sind wie auch über das universelle Tausch- und Zahlungsmittel Geld verfügen (die damit nicht nur Bedürfnisse haben, sondern diese dank der Kaufkraft auch in nachfragenden Bedarf verwandeln können). Marktbedingte Klassen und Industrialisierung führen zum Rückgang der Selbstversorgung (Subsistenzproduktion), freilich bleibt die unbezahlte weibliche Hausarbeit und Erziehungsarbeit auch dann noch Überlebensvoraussetzung (Wehler 1987: 131, 136; 141–144).

Oft wird so getan, als gehörten Armut, Elend und kleine Leute zusammen. Aber das ist nicht angemessen. Zwischen Armut und Elend ist zu unterscheiden. Manche meinen, die unteren Klassen (Schichten) vor der Industrialisierung hätten von Ausnahmen abgesehen eine relativ behagliche Existenz gehabt. Demgegenüber meinen andere, das Maschinenwesen (die Industrialisierung) sei ein Mittel gegen die vorindustrielle Massenarmut gewesen (Die kleinen Leute 2011: 64). Darüber kann man streiten, und dann kommt es darauf an, welche Parameter man anlegt: Die EK WWL hat sich über Parameter der Lebensqualität Gedanken gemacht (Schlussbericht 2013: 234, 781). Die Europäische Ethnologie als Kulturwissenschaft kann immer daran erinnern, dass Armut kulturell definiert wird (z. B. Schwibbe 2014). Und das Verhältnis zwischen Arm und Reich wird in der Vergangenheit so ausgestaltet, dass auch die nicht zu den Reichen gehörenden Personen in ihrer eigenen Würde und mit eigenen Rechten eingeordnet sind.

Leicht finden sich in den verschiedenen Formen soziokultureller Praktiken („Bräuchen") der Vergangenheit solche, bei denen die Armen zwecks ausgleichender Gerechtigkeit besondere Privilegien genießen (Haider 1985; Fielhauer 1987: 230). Karl Bosl schreibt für die Zeit, da Franziskus von Assisi den Franziskanerorden als Armenorden gründete: „Der ‚Arme' des 11.–13. Jahrhunderts war kein Elender (alilanti), Ausgestoßener, Gesetzes- oder Friedensbrecher, kein Flüchtling (fugitivus, kein Heimatloser, kein Rechtloser (ex-lex), kein ewiger Wanderer, keine Randfigur." Die gab es, aber es gab auch die in die Sozialstruktur einbezogenen Armen. Der Arme „war in die Strukturen der frühfeudalen Gesellschaft (familia = abhängiger Personenverband, plebs = Pfarrei, Kirche) fest eingefügt. Alle Glieder der Gesellschaft waren lebendige ‚Organe' eines einzigen Körpers und verpflichtet, sich gegenseitig zu helfen. Die Kirche und ihre Geistlichen forderten die potentes et divites – Mächtigen und Reichen zum frommen Mitleid mit den Unglücklichen und Unterdrückten auf, aber der literarische, schreibende Kleriker betrachtete Übel nicht als Unglück in der Welt, sondern als gottgewollten Stand, als Weg zur Tugend der evangelischen Armut. Erst das 13. Jahrhundert wandte sich gegen deren Idealisierung und der heilige Thomas von Aquin ... erklärte sie nicht mehr für erforderlich für die religiöse Vollendung." (Bosl 1982: 7)

Später werden Bettler nur noch geduldet; wenn möglich, werden sie zur Arbeit angehalten. Wenn seit der Aufklärung alle Menschen als gleich betrachtet werden, hilft ihnen nur noch Sozialreform oder staatliche Hilfe.

Die doppelt freien Lohnarbeiter sind angewiesen auf Märkte

Frei von Besitz wie frei von persönlichen Bindungen an Grund und Boden sind die Lohnarbeiter angewiesen darauf, mit dem erworbenen universalen Zahlungsmittel Geld sich Lebensnotwendiges einzutauschen. Sie sind eine „marktgeprägte Klasse". In manchen Fällen versuchen sie die fehlenden Möglichkeiten zur Subsistenzproduktion und Selbstversorgung zu kompensieren durch die von ihnen gebildeten Konsumgenossenschaften. Weil man in der Arbeiterbewegung auf grundsätzliche Lösungen im Sozialismus wartet, werden sie freilich nie politisch-programmatisch ausgebaut. In der Auseinandersetzung mit Proudhon und mit dem Vorschlag sozialistischer „Produktionsgenossenschaften mit Staatshilfe" von Lassalle werden sie in der Kritik des Gothaer Programms nur sehr zögerlich befürwortet (Kramer 1971: 182). Und wenn schon vor 1848 von Marx und Engels die Bourgeoisie ermutigt wird, gegen feudale Reste zu kämpfen (ebd.: 47), dann fällt darunter auch die Befürwortung der Abschaffung von Nutzergemeinschaften der Ständegesellschaft wie Allmende oder Zünfte: Sie gelten als Hindernis für die Entfaltung der kapitalistischen Wirtschaft, die wiederum Voraussetzung für die Revolution des Proletariats sein soll. An Lebensqualität und Schutz vor Armut durch die Gemeinschaft denkt dabei niemand. Bei solchen linearen evolutionistischen Vorstellungen ist wenig anzufangen mit Überbleibseln der Ständegesellschaft, auch wenn an anderen Stellen die agrarischen Genossenschaften von einst gelobt werden. Jürgen Kuczynski geht darauf bei seinen Hinweisen auf Commons nicht ein (s. 6.8).

In den Milieus der städtischen und ländlichen Bevölkerung Europas erlangen Marktprozesse mehr und mehr Einfluss auf die Alltagswelt. Immer mehr Lebensbereiche werden aus den Bindungen von Tradition und „moralischer Ökonomie" (Thompson 1980) herausgelöst. Die überlebenssichernden sozialkulturellen Strukturen und Standards (wie Gemeinnutzen und Selbstorganisationsformen wie Zünfte) der Ständegesellschaft verlieren mit dem Niedergang der Bedarfsdeckungswirtschaft allmählich, aber nie vollständig ihre Bedeutung (Herrmann 2013).

Außerordentliche gesellschaftliche Probleme befördern die Suche nach neuen Möglichkeiten. Es hängt von Rahmenbedingungen, aber auch von Zufällen ab, welche „Pfade" dann beschritten werden. In der Folge der Entbettung des wirtschaftlichen Geschehens aus den sozialkulturellen Bindungen entsteht ein neues Verständnis von Armut. Graf Rumford (1753 – 1814 Paris) übersetzt die Maxime der nordamerikanischen Unabhängigkeitserklärung „persuit of happiness" in sein Programm einer deutschen (bayerischen) Reformpolitik: Der Armut ist angesichts der Gleichheit aller und des Rechtes auf Glück für alle anders als in der Ständegesellschaft zu begegnen. Eine der Formen dafür ist Sozialreform, für die es in der Diskussion über die Lage der Armen im 19. Jahrhundert eine Fülle von Vorschlägen und Beispielen gibt (Kuczynski 1960).

In der Aufklärung entstehen „top down" die philanthropischen Aktivitäten, die mit der Förderung von neuen Erwerbsmöglichkeiten von Heim- und Hausarbeit in Armutsregionen auch das Alltagsleben der Bevölkerung verändern. Vielfach werden sie von Angehörigen der höheren „Stände" oder von Lokalherrschern eingeleitet. Baron Rumford gehört trotz der durch die USA beeinflussten egalitären Grundhaltung auch in diesen Zusammenhang.

Eine Luxus-Diskussion

Den Angehörigen der „marktbedingten Klassen" wird immer wieder vorgeworfen, sie könnten nicht mit ihren Ressourcen „vernünftig" umgehen. Den Arbeitern wird vorgehalten, dass sie ihre knappen Ressourcen für Überflüssiges verwenden; auch in anderen Fällen wird Angehörigen der weniger besitzenden Klassen vorgeworfen, dass sie sich Luxus leisten statt für die Zukunft zu sparen. Teilweise resultieren solche Vorwürfe daraus, dass nicht gewürdigt wird, dass diese neuen Klassen auf Geldlohn angewiesen sind, keine Vorratshaltung betreiben können und dies auch in der Sozialisation nie gelernt haben, und dass sie keinen Grundbesitz für eine minimale Subsistenzproduktion haben. Georg Weerth beschreibt in den 1840er Jahren das rührende „Blumenfest der englischen Arbeiter", bei dem Arbeiter ihre sorgsam gehüteten Zimmerpflanzen präsentieren und prämieren lassen: Sie haben sonst keine Möglichkeiten, etwas „Eigenes" zu schaffen (Weerth 1976: 158).

Ein besonderes Beispiel für „Luxus" ist die „gute Stube" (Wietschorke 2014). Die „knappe Ressource" Wohnraum wird verschwendet für die nur ganz selten genutzte „Gute Stube" des kleinbürgerlichen und arrivierten proletarischen Milieus. Zur Sicherung der Reputation im sozialen Umfeld und als Teil der eigenen Identitätsbildung ist sie unentbehrlich und wird nur in der äußersten Not aufgegeben. Es gibt sie auch im bäuerlichen Milieu. Eugen Kalkschmidt (1948: 31) berichtet von seinem elterlichen Hof in der Nähe von Memel/Ostpreußen im letzten Drittel des 19. Jahrhunderts vom sogenannten „Gartenzimmer", „die unbewohnte kalte Pracht mit schwarzbraunen Plüschmöbeln unter Decken und dem alten Flügel meiner verstorbenen Mutter. Hier waren Terrassentüre und Läden meist verschlossen, und nur bei Besuch wurde geheizt."

Die „gute Stube" kann interpretiert werden als Beispiel für die Gleichzeitigkeit von Suffizienz und Exzess (s. Kap. 8.6): „Man leistet sich ja sonst nichts." Freilich wird sie nur selten wirklich genossen – der ideelle Nutzen steht im Vordergrund. Sie kann auch interpretiert werden als Fall von „Kulturfixierung": Es gibt gute und schlechte Zeiten für das Alltagsleben; in letzteren werden einmal errungene Standards nur nach und nach aufgegeben. Am schwedischen Beispiel der in Prosperitätszeiten für die Wohnung entwickelten, aber auch in Notzeiten beibehaltenen reichen Schmuckformen in ländlichen Regionen wird diese Theorie der „Kulturfixierung" entwickelt (Wiegelmann 1990). So wird eine Praxis beschrieben, die auch für die aktuellen Prozesse von Konsum und Krise interessant ist, geht es doch um eine differenzierte, von Selbstbegrenzungsstrategien begleitete Anpassung an Veränderungen der ökonomischen und materiellen Verhältnisse. Für solche Strategien sind Spielräume wichtig. Wahrgenommen werden nur jene Möglichkeiten, die im Rahmen der sozialen Kontrolle und der Standards des guten und richtigen Lebens tolerabel sind.

Mit zunehmender Geltung des Marktes verändern sich Bedürfnisse, Alltagskonsum, Geselligkeitsformen und Unterhaltungsgüter (Medien) und damit Lebensformen. Sie entstehen nicht mehr weitgehend selbsttätig im eigenen Milieu und Umfeld oder angeregt durch das Beispiel anderer (höherer) Stände, sondern sie werden mehr und mehr über den anonymen (autopoetischen) Markt und die von ihm ausgehenden Impulse gestaltet. „Marketing" modelliert die Alltagskultur und prägt mit der „Spaßkomponente" auch die Standards der Lebensqualität. Innovationen, Händlerstrategien, Vorbildwirkungen, Marktforschung, Mode und Kommunikation wirken dabei mit.

Überall, so auch beim „Shopping" (4.3), aber auch im Rahmen der „imperialen Lebensweise" (5.2), muss man sich damit auseinandersetzen, dass für die Menschen ihre alltäglichen Motive im Vordergrund stehen und andere, am Gemeinwohl oder der Zukunft orientierte Überlegungen höchstens in zweiter Linie aktiviert werden. Wenn Lebensqualität auch als Ergebnis von bewusster Selbstbegrenzung verstanden wird und wenn Zukunfts- oder Kindesinteressen in die Motive einfließen, dann gibt es Ansatzpunkte für andere, weniger zerstörerische Lebensformen, Suffizienz und Exzess eingeschlossen (7.3). Wirkungsvoll können sie allerdings nur werden, wenn sie in die Praxis von Gebietskörperschaften und Staat eingehen. Auch die Akzeptanz der Angebote des Marktes wird stets gefiltert durch die angestrebten Standards des „guten und richtigen Lebens". Suchbewegungen im Raum neuer Möglichkeiten, die Dynamik des Alltags und die Selbstbegrenzungsstrategien der Konsumenten werden darin eingebracht (4.3).

4.2 Kolonialismus, Kalter Krieg und Konsumwelten

Eine frühe Globalisierung
Mit dem Ende der Ständegesellschaft wirken Marktprinzipien in weiten Bereichen des Alltagslebens prägend. Sie strukturieren mehr und mehr das Leben der Konsumenten auf vielen Ebenen. Es geschieht freilich längst

nicht überall – daran sollte man immer denken: Es gibt marktferne Zonen, und es gibt intrinsische Motive oder solche außerhalb der Habgier und der Nutzenmaximierung (7.3). Aber mehr und mehr Lebensbereiche der Individuen werden marktkonform, bis hin zur Ökonomisierung des Privaten; ansatzweise wird auch die ganze Welt einbezogen („Globalisierung"). Dabei entstehen immer neue Widersprüche und Konflikte. Zwar kann man schon für die Seidenstraße sagen: „Dieser Austausch von Waren und Ideen schuf vor mehr als 3000 Jahren frühe Muster kultureller und materieller Hybridität" (Gödde 2013: 573), und es gab auch vorgeschichtliche transkontinentale Beziehungen. Aber im 20. Jahrhundert ist das unvergleichlich intensiver; mit einer ganz anderen Dynamik setzen sich Marktkräfte immer mehr durch.

Angeheizt wird die Dynamik des als „Fortschritt" bezeichneten kapitalistischen Wachstums seit Mitte des 19. Jahrhunderts durch Weltausstellungen als Agenturen des Wandels (Rosenberg 2013: 891). Wichtig ist die „zentrale Rolle des Konsums für die Entstehung einer globalen Kultur" (Gödde 2013: 572). Allerdings gilt auch jetzt: Es „transportieren Waren und Kulturprodukte wie Musik und Film keine ihnen innewohnende feste, normative Bedeutung, die eng mit ihrem Herkunftsort verknüpft ist. Der Verzehr eines Hamburgers bei McDonald's hat für einen Taiwanesen oder Holländer nicht die gleiche kulturelle Bedeutung wie für einen Amerikaner. Der kulturelle Sinngehalt von Konsumgütern fällt je nach kulturellem Umfeld unterschiedlich aus." (ebd.: 573) Das scheint eine Selbstverständlichkeit, aber vor wenigen Jahrzehnten fürchteten sich viele noch vor einer Universalisierung der Weltkultur.

Mit der Stabilisierung der kolonialen und halbkolonialen Unterwerfung der Welt vor 1914 kann man von einer neuen Phase des Marktkapitalismus sprechen, die in der Zwischenkriegszeit 1918–1939 fortgesetzt, dann durch die Behebung der Kriegsfolgen und die Ausweitung europäisch-atlantischen Einflusses nach 1945 intensiviert wird. Bei der Beschreibung solcher Prozesse wird meist nicht über Alternativen nachgedacht; die Suche nach Kontingenzen spielt hier keine Rolle. Es scheinen Selbstläufer zu sein, gleichwohl haben Weichenstellungen stattgefunden.

Die Expansion der Märkte
Die „Welt von Gestern" (Stefan Zweig) vor dem Ersten Weltkrieg ist eine Zeit großer Sicherheit, bedeutender Kreativität, verbreiteter Unruhe in der jungen Generation und der kaum gebrochener Zuversicht in die Selbstverständlichkeit eines weiteren Fortschritts. Krieg scheint für viele unvorstellbar und auch überflüssig (Rosenberg 2013: 825; Braun 2015). Andere, vor allem Intellektuelle und Jugendliche aus dem Bürgertum, begrüßen dann freilich den Ersten Weltkrieg als Ausweg aus einer Zivilisationskrise.

Die Grundlagen für die später weltweite Durchsetzung der Marktwirtschaft werden in den 1920er Jahren gelegt – Branding, neue Vertriebsformen, neue Waren, Warenketten usf. (4.4; Gödde 2013: 642f.: Nuys-Henkelmann 1990; zu 1933ff. ders.: 1991). Die Konsumgesellschaft befindet sich dann seit den 1950er Jahren in Deutschland und Westeuropa im Aufwind (Wehler 2008: 76f.). Die Realeinkommen wachsen und es gibt einen „Nachholkonsum". Bis 1950 werden bis 65% der Einkommen für starren Bedarf an grundlegenden Gütern und Dienstleistungen einschließlich Wohnen notwendig, später sind es nur noch 50%, und damit gibt es einen großen elastischen Bedarf (ebd.: 78). Frauenerwerbsarbeit nimmt zu; Pluralität und „feine Unterschiede" spielen eine zunehmende Rolle (ebd.: 79, 108, 207).

Weitere Stichworte mögen an die Entwicklung der Alltagskultur in der Konsumgesellschaft erinnern: Vollbeschäftigung und „Gastarbeiter" bedeuten große freie Kaufkraft, Warenfülle und neue Konsummodelle. Ein Beispiel ist die Restaurantkette Wienerwald (Schildt 2009: 181f.). „Amerikanisierung" und eine „Teenager-Kultur" entwickeln sich mit kaufkraftstarken Jugendlichen (Maase 1992). Die Ausstattung mit langlebigen Konsumgütern, privatem Pkw und Fernsehen wird selbstverständlich (Schildt 2009: 197–202). Der repräsentative Konsum in Medien, Kleidung und Fortbewegung (Autos) wächst. Urlaub und Freizeitindustrie (ebd.: 193) entwickeln sich in vorher ungeahnten Größenordnungen. Der Übergang zur Tertiärisierung in der „Dienstleistungsgesellschaft" ist begleitet von Willy Brandt und seiner Parole „Mehr Demokratie wagen", aber auch der Studentenbewegung mit Generationenkonflikten und kultureller Internationalisierung (ebd.: 246, 277, 287; für Österreich s. Veigl 1996, 1997).

Neue Formen des Einzelhandels entstehen; er wird mehr und mehr durch Supermärkte geprägt. Überall entwickeln sich Konsumwelten mit immer neuen Moden und Möglichkeiten. Eine prosperierende „Lebensstilgesellschaft" (Schulze 2005) adaptiert die meisten der neuen Möglichkeiten und fügt sie ein in ihre Formen des Genusses von freier Zeit und verfügbarer Kaufkraft. Bio- und Fastfood entwickelt sich parallel (Schildt 2009: 486), später kommen Vegetarisch und Vegan dazu (s. 6.6). Internet und digitale Medien werden Bestandteil des Alltags und überschlagen sich in Innovationen, mit denen Märkte erweitert werden (Kramer 1990b). Genauer hinschauend wird man auch hier immer wieder Situationen finden, in denen Politik oder gesellschaftliche Kräfte Wahlmöglichkeiten hatten und Pfade beschritten, die dann auch weitere Folgen nach sich zogen, auch solche, an die man nicht dachte. Das ist eine Banalität, und nachträglich lässt sich das nicht rückgängig machen. Aber es erinnert daran, wie wichtig es ist, die Folgen aktueller Entscheidungen zu prüfen, und es wird deutlich, dass die oft erhobene Behauptung, es gebe keine Alternativen, nicht zutrifft. *Tertium datur, et: Quidquid it est, respice finem.* Es gibt ein Drittes, und beim allem muss man bedenken, wohin es führt und welches Ende es nehmen kann.

Warum lässt „man" das alles zu? Es ist das Feld von Marktdynamik, Gewinnerwartungen, Lobbyismus, Politik, Dynamik der Lebensbedürfnisse des Alltags und Motiven der Akteure. An vielen Stellen sind es dann doch auch immer die Individuen, aber auf sie kann man nicht die ganze Last abladen (6.2), freilich auch nicht auf anonyme Strukturen. Patentrezepte gibt es keine.

Systemkonkurrenz

Pfadabhängigkeiten, Kalter Krieg und Systemkonkurrenz wirken sich auf die Konsumwelten aus. „Vor allem Deutschland und Japan wurden nach dem Krieg zu Laboratorien für die amerikanische Version der Konsumentendemokratie" (Gödde 2013: 577). Der unterstellte Zusammenhang von Prosperität und Demokratie scheint sich zu bestätigen. Nach der Berlinkrise von 1948/49 bekommt das „Schaufenster West-Berlin" seine besondere Rolle. Gezielt antikommunistisch instrumentalisiert wird auch Coca Cola durch das Unternehmen selbst (ebd.: 578; Fritz 1985). Der Wettbewerb des Kalten Krieges hat ähnliche Auswirkungen auf die Umwelt wie das exzessive marktwirtschaftliche Wachstum. Schon Ende der 1970er Jahre konnte man sagen, dass die Fülle des materiellen Wachstums und auch das der Bevölkerung seit 1950 stattgefunden hat. Insbesondere der „fossilistische Fordismus" (Massarrat 1996) mit der Nutzung von fossilen Energien wie Kohle, Erdöl und Gas, auch die Automobilisierung und der Flugverkehr tragen dazu bei.

Der Versuch, Autarkie und Exportunabhängigkeit zu erreichen, wird in der Sowjetunion mit der Austrocknung des Aralsees erkauft (McNeill 2013: 493). Das gigantische Projekt, die sibirischen Flüsse zur Bewässerung nach Zentralasien umzuleiten, wird in den 1980er Jahren gestoppt, unter anderem durch den Einfluss des Schriftstellers Tschingis Aitmatow. Nuklearwaffentests verseuchen die Umwelt auf lange Zeit (ebd.: 494 f.), ebenso negativ wirken der Rüstungswettlauf und die Stellvertreterkriege in Afrika und Asien (ebd.: 508; s. zu auch U. Greiner 2010).

„Unsere Küchen halten länger"
Die Küchendebatte zwischen US-Präsident Richard Nixon und Nikita Chruschtschow (Gödde 2013: 579/580) anlässlich der Amerikanischen Nationalausstellung in Moskau im Juli 1959 steht symbolisch für die unterschiedlichen Pfade von USA und UdSSR: Bei der Parallelausstellung in den USA zeigen die Sowjets vor allem Schwerindustrie und Raumfahrttechnologie. 1957 haben sie vor den USA einen ersten Satelliten ins All geschickt. Das bewirkt den „Sputnik-Schock" für den Westen, der auch in der BRD zu gesteigerten Anstrengungen in Bildung und Wissenschaft führt. Die USA präsentieren parallel dazu in Moskau vor allem Konsumgüter. Chruschtschow argumentiert: „Eure amerikanischen Häuser sind so gebaut, dass sie höchstens zwanzig Jahre halten ... Wir bauen für unsere Kinder und Enkelkinder". Nixon entgegnet: „Amerikanische Häuser halten länger als zwanzig Jahre, aber trotzdem wollen viele Amerikaner nach zwanzig Jahren ein neues Haus oder eine neue Küche." (ebd.: 580)

Extrem verkürzt und idealisierend zugespitzt, wird hier das Dilemma der ressourcenverschlingenden kapitalistischen Wachstumsgesellschaft erkennbar (in beiden Fällen wird wohl die alltägliche Praxis ohnehin anders aussehen). Dass die Sowjetunion die Umweltprobleme auch nicht in den Griff bekommt, steht auf einem anderen Blatt: In den folgenden Jahrzehnten wird im Westen die vergebliche Hoffnung genährt, dass kapitalistisches Wachstum am ehesten Ressourcen für den Schutz der Lebenswelt freiwerden lassen würde. Aber das hätte man wollen müssen, und man hätte nicht zulassen dürfen, dass die „Rebound"-Effekte des fortgesetzten Wachstums alles wieder auffressen (4.5).

Im „Kalten Krieg" sind Frauen Akteure der „Konsumentenrepublik" mit einer ambivalenten Rolle: Als Privatkonsumentinnen stehen sie in der Marktwirtschaft im Zentrum, als Arbeitskräfte nicht. Dagegen steht die programmatische Gleichberechtigung der Frauen bei den Sowjets, die auch als erste eine Frau ins Weltall schicken (Gödde 2013: 605, 609).

Man könnte die exorbitante Entwicklung des privaten Konsums in den Jahrzehnten nach 1950 als eine nicht intendierte Nebenfolge des „Kalten Kriegs" interpretieren (so wie einst nach dem 30jährigen Krieg die Politik der „Peuplierung" der verwüsteten Gebiete mit den gelockerten Heiratsschranken und Ansiedlungen zu jenem Bevölkerungswachstum führte, das die Industrialisierung gleichzeitig beförderte und notwendig machte).

Aber dann würde man die endogene Dynamik des Marktes unterschätzen, die „autopoietisch" Wachstum erzeugt und dazu Methoden der Entgrenzung der Bedürfnisse und der Konditionierung der Konsumenten entwickelt (4.4).

Eine andere Dimension der Globalisierung ist der Umweltschutz. Er ist verbunden mit dem Blick aus dem Weltall auf die „eine Erde", den „blauen Planeten": „Die Zunahme dieses Interdependenzempfindens, des Gefühls einer menschlichen Schicksalsgemeinschaft, ist einer der bemerkenswertesten Aspekte der Zeitgeschichte" (Iriye 2014: 14). Die seit den 1970er Jahren entstehenden Umweltbewegungen nähren sich aus verschiedenen Wurzeln. In den prosperierenden Regionen ist es so, dass „der Wohlstand die Menschen in die Lage versetzte, sich nicht mehr um die nächste Mahlzeit kümmern zu müssen und sich stattdessen Gedanken um Bären oder die Wildnis machen zu können. Die Armen in den Ländern der Dritten Welt hätten andere Prioritäten auch im Hinblick auf die Umwelt, da ihre wichtigste Sorge nach wie vor ihrem Überleben gelte." (McNeill 2013: 522) Aber manche Umweltbewegungen verbinden beide Aspekte.

Auch für die Umweltbewegungen gilt die „Pfadabhängigkeit": „Wilderness"-Denken, bezogen auf die möglichst unversehrte natürliche Umwelt, prägt diejenige in den USA, die Kombination von Schutz der natürlichen *und* kulturellen Umwelt das Denken in Europa. Das alles wird seit den 1980er immer mehr thematisiert (Sachs 1993; Tandom 1994).

4.3 Shopping und Selbstverwirklichung (Eine neue Luxusdiskussion)

Süchtig nach Shopping
In der vollentfalteten Konsumgesellschaft, in der die zentralen materiellen Bedürfnisse über den Markt abgedeckt werden, spielt Subsistenzproduktion kaum eine Rolle. Marktförmige Angebote versuchen auch viele nichtmaterielle Bedürfnisse (soziale, psychische usf. wie die nach Glück, Zuwendung, Akzeptanz, personaler Liebe, Persönlichkeitsentwicklung) an sich zu binden (Hellmann 2015).

In der Vinschgau-Bahn in Südtirol, auf der Strecke von Meran nach Mals im September 2014 ist es, als mir ein junges Paar auffällt: *addicted to shopping* entziffere ich auf dem grauen Langarm-Shirt des Mädchens. Ein jugendlicher Einheimischer bestätigt mir später, dass dieser Spruch im Sinne von „Süchtig nach Shopping" in der Gegend bekannt ist. Zuerst reagiere ich in meinen Gedanken wie ein kulturkritischer Intellektueller: Lassen sich junge Menschen so einfach vom Marketing einfangen und verstärken damit die zerstörerischen Trends der Konsumgesellschaft? Aber als empirisch arbeitender Ethnologe muss ich differenzieren. Erstens weiß ich: Texte und Symbole auf Kleidungsstücken muss man nicht allzu ernst nehmen. Es gibt viel mehr Menschen, die mit ihren Windjacken ihre Zugehörigkeit zu irgendwelchen Expeditionen oder exotischen Firmen zeigen als je dort gebraucht werden. Labels und Beschriftungen können dekorativ oder auch provozierend gemeint sein, nicht unbedingt affirmativ und identifizierend.

Aber zweitens, viel wichtiger: Shopping, so könnte, ja muss man jenseits aller Kulturkritik interpretieren, ist *eine* der aktuellen Formen, wie junge Menschen sich ihre Lebenswelt aneignen. Und für Menschen aller Altersstufen, nicht nur für Jugendliche, ist die

„Sprache der Güter" Mittel der Abgrenzung, der Identitätsbildung, der Selbstbewusstwerdung und so weiter – sicher unterschiedlich je nach Einkommen, aber wirksam. In all diesen Bedeutungen besitzen Waren und Güter nicht nur Gebrauchswert, sondern auch Symbolwert, und beides ist nicht zu trennen.

Mit noch kulturkritischem Unterton schreibt Robert Misik in einem Buch, in dem er die Tricks des Marketing analysiert: „Ohne Zweifel eröffnet der Konsum Erfahrungswelten, die ansonsten verschlossen blieben. Shopping wird zu einer gleichsam universalen Lebenseinstellung, wenn kaum mehr soziale Kontakte vorstellbar sind, die nicht über Konsum vermittelt sind." (Misik 2007: 43) Das wird man besonders für das Erwachsenenleben relativieren müssen. Jede ethnologische Feldforschung würde bestätigen, dass es eine Fülle von Kontakten auf verschiedensten Ebenen außerhalb des Konsums gibt – vom Verein bis zum bürgerschaftlichen Engagement mit seiner Interessen-, Sozial- und Geselligkeitsorientierung (7.2, 7.3). Freilich werden in der wachsenden Schere zwischen Arm und Reich auch die Milieus mit deutlicher sozialer Verarmung größer. Eine frühneuzeitliche Stadt hat vermutlich mehr Kontakte, mit denen auch soziale Schranken überwunden werden, als heutige Städte (Tanzer 1992).

Misik erinnert auch daran, dass die Konsumenten immer weniger den Gebrauchswert von Gütern, statt dessen zunehmend den „kulturellen Mehrwert", den Symbolwert, nutzen: Shopping bedeutet Identitätsbildung, die Shopping Mall verwandelt Städte in „Brand Zonen" für Markenartikel, auch Staaten werden zu Marken, die ihren „Nationalcharakter" als Image verkaufen (Misik 2007: 106). Der Retro-Chic des „Shabby" vermarktet Authentizität (ebd.: 118); ethisches Wirtschaften ist eine Investition in Meinungsmärkte (ebd.: 131). „Oben stellt man die eigene Verfeinerung aus und unten isst man Chips. Oder: Wer kulturell und materiell abgehängt ist, der kommt da nicht mehr raus." (ebd.: 153) Im „Kulturkapitalismus" (Rifkin, zit. in Misik 2007: 16/17, 28/30) und in der „design capitalist society" ist „kaum ein Ding auf seine nackte Dinghaftigkeit reduziert" (ebd.: 7; s. auch Misik 2015).

Das waren die Dinge allerdings früher auch nicht, und Kulturwissenschaften haben dies immer betont: Den Dingen haften nicht-ökonomische Symbolwerte an. Jackson erinnert, dass für den Konsum gilt: „Die materiellen Güter liefern uns eine wirkmächtige Sprache, mit deren Hilfe wir über das kommunizieren, was uns wichtig ist: Familie, Identität, Freundschaft, Gemeinschaft, Sinn des Lebens." (Jackson 2012: 142) Das ist zu bedenken bei der Interpretation des materiellen Konsums.

Natürlich kann man beim Shopping, wie bei so vielem anderen, süchtig werden, aber jeder, der dafür disponiert ist (aus lebensgeschichtlichen Zusammenhängen oder weil er ein Ventil sucht, oder weshalb auch immer), findet leicht ein Feld der Sucht, und es gibt schlimmere Süchte.

Insgesamt ist „Shopping" mit allem Drum und Dran auch wegen der damit verbundenen Kommunikation ein Teil des Prozesses, in dem – nur am Rande berührt von den „offiziellen" Bildungsinstitutionen – Persönlichkeit ausgebildet wird, unbewusst eingedenk der Devise „Sei du selbst, alle anderen gibt es schon". Hier kommt es auf die sozialkulturellen, mit dem Leben in der kleineren und größeren Gemeinschaft verbundenen Aspekte an. Sie werden als „Standards des guten und richtigen Lebens" ausgehandelt, überliefert und in der Peer-Group der Gleichaltrigen, in der Nachbarschaft, im Verein usf. sozial kontrolliert. Dass dies auf Grundlage der psychischen Disposition der Individuen geschieht, versteht sich.

Übrigens: Das Mädchen mit dem Pullover mit der zitierten Beschriftung hatte durchaus auch andere Interessen als Shopping. Später lag sie mit dem Kopf an den Schultern ihres Begleiters.

Persönlichkeitsentwicklung und Warenwelt
„Wer behauptet, Geld mache nicht glücklich, hat keine Ahnung von Shopping": Eine Postkarte mit diesem ironischen Spruch wird in Deutschland in Museumsbuchhandlungen verkauft. Für junge Menschen in ihrer expansiven Phase ist Shopping vielleicht besonders wichtig. Sie prüfen, was sie aus der Fülle des Angebotes – und nicht umsonst ist es so groß – für sich besonders geeignet halten, und natürlich spielen dabei die Beeinflussungen der Peer-Group, der medial vermittelten Informationen über das, was aktuell „in" ist, und Marketing samt Werbung (in dieser Reihenfolge vielleicht) eine Rolle. Und eigentlich gilt immer: Menschen handeln in Verfolgung ihrer alltäglichen, lebensweltlichen Motive und Interessen, sie sind „Gefühlswesen", sagt eine Freundin, und Liebe und Anerkennung sind ihnen oft wichtiger als ein gutes ökologisches Gewissen. Nur wenn der Kauf eines „ökologischen" Produkts sich auf das Ansehen positiv auswirkt innerhalb der Altersgruppe oder welchen Milieus auch immer, dann wird es bevorzugt gekauft.

Ein Beispiel aus der „Zeit" (Lamparter 2015): In Sommer 2015 ist eine bestimmte Art von weißen Sportschuhen (Sneakers) modisch geworden. Viele Mädchen versuchen sie so schnell wie möglich zu besitzen, und andre tuscheln: „Guck mal, die haben die...". „Angesagte" (modische) Rapper und Blogger tragen sie, und „alle Mädchen wollen weiße Sneakers", sagt der Journalist Lamparter, Vater eines solchen Mädchens. Auf den „Fashion Weeks" werden sie gezeigt – es sind Neuauflagen von Modellen von 1969/70, damals von erfolgreichen Sportlern getragen. „Die Hersteller versorgen die ‚Street-Hounds' mit der jeweils neuesten Streetwear aus ihren Kollektionen – natürlich kostenlos", und so sind sie „ganz nah dran an der Mode- und Musikszene. Klassische Werbung braucht es da gar nicht mehr." „Die Retro- oder Vintagemodelle" sind zum Riesengeschäft mit Milliardenumsätzen geworden. „Zwischen sieben und acht Euro kostet die Herstellung eines Paars Sportschuhe bei den Auftragsfertigern in Vietnam oder China, maximal, sagen die Experten. Bei Preisen von 100 Euro oder mehr fällt eine super Rendite ab." (ebd.) Durch Partnerschaften mit einflussreichen Künstlerinnen und Künstlern können die Unternehmen den „Lifestyle-Konsumenten näher sein als je zuvor."

Verbraucher werden nicht manipuliert, meint René König, „... niemals ist das Verhalten eines konkreten Menschen unbegrenzt, sondern geformt von Brauch, Sitte und Tradition, letztens aber von der Mode. So steht also im wirklichen Konsum keineswegs ein isoliertes Wirtschaftssubjekt einem übermächtigen Angebot gegenüber, so daß es einfach zu Kaufakten verführt werden könnte; vielmehr heißt Konsumieren immer noch auswählen, auswählen von einem breiten Sortiment von Möglichkeiten, die heute selbst für die einfachsten Lebensbedürfnisse gegeben sind." (R. König 1961: 162) „Modisches Verhalten führt also nicht nur zum Auswählen, sondern zur Selbstbegrenzung." (ebd.: 162). Das sind Selbstverständlichkeiten. Eine solche Argumentation wird gern benutzt, um das Marktsystem freizusprechen von der Schuld, die

Konsumenten gegen ihren Willen zu beeinflussen: Die Kunden, auch die Touristen wollen es doch so. Aber längst nicht alles, was manche Konsumenten wollen, wird auch angeboten, da sind Gesetze und gute Sitten davor. Deshalb liegt René König nicht ganz falsch mit seiner Behauptung, aber er kann damit nicht darüber hinwegtäuschen, dass die Konsumenten massiv auf verschiedenste Weise im Interesse der Anbieter beeinflusst werden. Der Konsum und damit auch die Krise Wachstumsgesellschaft wird nicht in erster Linie vom Wünschen und Begehren der Konsumenten angetrieben, sondern von der bewussten Anwendung aller Instrumente zur Entgrenzung der Bedürfnisse und Schaffung von Kaufanreizen, ja Kaufzwängen (4.4).

Die Konsumenten sind der warenästhetischen Verführung der Produzenten längst nicht so intensiv ausgesetzt, wie Vance Packard, Ernest Dichter und W. F. Haug unterstellen. Die „Gebrauchswertversprechen" der Produzenten appellieren seit dem letzten Drittel des 20. Jahrhunderts an eine Fülle von verschiedenen Motiven der Nutzer, von „Bio" bis „Öko" oder Lebensstil und mehr. Die These von der grenzenlosen Manipulierbarkeit der Konsumenten ist auch in der (von den Kulturwissenschaften kaum beachteten) kritischen Kommunikationsforschung längst zurückgewiesen (s. z. B. Hund 1975, 1980).

Zwischen *window shopping* (oder dem Anschauen von Internet-Angeboten) und Kaufen liegen viele Schritte und Akte des Wählens, von soziokulturellen Faktoren beeinflusst, und dabei erfahren die Handelnden auch die (finanziellen) Grenzen ihrer Fähigkeiten. Angesichts der Fülle des Angebotes wird Selbstbegrenzung zur unverzichtbaren Notwendigkeit. Gerade auch bei jungen Menschen lässt sich etwas über die Grenzen der Manipulierbarkeit erfahren: Es gibt Flops, Misslingen, Spielräume und Kontingenzen. Ich erinnere mich: Ein Werbefachmann erzählt mir in den 1990er Jahren begeistert, was für eine reizvolle Aufgabe es für ihn sei, eine Werbekampagne für eine Zigarette zu entwerfen, die zur ersten Hälfte mit stärkerem, zur zweiten mit schwächerem Tabak gefüllt sein sollte. – Man hat nie mehr etwas davon gehört (ich darf an dieser Stelle bemerken, dass die Seminare zu Werbung, die Fred Foltin in Marburg angeregt hat und an denen ich in den 1970er Jahren mit ihm und Wulf D. Hund beteiligt war, mir viele Einsichten vermittelt haben).

Die Marketingspezialisten wissen am besten über die Motive der Konsumenten Bescheid. Indem sie damit arbeiten, zerbröseln sie noch einmal mehr das Modell der Konsumentensouveränität des *homo oeconomicus*: Sie versuchen ihm seine Freiheit zu nehmen und ihn zu bestimmten Handlungen zu bewegen. Dass bei den Akten des Konsums nicht gleich an die sozialen und ökologischen Folgen gedacht wird, das kennt man auch aus dem eigenen Verhalten. Das aber ist kein Naturgesetz, dank dessen die Zerstörung der Lebenswelt unvermeidbar ist. Es ist auch keine Entschuldigung für jegliches individuelle Verhalten – da ist einiges korrigierbar, auch wenn dadurch die Welt nicht gleich gerettet werden kann. Kein böser Wille steckt dahinter. Im Wettbewerb geht es anscheinend nicht ohne großen Aufwand und ohne deutliche Neuakzentuierungen. Da mag schon ein schlechtes Gewissen entstehen angesichts dessen, was man über die Produktionsbedingungen und die Umweltfolgen weiß, aber wer will schon aus dem ästhetischen Feld der Altersgruppe sich verabschieden oder auf Umsätze verzichten.

Immerhin hat der Druck der Öffentlichkeit nach den Katastrophen in den ostasiatischen

Fabriken dazu gezwungen, ansatzweise Sozial- und Sicherheitsstandards zu vereinbaren. Und Kinderarbeit beim Teppich-Knüpfen und anderen Arbeiten für Märkte der prosperierenden Regionen wird inzwischen teilweise mit Schul- und Ausbildungsprogrammen verbunden. Kleine Verbesserungen gewiss nur, und auf die sollte man nicht verzichten. Für die Hauptprobleme der Wachstumskrise spielt aber das keine Rolle: Weder wird der Konsum nennenswert verringert, noch sinkt die Umweltbelastung durch Produktion, Transport usf.

Lebensphasen, Wachstum und Nachhaltigkeit
Die Entgrenzung der Bedürfnisse durch wirkungsvolles Marketing für Konsumgüter oder durch die Kultivierung modischer Lebensstile ist die konkrete Gestalt der Entfaltung des „Beziehungsreichtums" (7.1) der Menschen unter den Bedingungen von Wohlstand in der Marktgesellschaft. Mit den Formeln der Kulturkritik kann das kaum geändert werden, auch die Unterscheidung zwischen wahren und falschen Bedürfnissen (3.2) vermag die Individuen nicht zu überzeugen. Sie können angesichts der geschichtlichen Wandlungen der Bedürfnisentwicklung darauf beharren, ihre Bedürfnisse selbst zu definieren. Wie dann pädagogisch und gesellschaftspolitisch damit umzugehen ist, dass junge Menschen *addicted to shopping* sind, ist eine andere Frage.

Aber es muss für die unterschiedlichen Lebensphasen, die notwendigen expansiven ebenso wie für die längerfristig gestaltenden, die saturierten oder die kontemplativ-regressiven (oder wie man sie nennen soll) des Alters „Raum" im mehrfachen Sinne geben. Das wirkt sich auf das Verständnis von „Wachstum" aus: Individuen wachsen, und da hat alles, was mit Wachstum zu tun hat, seinen Platz. Aber sie wachsen nicht ewig, so wie Bäume nicht in den Himmel wachsen. In Kiel bereitet die Professur für Geschichte der Neuzeit eine Konferenz vor: „Alle Macht dem Verbraucher?" „Es gilt einerseits, VerbraucherInnen als kollektive Marktakteure und handelnde Subjekte wahrzunehmen, indem ihre Handlungsspielräume und ihre Gestaltungsmacht herausgearbeitet werden. Andererseits sollen die jeweils zeitgenössischen Bedingungen, Maßnahmen und Folgen konsumentenseitiger Einflussnahme auf und über Märkte sowie deren Wandel dargestellt werden. Die überspannende Leitfrage ist, wie ‚machtvoll' und politisch einflussreich KonsumentInnen agiert haben beziehungsweise agieren." „Möglichkeiten und Grenzen eines konsumentenseitigen Engagements" sind das Thema (dgv Informationen 1/2015, S. 51–52). Der Wirtschaftsnobelpreis von 2015 wird verliehen an Angus Deaton, der zu Konsum, Armut und Wohlfahrt (Hickel 2015) geforscht hat. Er erinnert daran, dass arme und reiche Haushalte sich beim Konsum unterschiedlich verhalten (das wäre mit den Thesen von Wiegelmann 1980, s. 4.1, zu reflektieren), und er weist nach: Ab „einem bestimmten Einkommen nehmen Zufriedenheit und emotionales Wohlbefinden kaum noch zu", wenn das Einkommen steigt.

Auf den Verbraucher und die Veränderungen seines Verhaltens werden viele Hoffnungen gesetzt, aber auch das Marketing ist hinter ihm her.

„Nachhaltiges Wirtschaften kann nicht mittels ‚Sozialtechnologien' umgesetzt werden, es vollzieht sich nicht nur rational, sondern auch im Lichte normativer Horizonte und nicht-bewusster (habitueller) Praxen; insbesondere im Konsum ist das der Fall." (Schlussbericht 2013: 648)

Das ist eigentlich eine kulturwissenschaftliche Charakterisierung, aber die „normativen Horizonte" müssen präzisiert werden: Eine bedeutende Rolle spielen dabei milieuspezifische Standards. Wenn z. B. junge Leute Öko-Mode nur kaufen, wenn ein Ansehensgewinn im Peer-Group-Milieu damit verbunden ist, dann kann man Konsequenzen daraus ziehen: Werbeverbote sind möglich, Positiv-Kampagnen auch. Aber wichtiger sind informelle Prozesse, wie sie auch das Marketing bewusst einsetzt.

Der „subjektive Faktor" und die Politik
Die politische Theorie hat den subjektiven Faktor oft vernachlässigt. Nur die (Sozial-) Psychologie bezieht sich auf ihn, und da gibt es auch interessante Erkenntnisse. Immerhin geht es ihr um „Ursprung, Intentionen und Leistungsvermögen gruppendynamischer Methoden zur Verhaltensänderung" (Horn 1973: 7, 119 f.), und beim subjektiven Faktor im historischen Prozess geht es auch um Gruppendynamik als gesellschaftlicher und lebensgeschichtlicher Kommunikation (ebd.: 349). Frank Deppe (1990: 79, 80) stellt die Frage, wie denn die Individuen mit ihren Werthaltungen zum Protest gegen die „Etablierten" des Staates sich auflehnen können. Um eine „revolutionäre Handlungstheorie" und um „Potentiale der Selbstregulierung" geht es den Linken bei der Politik, immer mit Blick auf Staat und Macht. Aber an die vorbürgerlichen Formen der nutzergemeinschaftlichen Selbstorganisation oder an die sozialkulturellen Strukturen denkt niemand. In den „Subjektwissenschaften" von Psychologie, Gruppen- und Verhaltenspsychologie (Hofstätter 1957) gibt es sicher schon lange noch mehr Ansätze, aber am intensivsten stehen die Motive der gemeinschaftlich lebenden Akteure im Zentrum bei einer (europäischen) Ethnologie, die den Akteuren mit „ethnologischem Respekt" und mit Akzeptanz des „Eigensinns" der anderen Kultur gegenübertritt (Warneken 2006: 10, s. 1.1).

In manchen Fällen mag es sein, dass meine Kritik an manchen Thesen anderer Wissenschaften dort schon lange aufgegriffen ist – aber das genügt ja nicht, es muss auch im „öffentlichen Bewußtsein" angekommen sein.

Alltagsprobleme im Vordergrund
Es geht in diesem Buch darum, im Alltagsleben jene Anknüpfungsmöglichkeiten zu finden, mit denen eine sozialökologische Transformation gefördert werden kann. Es wurde schon betont: Die ökologischen und sonstigen Krisen erreichen kaum die „Alltagsebene" in den reichen Ländern (Brand/Wissen 2011: 79). Alltags- und Stammtischdenken (hier ganz neutral ohne Wertung betrachtet) bezieht sich auf andere Themen:

> *Lass mich in meinen Wünschen nach Anerkennung, Liebe und Harmonie erfolgreich sein. Ich will mit meinem Konsum meine Person so ausstatten, dass ich mit mir selbst zufrieden bin und die Aufmerksamkeit anderer finde. Ich will durch Abwechslung und Innovation mir selbst eine Freude machen und den Erwartungen anderer entgegenkommen. Ich möchte genießen, was ich mir verdient habe und dabei immer Neues entdecken.*

So sehen die persönlichen Alltagsgebete am Wunschbaum aus, vor allem (aber nicht nur) bei jungen Menschen. Kann man von den Menschen erwarten, dass sie in ihrem Alltag auch die Probleme der Krise der Wachstumsgesellschaft berücksichtigen? Sie haben mit ihren ganz eigenen Problemen zu tun:
– Die Mühe zur Gewinnung von *Anerkennung* mit all dem Wettbewerbsaufwand, der

damit verbunden ist: Kleidung, kulturelles Kapital, Distinktionsgewinne durch Ausstattung des Alltags, und so weiter. Das ist ein unendliches und ständiges, kräfte- und ressourcenzehrendes Mühen.
- Zuwendung und *Liebe*: Mehr oder weniger muss danach gesucht werden, Liebe zu finden (manchmal fällt sie einem auch zu, aber dann geht es darum, das Miteinander zu entwickeln, zu sichern und sich wechselseitig zu verwöhnen), und all das will genossen, gelebt und gepflegt werden: das ist angenehme Nutzung von Ressourcen aller Art, angefangen von Geld, Zeit und Lebenskraft. Da gehört dann auch dazu, dass man sich immer wieder über „Befindlichkeiten" Gedanken machen und darüber mit anderen kommunizieren will. Bei all dem möchte man sich nicht allzu sehr stören lassen, gewinnt man daraus doch auch die Kraft für das gestaltende Handeln im Alltag.
- Die Sicherung der *eigenen Zukunft* und derjenigen der Familie: Berufliche Qualifikation, Wohnung und Haus, Renten, Kapitalanlage usf.
- *Gesundheit*: Sie muss, und anscheinend immer aufwändiger, gesichert werden, und dazu gehören Sport, Fitnesstraining, bewusstes Auswählen von „gesunden" Lebensmitteln usf.
- Das *Genussleben*: „Man gönnt sich ja sonst nichts", das Leben ist endlich, und in der Suche nach Lebensqualität beanspruchen Menschen nicht nur ihren Lebensgenuss, sondern trachten auch nach Entwicklung der *Genussfähigkeit*: Subjektive Techniken, die „Zeit anzuhalten", um die Erinnerung an kostbare Augenblicke nicht untergehen zu lassen, gehören dazu.

Und wer weiß, was noch alles in der Skala der Bedürfnisse und der Alltags-Lebenswelt an den vorderen Stellen steht. Da soll man noch Zeit finden für „Globale Probleme"? Diffuse Ängste wie sie in den deutschen Pegida-Demonstrationen 2014/2015 thematisiert werden, auch die Furcht vor Krieg, Terror oder dem Islamischem Staat stehen gleich hinter den subjektiven Alltagsthemen, und dann kommt irgendwo auch der Klimawandel. Und bei all dem bleibt die Sorge um den europäischen Frieden; wie vor 1914 scheint er, trotz der Erfahrungen der 1990er Jahre, eine unhinterfragte Selbstverständlichkeit, aber er muss politisch gestützt werden.

Zu all dem sind die Menschen sicher schon befragt worden, aber auf rasch wechselnden abfragbaren Stimmungen kann man keine langfristen Strategien aufbauen, die mit harten Realitäten umgehen müssen. Die Parteien wirken mit an der politischen Willensbildung, formuliert das Grundgesetz Art. 21.1, und dabei dürfen sie sich nicht nur auf den Vollzug von Umfrageergebnissen konzentrieren. Sie müssen Vorschläge für mögliche Politik machen.

Die Probleme der Menschen im Alltag sind keine lästigen Begleiterscheinungen, über die man möglichst schnell hinweggehen muss, um zum „Eigentlichen", dem ökonomischen Geschehen und seinen Folgen, zurückzukommen. Sie sind wesentlicher Teil des ganzen Prozesses. Die Motive der Akteure stehen auch beim Umgang mit der Wachstumskrise im Vordergrund.

Es geht nicht nur um die vielbeschworenen, vielkritisierten „Stammtisch"-Menschen des Alltags. In mancher Beziehung sitzen alle am Stammtisch, auch wenn sie nicht „Bild"-Zeitung lesen, sondern „Die Zeit", die manche nicht umsonst die „Bild"-Zeitung der Intellektuellen genannt haben. Wenn es gelingt, den Zusammenhang zwischen den Problemen der Wachstumsgesellschaft und den Alltags-Problemen herzustellen, ohne dass daraus eine pessimistisch-regressive Haltung entsteht, dann lassen sich Ansatzpunkte für politische Motivation bezüglich der sozialökologischen Wende gewinnen.

Verbraucher sind aktiver Teil der Konsumgesellschaft, aber zur realen Partizipation haben sie wenig Chancen. Ulrich Brand schreibt: „Große Unternehmen und Unternehmensverbände reagieren nicht einfach auf die Wünsche der Konsumenten, sondern gestalten diese mit." (Brand 2013: 27) Das ist Inhalt des Marketing, und wie dies geschieht, kann man in der entsprechenden Literatur nachlesen (s. 4.4). Brand schreibt weiter: „Über neue Produkte wird nicht in einem wirtschaftsdemokratischen Prozess entschieden, weder die Beschäftigten noch andere gesellschaftliche Gruppen haben mitzureden." (ebd.: 27) Das erinnert an ein linksdemokratisches Wunschprogramm, vergisst aber andere Bereiche gesellschaftlicher Praxis, die dafür wichtig sind: Verbraucherberatung findet nicht in Massenorganisationen statt (Ansätze dazu sind die Mieterorganisationen), sondern mit Staatshilfe. Verbraucherschutz ist ebenfalls Staatsaufgabe, und auch im Neoliberalismus gibt es massive Versuche, das Verbraucherverhalten aus gesundheitspolitischen Gründen zu beeinflussen (bezogen auf Tabakwaren, Alkohol und die Vermeidung von Adipositas oder Diabetes). Und die Verbraucher sind als auswählende Konsumenten durchaus aktive Beteiligte in diesen Prozessen, freilich unkoordiniert und mit wenig bewusst formulierter Programmatik.

4.4 Die Entgrenzung der Bedürfnisse

Erlebniseinkauf und Marketing
Beim Konsum sind mehrere Phasen zu beobachten, „von der Bedürfnis- und Bedarfsreflexion, über die Besorgung durch Kauf, Tausch oder gemeinsame Nutzung, den Gebrauch bis hin zur Entsorgung" (Schlussbericht 2013: 709). Die Konsumsphäre ist „Erlebnisort", „Erlebniseinkauf" ist der Normalfall (ebd.: 722). Konsumentscheidungen enthalten spielerische Elemente wie *Window Shopping*. Aber sie berücksichtigen auch das Nachdenken über Bedürfnisse und über den bezahlbaren und notwendigen Bedarf, und es gibt aleatorische Kaufentscheidungen, bei denen der Zufall eine Rolle spielt. Zu fragen ist für jede Kaufentscheidung: Welche Motive spielen dabei eine Rolle? Von *kritischem, moralischem, politischem* Konsum lässt sich reden (Schlussbericht 2013: 711), aber auch der soziale Konsum spielt eine Rolle, und zu ihm gehört das Prinzip Verantwortung.

Das mit dem Kolonialismus und der Industrialisierung einsetzende Wachstum des Marktes für Alltagsbedürfnisse und die Entgrenzung der Bedürfnisse werden in der Marktgesellschaft durch gezielte Marktbeeinflussung (Marketing) gefördert. Für das Marketing gibt es Vorläufer: Wanderhändler, Bildschnitzer, Kupferstichverkäufer schaffen sich ihre Märkte, indem sie Wünsche wecken (Kramer 2016). Oft geschieht dies in Gewerben, die nicht in Zünften organisiert sind. Die Zünfte sind eher zurückhaltend mit Werbung, weil sie die Märkte nicht beliebig ausdehnen dürfen und auch nicht wollen, denn ihnen geht es um den Schutz des Familienerwerbsbetriebes, damit um ihre geschützten Privilegien.

Von Konsumentensouveränität ist gern die Rede (Schlussbericht 2013: 721f., s. 3.3), aber es gibt auch Diskrepanzen zwischen vorhandenen Informationen und Verhalten. „Die entstandenen Lebensweisen sind auch Ergebnis einer vom Marketing getriebenen Produktions- und Verkaufslogik, die Bedürfnisse erzeugt und Befriedigung verspricht. Der Hebel für eine Änderung der Art zu produzieren und zu wirtschaften, liegt daher auch in Unternehmen, Organisationen und gesellschaftlich gefundenen Rahmenregelungen." (ebd.: 371) Das ist nett gesagt, aber unter Konkurrenzdruck werden die Unternehmen von selbst nicht darauf kommen. Es gibt zwar Beispiele von Unternehmen, die marktbeherrschend sind, und die deswegen auf allzu expansive Strategien verzichten können, aber das sind Ausnahmen (wie die Firma Reemstma, die Maschinen zur Zigarettenherstellung fabriziert). Auch der „FUTURZWEI Zukunftsalmanach 2013" (Welzer 2012a) nennt unter den „Projekte(n), die innerhalb der bestehenden Verhältnisse umdenken" Unternehmen. Sie können dies nur tun, wenn sie sich nicht dem allgemeinen Prinzip des Wachstumszwanges aussetzen und, wie der „Rheinische Kapitalismus" oder ein Familienbetrieb, nicht auf den Shareholder Value achten müssen. Erst wenn solche Betriebe von Steuer- und Beschaffungspolitik bevorzugt werden können (dürfen) (was möglich wäre), hat dies Einfluss auf das Gesamtgeschehen.

Man begnügt sich nicht mehr damit, dass neue Produkte sich ihre eigene Nachfrage schaffen (wie bei den neuen Produkten aus den Kolonien, s. 4.2). Gezielt werden neue Bedürfnisse und neue Märkte geschaffen. Ein klassisches Beispiel sind die Ford-Autos: Massenproduktion für Massenkonsum; hohe Löhne für Autoarbeiter sorgen für Kaufkraft bei den Arbeitern, und die kaufen Autos. Beschrieben und analysiert werden kann auch die Entfaltung anderer Dimensionen der Warenwelten in Phasen der (relativen) Prosperität. Zum Beispiel bezieht sich die Ausdifferenzierung der Gastronomie im Rahmen der „Erlebnisgastronomie"" ebenso wie die „Unternehmenskultur" der „Systemgastronomie" auf die Entwicklung neuer Qualitäten und Bedürfnisse.

Kommodifizierung, Convenience-Produkte und Warenhäuser

Mit der Industrialisierung entstehen Marktchancen für die Zigarette als im Gegensatz zur Zigarre kurzem, schnellen Genuss, ebenso für Fertiglebensmittel. Es kommt seit Ende des 19. Jahrhunderts mit Hilfe der Nahrungsmitteltechnologie zur Entwicklung von Convenience-Produkten, zur Kommodifizierung der Waren und Produkte sowie zur Entwicklung von Markenartikeln („Branding"; Meißner 2004). Marktfähig werden vorgefertigte Komponenten für Mahlzeiten, ebenso Lebensmittel, die früher im bäuerlichen oder bürgerlichen Haushalt aus den Rohstoffen selbst hergestellt werden (man schaue nur, was in Kochbüchern Ende des 19. Jahrhunderts noch alles enthalten ist). Im bürgerlichen wie im Arbeiter-Haushalt wird weniger Zeit für die Zubereitung der Nahrung aufgewendet. Nudeln werden früher mit Selbstverständlichkeit im Haushalt gefertigt (heute nur wieder gelegentlich in Prosperitäts-Milieus), ebenso Süßspeisen oder Limonaden. Das Puddingpulver ist vielleicht das beste Beispiel: Heute weiß kaum noch jemand, der kocht, dass da nur Stärke (Mehl, Kartoffelmehl oder ähnliches) mit Aromen und Zucker versetzt zu werden braucht und in dem richtigen Mischungsverhältnis unter Rühren kochender Milch hinzugefügt werden muss, um Pudding zu erhalten, der nach Wunsch auch noch mit Ei, Butter oder Sahne verfeinert werden kann. Selber macht man das höchstens noch (wieder) in prosperierenden Haushalten. Eine Studentin meinte, schon ihr Wissen um Puddingpulver sei etwas Besonderes, weil man in den meisten Fällen Pudding vorgefertigt in Plastikbechern kauft. Ähnlich ist es in vielen anderen Fällen. Hülsenfrüchte (Bohnen, Erbsen, Linsen) kocht kaum noch jemand selbst, auch Polenta gibt es vorgekocht in Plastikverpackung, Reis wird „preboiled" verkauft.

Ein Beispiel der Nahrungsmittelindustrie ist *Liebigs Fleischextrakt* (der Firma, die dies produziert, verdanken wir die Liebig-Sammelbilder). In Argentinien werden im 19. Jahrhundert Rinder vor allem der Häute (des Leders) wegen gezüchtet, für das Fleisch hat man wenig Verwendung. Deswegen wird in einem komplizierten Verfahren das Fleisch so ausgekocht, dass ein „Fleischextrakt" von besonderer Würzkraft entsteht. Er kann nach Europa exportiert werden. Erst als es Kühlschiffe gibt, kann auch das Fleisch in den internationalen Handel kommen. Daher ist Fleischextrakt bald nach 1900 aus der Mode gekommen und nur noch selten zu bekommen (Das neue Buch der Erfindungen 1873, Bd. 5: 215–216).

Ein anderes Beispiel: Der 1814 in Frankfurt geborene Heinrich Nestle (Henri Nestlé) hat aus einer 1866 von dem Gießener Chemiker Justus Liebig entwickelten Mischung aus Mehl, Malz, Milch und Pottasche mit hinzugefügtem Kaliumcarbonat ein Mehl für ein suppenähnliches Getränk für Säuglinge und schwächliche Personen produziert, das dann als Säuglingsnahrung weltweit verbreitet wird (Kriener 2014; Harrison 1988). In den 1970er Jahren haben der Journalist Mike Muller und die Schweizer Aktionsgruppe „Nestlé tötet Babys" darauf hingewiesen, dass die aggressive Werbung für künstliche Säuglingsnahrung nicht nur zur Vernachlässigung des eigentlich besseren Stillens führt, sondern, weil vor Ort bei der Zubereitung kein genügend sauberes Wasser verwendet werden kann, auch zu größerer Kindersterblichkeit führt.

Nestlé hat sein Programm erweitert und verkauft 2014 in 196 Ländern täglich fast eine Milliarde Artikel, vereint 2000 Marken und hat 330.000 Beschäftigte in 447 Fabriken in 86 Ländern (Kriener 2014).

Julius Maggi entwickelt aus Sojabohnen und Weizeneiweiß, die er mit Salz- und Schwefelsäure versetzt, die Maggi-Würze; die Familie Knorr in Heilbronn tritt seit 1889 mit Fertigsuppen auf und erwirbt 1889 die Rechte an der Erbswurst, die schon vorher im Krieg von 1870/71 in großem Stil von den Soldaten verwendet wird. Nicht nur das Militär, auch Expeditionen und Bergsteiger helfen bei der Erprobung von Konserven und Fertiglebensmitteln (Pott 1889).

„Den Armen und Kranken der Welt zu helfen, das war einst der Anspruch der vier Pioniere Nestlé, Liebig, Maggi und Knorr. Heute ist der übrig gebliebene ‚Gigant Nestlé' der weltweit größte Hersteller von Nahrungsmitteln, von Plastikfutter eher, das eigentlich niemand braucht und das doch das Leben und Essen von Abermillionen Menschen bestimmt." (Kriener 2014)

An die Macht, vielmehr an die Rolle der Konsumenten erinnert das Schicksal der Warenhäuser. Sie sind Ende des 19. Jahrhunderts bei ihrer Entstehung die Verheißung eines freieren, neuen und egalitären Verhältnisses von Anbieter und Konsument: Jeder hat Zutritt (unbegleitete Kinder ausgenommen), die Schwellenangst ist vermindert, alles ist verfügbar und prüfbar, die Preise sind in der Regel festgelegt. Das kann auch anders sein: Iwan Sergejewitsch Turgenew lässt eine Erzählung (*Frühlingswogen*) im Frankfurt des Jahres 1840 spielen: Im Laden des Herrn Klüber auf der Zeil soll Emil lernen, will dies aber nicht: „Tuch und Samt verkaufen, das Publikum übers Ohr hauen, ihm ‚Narren- oder Russenpreise' anhängen – das sei nicht sein Ideal." (Turgenew 1977: 194) Damit wird angespielt auf die Gewohnheit, vom Mai an, wenn zahlreiche Russen in Frankfurt erscheinen, die Preise zu erhöhen, wie Turgenew in einer Fußnote erläutert.

In den 1950er Jahren sind Warenhäuser Symbole des Wirtschaftswunders und verkörpern den Mythos der „nivellierten Mittelstandsgesellschaft". „Hier konnte jeder alles kaufen, unter einem Dach und aus einer Hand. Entsprechend zwangsläufig war dann der Niedergang der Kaufhausketten, als sich die bundesdeutsche Gesellschaft im Zeichen der Postmoderne in eine Vielzahl von Milieus aufzulösen beginnt. Die Vielfalt der Lebensstile war nicht mehr unter das Dach eines gemeinsamen Warenhauses zu zwingen. Den neuen gesellschaftlichen Verhältnissen entsprachen die Shopping-Malls viel besser." (Bollmann 2009)

Findet am Beispiel des Niedergangs der Warenhäuser die These von der grenzenlosen Manipulierbarkeit der Konsumenten ihre Grenze, so zeigt sich doch gleichzeitig auch die rasche Reaktionsfähigkeit der Anbieter: Die Krise ist wie so oft Anlass der Innovation. Sie haben mehr Möglichkeiten – derzeit und anscheinend, könnte man einschränkend hinzufügen, aber auch die Institutionen der gemeinschaftlichen Organisation von Lebensverhältnissen, konkret zivilgesellschaftliche Organisationen wie Food Watch oder der Staat als Organ der Demokratie, können Veränderungen erwirken.

4.5 Branding, Werbung und Mode

Die Erfindung der Markenartikel
Die Anbieter versuchen den Markt zu beeinflussen. Sie sind darauf aus, Kaufkraft gezielt zu lenken und so Umsatz und Gewinn zu erhöhen. Die Konsumentensouveränität wird damit ausgehebelt. Man könnte dies als Einschränkung der Freiheit betrachten und entsprechende Praktiken verbieten – bei Werbeeinschränkungen wird das ja auch praktiziert (6.5). Wachstum wird so gefördert, auf umweltfreundliche Produktionsformen und Waren lässt man sich nur ein, wenn die Konsumenten sie fordern.

Naomi Klein beschreibt die Entstehung von Marketing und Branding: Zunächst informieren die Werbefachleute seit der zweiten Hälfte des 19. Jahrhunderts nur über die Existenz eines neuen Produktes, später werden die Märkte mit einheitlichen Massenprodukten überschwemmt, „die praktisch nicht mehr voneinander zu unterscheiden" sind (Klein 2001: 28). „Die Werbung hatte von nun an nicht mehr die Funktion, Informationen über das Produkt mitzuteilen, sondern für eine mit einem Markennamen versehene Version eines Produkts ein Image aufzubauen. Als Erstes bekamen unspezifische Güter wie Zucker, Mehl, Seife oder Getreideflocken, die früher vom Ladenbesitzer aus dem Fass geschöpft worden waren, Eigennamen verpasst." (ebd.) „Produktpersönlichkeiten" entstehen, die mit mancherlei ideologischen und dekorativen „erhebenden Botschaften" versehen werden. „Unternehmen mögen Produkte herstellen, aber die Verbraucher kaufen Marken." (ebd.: 29, 30)

Am Beispiel der Mehlindustrie in den USA lässt sich der ökonomische Nutzen der Entwicklung von Markenartikel-Strategien begreifen (und was dort geschieht, wird mit Verzögerung auch für Europa relevant). Verbunden mit dem Getreide sind Warenterminmärkte, die den Nachschub sichern und für die Etablierung von Qualitätsstandards verantwortlich sind (Topik 2012: 713). Spekulative Missbräuche machen Reaktionen des Staates nötig; er greift mit Gesetzgebung ein. Seit den 1870er Jahren wird Frühlingshartweizen in Mühlen verarbeitet, die geriffelte Stahlrollen statt Mühlsteine verwenden (ebd.: 717); der Müller wird durch industrielle Groß-Mühlen ersetzt. Managementstrukturen wie die „Vorwärtsverkopplung" als „Integration vorgelagerter Strukturen" werden entwickelt, Mehl wird gebleicht, die Arbeitsbedingungen und Gesundheitsverhältnisse in den Mühlen verändern sich (ebd.: 721 f.). „Die Etablierung von Markennamen und Verpackungen wurde zum Grundpfeiler im Konkurrenzkampf der Mehlindustrie. ... Das Ziel der Etablierung großer Markennamen war, dem Verbraucher gleichbleibende Qualität und Zuverlässigkeit zu suggerieren." (ebd.: 720)

„Werbeagenturen sahen ihre Aufgabe darin, ‚ein neues Kapitel der Zivilisation aufzuschlagen'" und das Leben der Menschen umzugestalten. Versprochen wird, dass Produkte mit dem Ritual des Kaufens eine Steigerung des individuellen Selbstwertes bedeuten, Konsumgewohnheiten wie das traditionelle amerikanische Frühstück mit Speck und Bohnen verändern sich durch Corn Flakes und andere Frühstückszerealien (ebd.: 723 f.). Der Siegeszug der Pappschachtel erleichtert Transport und Qualitätssicherung. Die US-amerikanische Werbung der Zwischenkriegszeit zielt auf die „weiße Frau der Mittelklasse" (Gendering) (ebd.: 727). Nudeln aus Hartweizen erweitern das Spektrum der Verwendung von Weizen, ein „Pasta-Tag" wird propagiert. Und wenn Ernährungswissenschaftler darauf hinweisen, dass weißes Auszugsmehl nicht gesundheitsfördernd ist, wird eine Werbe-Kampagne mit Vitaminexperten und Hollywood-Stars aufgeboten, um das Gegenteil zu beweisen (ebd.: 725).

So werden Produkte mit Branding bevorzugt im Markt positioniert, einzelne Produzenten bevorzugt, wird die Kaufkraft auf bestimmte Produkte gelenkt. Die Nachfragemenge insgesamt kann dadurch nicht wesentlich beeinflusst, die Grenze des Wachstums nicht verändert werden. Die im Marketing entwickelten Methoden können natürlich auch gezielt für umweltfreundliche Güter und Verhaltensweisen verwendet werden, und mit ihnen kann man auch für weniger Verbrauch und Selbstbegrenzung werben. Das liegt nicht im Interesse des Marktes, kann aber von öffentlichen und zivilgesellschaftlichen Kräften eingesetzt werden.

Werbung wird professionalisiert und verwissenschaftlicht. Mit dem Jugendstil entwickelt die Werbegrafik vor dem Ersten Weltkrieg neue ästhetisch-künstlerische Ausdrucksformen und wirkungsvolle Symbolerfindungen; bedeutende Künstlerinnen und Künstler werden einbezogen, die Bildwelten und Texte der Werbung prägen auch die Alltagswelt und konkurrieren mit religiösen, politischen, ästhetisch-kulturellen Bildwelten.

Für die 1970er Jahre wird in Deutschland Trendsuche systematisiert, Trend Scouts beobachten die wichtigen Zielgruppen. Matthias Greffrath weist hin auf den Zusammenhang zwischen alternativen Bewegungen und Marketing. „Die Grenze war und ist dünn zwischen der geschlossenen Gegenwelt und dem Selbstverständnis der alternativen Akteure und ihrer Indienstnahme als Trüffelschweine einer damals aufkommenden Lebensstil-Industrie, die in den protestkulturellen Innovationen ebenso viele Marktlücken einer satten Gesellschaft entdeckte, nur um sie mit neuen Waren zuzuschütten, die Authentizität auf die Alternative zwischen Nike und adidas und die Gemeinschaft auf die Fanmeilen herunterzuökonomisieren." (Greffrath 2014; s. auch Reichardt 2014) Inzwischen ist Marketing (besonders für Premiummarken) so intensiv mit Fund-Raising und Sponsoring verquickt, dass die kulturellen Akteure in den Künsten und Kulturinstitutionen voll eingebunden sind.

Es genügen dem Marketing und der Werbung nicht mehr die von außen („end of pipe") bei dem bereits sozialisierten Individuen einsetzenden Verfahren, die das Individuum in seinen sozialen Bezügen bestehen lassen. Es wird in den Sozialisationsprozess eingegriffen: Werbung für Kinder und Jugendliche findet auf allen Kanälen statt (s. o. das Beispiel von den weißen Sneakers), Unternehmen liefern kostenloses Unterrichtsmaterial („Südzucker Susi" wirbt in Kindergärten für Zahnpflege, weil so die Angst vor Karies und Zucker relativiert wird), usf.

Auch das größere Umfeld wird beim Marketing einbezogen: Produkt-Placement, für das Fernsehen z. B. durch eigene Agenturen betrieben, gehört dazu. So werden die Strukturen der Marktgesellschaft allem übergestülpt. Es gibt nichts mehr außerhalb, jenseits des Marktes, und selbst der Staat und manchmal auch die Kirchen, im Prinzip eigentlich Institutionen jenseits von Staat und Markt, werden einbezogen (Pues 2002). So werden alle Abwehrkräfte jenseits von Wirtschaft, Markt und Staat neutralisiert: AIDS für die Gesellschaft, kann man sagen.

Werbekritiker und marktkonforme Eingriffe
Branding und Werbestrategien ziehen Veränderungen in anderen Bereichen nach sich. Eugen Kalkschmidt, ein Mitredakteur des lebensreformerischen „Kunstwart", ist um 1903 in England. Ihm fällt auf: „Die rücksichtslose Bepflasterung der Wände mit schreienden Plakaten, die Verschandelung der Landschaft durch Auswüchse der Reklame schien niemand ernsthaft aufzuregen, während bei uns der Heimatschutz bereits gesetzliche Unterstützung erhielt." (Kalkschmidt 1948: 295) Das erinnert wieder an die möglichen unterschiedlichen Pfade. In Deutschland, mindestens in einigen der deutschen Teilstaaten, gibt es dank der Heimatschutz- und sonstiger Vereine um 1900 Beschränkungen, die bis in die Gegenwart wirken. Für die Werbung in den Städten entsteht in Preußen seit 1855 durch die Erfindung von Herrn Litfass ein privilegiertes und geordnetes System der Außenwerbung (Plakate in Afrika 2000: 10).

Politik sieht sich in der „marktkonformen Demokratie" oder dem demokratiekonformen Markt verpflichtet, marktunterstützend die Bedingungen von Produktion, Distribution und Konsumtion zu regeln und zu fördern. Sie kann aber ebenso für ordnende Rahmenbedingungen sorgen und die Marktanbieter verpflichten, Zukunftsfähigkeit und Nachhaltigkeit zu beachten („Eigentum verpflichtet. Sein Gebrauch soll zugleich dem Wohle der Allgemeinheit dienen", steht in Art. 14.2 des Grundgesetzes der BRD). Das ist marktkonform und braucht noch nicht einmal mit den Prinzipien einer sozialen oder ökologischen Marktwirtschaft begründet zu werden – auch der freieste Markt funktioniert nicht ohne Regeln. Der us-amerikanische Aktienmarkt ist da als Beispiel zu nennen.

Auch hier gibt es Kontingenzen und Pfadabhängigkeiten. In Österreich gelten andere Werbeeinschränkungen als in Deutschland. Die EU kann im Rahmen ihrer Kompetenzen ebenfalls welche verordnen. Das kann man ausbauen.

Vance Packard hat mit seinem Buch „Die geheimen Verführer" schon in den 1950er Jahren Kritik an den Methoden von Marketing und Werbung geübt (deutsch 1961). Nicht zuletzt sind auch Max Horkheimer und Theodor W. Adorno (1987) mit der in der „Dialektik der Aufklärung" beschriebenen „Kulturindustrie" dafür verantwortlich, ebenso David Riesman (1958). Klassiker dieses Metiers ist Ernest Dichter (1964), der mit Motivforschung das Kaufverhalten der Verbraucher und die Rolle von „Markenbildern" untersucht hat. Einen Blick hinter die Fassaden der Werbetricks wirft Wolfgang Menge (1974). Alles was er beschreibt ist heute noch einmal um Potenzen intensiver geworden, weil der „gläserne Verbraucher" nicht zuletzt dank der Datensammlung noch luzider geworden ist.

In den 1970er Jahren verteidigt der Zentralausschuss der Werbewirtschaft die Werbung mit den Stichworten „Urkraft menschlichen Handelns; Wirtschaftlicher Wettbewerb; Freiheit durch Ordnung" (Nickel 1976: 19–21; s. auch Krauß 1971). Aber Kurt H. Biedenkopf hat marktkonforme Eingriffe in die Freiheiten der Werbewirtschaft verteidigt (1987). Die EK WWL zitiert in einem Sondervotum ein Programmpapier der „Reklamierer*innen" (Schlussbericht 2013: 734–737), die sich kritisch mit der Werbung auseinandersetzen. Da wird auch hingewiesen auf das eher informelle „Lauterkeitsrecht" (ebd.: 728/729): Vor dem könnte wohl viele Werbung nicht bestehen. In Berlin wird 2015 über frauenfeindliche Werbung diskutiert. Sie wird in einem Bezirk an den öffentlichen Plakatwänden verboten (s. auch Schmerl 1980). Sicher gibt es bei Einschränkungen der Werbefreiheit immer den Aufschrei der Betroffenen und die Drohung mit Arbeitsplatzverlusten. Aber erstens kann man einen Zeitfaktor einbauen, damit alle sich allmählich darauf einstellen können, und zweitens sind solche Spannungen unvermeidlich Teil des Marktsystems.

Auch hier gibt es Vorläufer, z. B. in der genannten Heimatschutzbewegung oder in der Luxusdiskussion, auch Justus Möser kritisiert in seiner Auseinandersetzung mit den Wanderhändlern deren Verkaufspraktiken (Möser 1943, s. 4.1).

In der Verbraucherpolitik ist die Politik schon lange aufgefordert, Grenzen zu setzen und Ressourcen sowie Nutzer zu schützen. Möglich ist z. B. auch die Berücksichtigung von ökologischen Kriterien im Wettbewerbsrecht, wie Gerhard Scherhorn sie vorschlägt: Ins Wettbewerbsrecht soll als Tatbestand des unlauteren Wettbewerbs aufgenommen werden, wenn ein Anbieter für die Nutzung von Gemeinnutzen-Gütern wie Luft oder Wasser nicht angemessen bezahlt (Scherhorn 2011).

Das ist alles ist erweiterbar. Staat und Gebietskörperschaften haben selbst innerhalb der Marktkonformität eine Fülle von Möglichkeiten. Sie auszunutzen setzt entsprechenden Willen voraus, und die Bereitschaft dazu kann durch den Druck der Öffentlichkeit (konkret: Initiativen, Nachbarschaften, marktferne Institutionen wie Kirchen, Gewerkschaften, freie Vereine usf.) hergestellt werden. Aber richtige Bedeutung erlangt das erst dann, wenn es programmatisch gebündelt wird und ein Konzept verrät.

Naomi Klein hofft: „Wenn immer mehr Leute die dunklen Geheimnisse des globalen Markennetzes entdecken, wird ihre Empörung der Antrieb für die nächste große politische Bewegung, eine gewaltige Welle des Widerstands, die sich frontal gegen die multinationalen Konzerne richtet, und zwar besonders gegen solche, die stark mit einer Marke identifiziert werden." (Klein 2001: 17) Das ist euphorisch-optimistisch, aber man könnte auch sagen: Es ist bereits im Gang. Die Konsumenten und das Publikum sind dabei ambivalent: Einerseits wird die ästhetische Qualität mancher Werbeerfindungen auch von Intellektuellen durchaus geschätzt, andererseits ist die Entrüstung über die universelle Präsenz von Werbung im Fernsehen und in der Öffentlichkeit weit verbreitet. Es wäre durchaus möglich, Einschränkungen und Eingriffe über die bereits vereinbarten hinaus zu vereinbaren.

Spezialfall Mode

Vor mehr als 100 Jahren gab es eine interessante Kontroverse zur Mode. Der bereits zitierte Eugen Kalkschmidt aus der Redaktion der Zeitschrift Kunstwart hat gemeint, angeregt durch die merkwürdig mondänen Frauengestalten auf Bildwerken aus dem bronzezeitlichen minoischen Kreta, „daß die Mode der naturwidrigen Frauentrachten mit Schnürleib, entblößter Brust und künstlichen Locken doch ein höchst respektables Alter hat. Können wir hoffen ... der Mode, dieser ganz unvernünftigen Madam, je mit reinen Vernunftgründen beizukommen? ... Man kann sie nur ändern, wechseln, und dieser Wechsel ist auch hier das einzig Dauernde. Und nun setze ich meiner Ketzerei die Krone auf und behaupte, es kann Moden geben, die sehr normwidrig und dabei doch ungemein hübsch sind, kleidsamer als das sachlichste Normalkleid. ... Wie kommt man aus solch mörderischem Zwiespalt heraus?" (1948: 304) Die „gesunde Reformtracht" wurde von Else Avenarius propagiert, der Gattin des Kunstwart-Herausgebers Ferdinand Avenarius, und entsprechend streiten sich Avenarius und sein Redaktionskollege.

In der Volkskunde wird lange Zeit zwischen Mode und Tracht unterschieden. Aber wenn die Geschichte der Tracht analysiert wird, dann kann man auf diese Unterscheidung verzichten (Böth 2001). Gleichwohl entwickelt Mode zunächst für die besitzenden bürgerlichen Milieus eine eigene, andere Dynamik, weil sie nicht mehr, wie die Tracht, Konformität und Lesbarkeit der Welt in mehreren nebeneinander existierenden Milieus herstellen will. „Mode ist, worauf sich eine Gemeinschaft bzw. eine Gruppe der Gesellschaft verständigt hat. Sie ist ein persönliches ästhetisches Empfinden im Kollektiv." (Loschek 2007) Aber in dieser Konvention gibt es innerhalb des Zeitraumes ihrer Gültigkeit Möglichkeiten zu Akzentuierungen.

Um Mode zu interpretieren und die Zusammenhänge mit der Krise der Wachstumsgesellschaft zu begreifen, ist die sozialpsychologische Dynamik der Mode ebenso zu berücksichtigen wie die ökonomischen Triebkräfte, derentwegen solche Prozesse in Gang gesetzt werden: Es handelt sich nicht um einen Automatismus oder ein Naturprodukt. Die Sozialpsychologie allein hilft auch nicht viel, weil damit die nicht nur in der Psyche der Individuen, sondern auch in den Standards der vergemeinschafteten Menschen wirkenden soziokulturellen Mechanismen nicht berücksichtigt werden; genauso wenig wird die Ökonomie einbezogen. „Shopping" und Mode sind sozialkulturell wichtig (4.4) und nicht nur ökonomisch, aber deswegen kann man doch für Beide auch Begrenzungen vorsehen.

4.6 Stoffströme, Symbolbedeutung und Innovationen

Produktkulturen

Wenn es um die Rolle von Gütern des Alltags im Lebenszusammenhang geht, wird auch von „Produktkulturen" geredet. Ein Produkt steht niemals allein, sondern ist mit einem Komplex von anderen Produkten und Bezügen vernetzt; es verlangt ein Umfeld von Produktion, Wartung und Entsorgung sowie oft genug eine Menge von Komplementärprodukten. Wenn es um diese Komplexität von Produktkulturen geht, dann ist als Motto verwendbar, was Mephisto in Fausts Studierzimmer sagt, als er über den einseitig geöffneten Drudenfuß eingedrungen ist, dann aber nicht mehr herauskommt: „Das erste steht uns frei, beim zweiten sind wir Knechte" (Faust I, Studierzimmer; Bernd Rieken aus Wien hat mich auf dieses Bild aufmerksam gemacht). Mit der Etablierung des Marktes als beherrschender Struktur in der bürgerlichen (kapitalistischen) Gesellschaft entfalten Waren und Marktstrukturen ein Eigenleben.

Es geht um Strukturen und Systemzusammenhänge mit Eigendynamik. Bruno Latour spricht davon, dass die von Menschen geschaffenen Quasi-Objekte und -Subjekte (die „Aktanten", Latour 2002: 116) Herrschaft über die Menschen (ebd.: 79) gewinnen (3.2). Aber die Mensch-Natur-Beziehungen sind ebenso wie die zwischen seinen Produkten und ihm von den Menschen gestaltet (*geprägt*), jedoch indem diese Beziehungen existieren und sich verfestigen, *prägen* sie auch die Objekt- und Lebenswelt der Menschen. Sie sind ihren eigenen Produkten aber weder materiell noch sozialkulturell hilflos ausgeliefert, sondern sie können und müssen Produktion und Naturstoffwechsel in ihren Gemeinschaften kulturell formen und variieren.

Naturstoffwechsel und Symbolbedeutung

Jedes einzelne Produkt ist eingebettet in ein komplexes System von Beziehung und Bedeutung, innerhalb dessen Nützlichkeit nur ein Ausschnitt ist. Der Begriff „Produktkultur" bezieht sich auf „die materielle Kultur in ihrem Wechselverhältnis mit symbolischen und sozialen Strukturen" (Eisendle 1992: 11, 12, 18). „Materielle Produktion ist in dieser Perspektive nichts anderes als die Produktion und Reproduktion von Sinnstrukturen", argumentieren die österreichischen Herausgeber eines Sammelbandes gleichen Titels (ebd.: 18). Dinge sind jedoch nicht nur sinntragende Zeichen, sie zeugen auch von überlebenswichtigen materiellen Prozessen. Diese sind durch die natürlichen Lebensgrundlagen nicht zwingend vorgegeben, sondern kultureller Gestaltung nicht nur zugänglich, sondern auf sie angewiesen. Naturstoffwechsel und die zugehörigen Bestandteile (Werkzeuge, Prozesse wie Wärmeerzeugung durch Feuer usw.) entwickeln symbolische Bedeutung nur, weil sie Teil lebenswichtiger Prozesse sind oder in kultischen Zusammenhängen symbolisch als solche verstanden werden. Wenn die Vermittlungsschritte größer werden, der direkte Bezug zur Lebenserhaltung verloren geht, können sich die symbolischen Zuschreibungen verselbständigen und ihre materiellen Dimensionen müssen erst mühsam wieder erschlossen werden.

Für den amerikanischen Kulturanthropologen Marshall Sahlins sind die naturalistischen oder ökologischen (funktionalistischen) „Nützlichkeitstheorien", ist das utilitaristische Kulturmodell, in dem „Kultur ein Sediment der rationalen Tätigkeit von Individuen ist, die ihre individuellen Interessen verfolgen", nicht ausreichend (Sahlins 1981: 7). „Die entscheidende Eigenschaft der Kultur – daß sie jeder Lebensweise die ihr besonderen Merkmale verleiht – wird somit nicht einfach darin gesehen, daß diese Kultur materiellen Zwängen gehorchen muß, sondern daß sie dies gemäß einem bestimmten symbolischen System leistet, das niemals das einzig mögliche ist. Es ist folglich die Kultur, die jeweils die Nützlichkeit konstituiert." (ebd.: 8)

Man muss aber beide Aspekte bedenken, die symbolischen und die materiellen: „Insbesondere die gesamtgesellschaftliche Arbeit, die produzierende, distribuierende, zirkulierende und konsumierende Aktivität in der gesellschaftlichen Reproduktion, muß daher stets auch als geschichtliche Beziehung der Wohnbevölkerung zur Naturausstattung eines Wirtschaftsgebiets verstanden werden, eben als Tätigkeitszusammenhang in einem bestimmten, historisch und geografisch beschreibbaren Verhältnis zwischen menschlichen Lebewesen und außermenschlicher Biosphäre. Bei dieser tätigen Mensch-Natur-Beziehung handelt es sich, wie ihr evolutionärer Ursprung bereits zeigt, um alles andere als eine beliebige Beziehung der Menschen zur Natur. Es handelt sich nicht um eine willkürliche Zwecksetzung der arbeitenden Menschen in bezug auf die bearbeitete Natur, sondern um einen grundlegenden Zusammenhang wechselseitiger Beeinflussung, in dem der menschlichen Seite keineswegs selbstverständlich das größere Gewicht zukommt." (Tjaden 1990: 28)

Kultur unterscheidet, sagt die UNESCO in der Erklärung von Mexiko City (Röbke 1993: 55), und betont damit die symbolischen Dimensionen. Keine Lebensweise folgt nur ökonomischen oder sonstigen „Gesetzmäßigkeiten", und darauf baut auch die Programmatik zum Schutz und zu Förderung der Vielfalt kultureller Ausdrucksweisen auf. Die unterschiedlichen Interpretationen sind wichtig, weil von ihnen aus folgenreiche unterschiedliche Strategien der Nutzung von Ressourcen ausgehen – Pfadabhängigkeiten, die Spielräume bedeuten. Da spielen die „Sinnstrukturen" eine Rolle.

Aber wie gelangt man von der kulturrelativistischen Position, in der Produkte und materielle Objektivationen kulturspezifische, kulturimmanente „Sinnstrukturen" sind, zu den Stoffbilanzen und Energieströmen der ökologischen Diskussion? Können nicht alle Versuche, entsprechende Kategorien und Kriterien zu implantieren, als platter Funktionalismus und Materialismus interpretiert werden? Ist es nicht Bevormundung, wenn die materiellen Dimensionen den Symbolwelten aufgezwungen werden? Und umgekehrt: Ist die „verstehende" Zugangsweise nicht ein wunderbare Rechtfertigung dafür, die mahnend formulierten globalen Probleme als Scheinprobleme abzutun, die von den folgenden Generationen mit ihren Mitteln gelöst werden können – oder dass sie Bestandteil einer im Evolutions- oder Schöpfungsprozess, d.h. einem Prozess des Werdens und Vergehens, enthaltenen Dynamik sind, in der auch die Gattung Mensch notwendigerweise einmal untergehen wird?

Dem entspricht die Haltung der in ehemals geschützte Landschaften vordringenden Unternehmer: Den Fortschritt kann man nicht aufhalten, man muss mit ihm leben und ihn gestalten. Im Gegensatz dazu ist darauf zu insistieren: Zwischen anthropogenen Praxen und natürlicher Evolution besteht ein Unterschied. Menschen sind Wesen, die *Nein* sagen können, und sie müssen nicht alles, was sie können, auch realisieren (Ruth Groh 1990). Beim Umgang mit Atomkraft und Massenvernichtungswaffen, beim Schutz der natürlichen und kulturellen Umwelt geschieht das, und neben vielen anderen Gemeinschnaften haben Japan und China das in ihrer Geschichte zeitweise realisiert (8.2).

Wenn man über die Inhalte und das Entstehen der bemühten „Sinnstrukturen" von Produktkulturen nachdenkt, lässt sich ein Weg finden, beides, sozialkulturelle Logik und die Auseinandersetzung mit den anthropogenen Folgen für die Lebenswelt, zu verknüpfen. In der europäischen Sozialgeschichtstradition wird gern die Formel von den „sozialregulativen Ideen des guten und richtigen Lebens" verwendet (Groh 1990). Bei ihnen handelt es sich um typische „Sinnstrukturen" oder „Bedeutungsschemata". Sie berühren sich mit ökologischen Problemen oder anderen Aspekten des materiell-gesellschaftlichen Zuganges dann, wenn, wie in der Gegenwart, diese Ideen konflikthaft mit den Erfahrungen von Umweltkrisen oder Sicherheitsproblemen zusammenstoßen (ähnlich wie bei den Menschenrechten „Verletzungserfahrungen" und Unrechtsempfindungen) und verarbeitet werden (müssen). Diese Verarbeitung findet auf formelle und informelle Weise statt (s. 7.2). Sie bezieht sich auf Suchbewegungen, die von außen – durch Nachrichten und eigene Erfahrungen usf. – angeregt werden, und auf Prozesse im Inneren von Gesellschaften, vermittelt durch andere Individuen und Institutionen.

So ist auch eine Brücke zu schlagen von den Symbolwelten zu den materiellen Verhältnissen, damit auch von der Interpretation von Konsum und materieller Kultur als „Systemen von Bedeutung" einerseits zu der Analyse der materiellen Folgen der Lebensweise andererseits. Das sind kulturelle Prozesse: *Kultur ist nicht nur, wie wir leben, sondern auch, wie wir leben wollen, auch wie wir unsere materielle Umwelt gestalten oder gestaltet haben möchten.*

Innovationen und das Verschwinden der Modernisierungsgewinne

„Der Ökonom Jeremy Rifkin macht mit der These Furore, das Internet befördere eine Kultur des Teilens. Diese werde die Kultur des Besitzens und damit letztlich die Marktwirtschaft ablösen." (C. C. von Weizsäcker 2014). Auch Ilija Trojanow (2014) ist beeindruckt von dem, was Constanze Kurz und Frank Rieger in ihrem Buch „Arbeitsfrei. Eine Entdeckungsreise zu den Maschinen, die uns ersetzen" (ähnlich wie Rifkin) schildern, und er träumt von der neuen Zeitsouveränität und Freizeit: „Es kann keinen Zweifel geben, dass die meisten Tätigkeiten voll automatisiert werden können." Rifkin meint (2014), angesichts der neuen digitalen Technologien (etwa des „Internet der Dinge") würden die Produktionskosten von Waren und Dienstleistungen auf „fast Null" sinken. „So wird das auf dem Eigennutz basierende System der Marktwirtschaft weitgehend abgelöst durch ein auf Empathie beruhendes System der Allmende, in der alle Mitglieder auf alle Objekte freien Zugang haben, aber mit diesem Recht verantwortlich und gemeinnützig umgehen" (C. C. von Weizsäcker 2014).

Hier wird wieder einmal unterstellt, Gemeingüter könnten unkontrolliert gemeinsam verwaltet werden, während doch in Wirklichkeit die für die gemeinschaftliche Überlebenssicherung relevanten Ressourcen immer von Nutzergemeinschaften verwaltet werden, oft recht rigide (6.8). Aber selbst ein Freiheitsbegriff, der wie Adam Smith „alle Systeme der Begünstigung oder Beschränkung aus dem Wege" räumt (Deppe 1990: 82), gesteht dem Individuum alle „natürliche Freiheit" nur zu, „solange er nicht die Gesetze der Gerechtigkeit verletzt" (Smith zit. ebd.: 82), und genau die werden durch die Nutzergemeinschaften geregelt und geschützt.

Mit den Auswirkungen der Steigerung der Produktivität durch Automatisierung und Rationalisierung gibt es vorgängige Erfahrungen. Schon 1965 hat der französische Soziologe Jean Fourastié in einem einst viel zitierten, 1966 in deutscher Übersetzung veröffentlichten Buch ein optimistisches Szenario mit nur vierzigtausend Stunden Lebensarbeitszeit und immer mehr Freizeit vorausgesagt: „Die vierzigtausend Stunden bedeuten 33 Jahre Arbeit im Lauf eines Lebens, gemessen an den heute üblichen fünfzig Jahren; ferner zwölf Wochen Urlaub im Jahr anstatt der heutigen vier Wochen und 30 Stunden Arbeit in der Woche anstatt der heutigen 48 Stunden." 1965 hält Fourastié die Realisierung dieses Traumes bereits für das Jahr 1985 für möglich (Fourastié 1966: 95; Kramer 2011: 30). Er weiß zwar um die gegenläufige Dynamik des Konsums, hält sie aber durch eine Stärkung der Entscheidungsfähigkeit der Menschen für beherrschbar. Und John Meynard Keynes geht 1930 in einem Essay „Über die wirtschaftlichen Möglichkeiten unserer Großkinder" (zit. Kramer 2011: 32) davon aus, dass die auch in den armen Ländern materiell weitgehend zufrieden gestellten Menschen der kommenden Jahrzehnte ihre „weiteren Energien der Verfolgung nichtmaterieller Ziele zuwenden" werden. Später hat man von „postmateriellen Werten" gesprochen.

Das von Trojanow und von Rifkin (wieder einmal) dem Untergang geweihte kapitalistische Wachstums- und Effizienz-System hat sich bisher immer gerettet. In den letzten Jahrzehnten geschah dies mit der Weckung von immer neuen Bedürfnissen und Wünschen. „E-Mail war die Erfüllung eines Traums, von dem wir gar nicht gewusst hatten, dass wir ihn hegten" (Stöcker 2011: 168/169): Neue Technologien, Digitalisierung, völlig neue Produkte sind es, von denen die Produktivitätsgewinne aufgezehrt werden, und selbst im konventionellen Bereich kommt es durch gern als Qualitätssteigerung empfohlene Innovationen in den Wohlstandsgesellschaften immer wieder zu neuen Wachstumsschüben. Innovationen gelten als Rettungsanker in der Krise der Wachstumsgesellschaft, und keine Politik wagt es, Lebensqualität statt Wachstum ins Zentrum zu stellen. Gern wird auch auf das System der moralischen Alterung und der geplanten Obsoleszenz zurückgegriffen (s. 6.2).

Oft werden nicht einmal Armut und soziale Ungleichheit durch Produktivitätsgewinne nennenswert beeinflusst, weder national noch global – manchmal eher umgekehrt. Überhaupt nicht berücksichtigt wird bei diesen Spekulationen die autopoietische Dynamik des Marktes. Allmende und Gemeinnutzen können wie Bedarfsdeckungswirtschaft ohne Wachstum auskommen, der unregulierte Markt kaum. Einfältig ist es, die Dynamik der marktwirtschaftlichen Konsumgesellschaft zu unterschätzen. „Die Automatisierung könnte zu einer neuen Form der Allmende führen." (Rifkin 2014) Aber sie kommt nicht von selbst, im Gegenteil: Beobachtbar ist 2015 der Versuch, die „digitale Allmende" des Internet durch die Aushebelung der Netzneutralität aufzubrechen und besondere Netzleistungen gegen Gebühren anzubieten. Ebenso zerstören die Privatisierung von Grundbedürfnissen wie sauberes Wasser und „Land-Grabbing" (6.4) weltweit noch vorhandene Gemeinnutzen.

5. Globale Dimensionen

Unterschiedliche kulturelle, religiöse und historische Prägungen führen in Ländern und Regionen zu spezifischen Ausprägungen von Konsumwelten. Sie schlagen sich auch nieder in je besonderen Standards und Regelungen. Nicht nur zwischen „Ost" und „West" gab es unterschiedliche Pfade der Entwicklung, auch zwischen Staaten gleicher marktwirtschaftlicher Orientierung gibt es erkennbare Unterschiede. Die eingeschlagenen Pfade sind Teil jener sozialkulturellen Vielfalt, die „angesichts der Unwägbarkeiten der Zukunft" eine unverzichtbare Ressource ist. In einer Welt der sozialen Ungleichheit entwickeln sich nicht nur „imperiale Lebensweisen" in „transnationalen Verbraucherklassen", sondern es entstehen auch Impulse für neue Lebensweisen in Europa und anderswo. Freihandelsabkommen gefährden die Chancen, in der Politik eigene Wege zu gehen.

5.1 Die „Pfadabhängigkeit"

Sozialkulturelle Vielfalt und Märkte

Beim Passieren der Grenze zwischen Deutschland und Österreich bei Salzburg fragt im Zug ein kleiner Junge seinen Vater: „Was ist eine Grenze?" Der Vater zögert, und dann sagt er: „Da wohnt ein anderes Volk." Mit dieser Interpretation ist heute kein Erkenntniswert verbunden. Offensichtlich aber ist, dass jenseits einer Grenze andere Regeln (und von solchen Regeln und von Tradition beeinflusste Gewohnheiten) herrschen – von den „historischen Erfahrungen" (2.1) bis zu den heute nur noch leicht modifizierten Verkehrsregeln oder Verkehrszeichen (auch bei der Bahn) bis zum Verbraucherschutz, zur Lebensmittelkennzeichnung, zu Garantieleistungen usf.

In den Jahren nach 1945 werden in Deutschland z. B. auch im „Ahlener Programm" der CDU Beschränkungen der Marktfreiheit zugunsten von Planbarkeit und Sicherung des neuen Wohlfahrts- und Sozialstaates angedacht, werden dann aber bewusst fallen gelassen. Das ist ein Beispiel für mögliche unterschiedliche Pfade, und wenn die bundesrepublikanischen Linken diesen Übergang von immerhin sozialistischen Ansätzen in die soziale und schließlich die neoliberale Marktwirtschaft beklagen, dann erinnern sie an diese Kontingenzen.

Auch Produktkulturen (4.4) beziehen sich auf Pfadabhängigkeiten und Kontingenzen. Märkte sind komplexe Strukturen und sind sozialkulturell eingebettet (3.2, 3.4). Sie unterscheiden sich mit verschiedenen Akzentuierungen und „Pfadabhängigkeiten" in Frankreich und Deutschland, auch zwischen USA und Deutschland oder Europa. Die auf die Konsumwelt bezogenen unterschiedlichen Regelungen werden mehr und mehr als „Handelshemmnisse" beim freien Warenverkehr betrachtet. Es wird versucht, sie durch Freihandelsverträge abzubauen. Sie sind aber auch Teil jener sozialkulturellen Vielfalt, die „angesichts der Unwägbarkeiten der Zukunft" (5.3) eine unverzichtbare Ressource ist.

Diese Unterschiede werden wichtig, wenn es um Wege zu einer sozialökologischen Wende geht: Pfade, die in Richtung auf Umweltstandards gehen, können Konsequenzen für Anderes haben und so Reformen anstoßen (zu über sich selbst hinaustreibenden Reformen werden, s. 7.4).

USA und Europa
Schon vor dem Ersten Weltkrieg liegt für die Europäer „die Traumwelt von Luxus, Genuss und Wohlstand ... nicht mehr in den alten kolonialen Räumen, ... sondern in Amerika" (Mauch 2008: 200). Das Beispiel der Camel-Zigaretten symbolisiert die neue Verbindung zwischen Exotik und amerikanischen Zigaretten. Staatliche Reglementierungen erhalten unterschiedliches Gewicht – „Consumptionism" und „Konsumbürger" stehen dafür (ebd.). Verbrauchererziehung und Verbraucherschutz (3.2, 6.5) sind europäische Versuche der Beeinflussung der Konsumwelt; in den USA ist es die Selbstorganisation der Verbraucher in Organisationen wie Foodwatch (die nach diesem Vorbild auch in Deutschland entstehen). Sie sind primär interessiert an dem, was in die Läden kommt, müssen dann die Wege dorthin rekonstruieren. Verbraucherschutz muss ähnlich vorgehen, appelliert aber in erster Linie an den Staat, Foodwatch dagegen an die Produzenten.

Einmal eingeschlagene Pfade wirken sich in vielen Bereichen aus, auch in der Gesetzgebung. „Die Entscheidung für bestimmte Formen von Produktion und Konsumtion bringt immer auch eine bestimmte Kultur als Gesamtauffassung des Lebens zum Ausdruck". „Das Verständnis vom Menschen als Subjekt mit einer unantastbaren Würde ist das zentrale Supergrundrecht unserer Verfassung." Im Fokus des Verfassungsverständnisses der USA „ist nicht primär die Menschenwürde, sondern die Freiheit, Freiheit im Sinne von *liberty* als Bürgerrecht des Individuums, das ‚frei sein will von gesetzlicher Regulierung'" (Hofstetter 2015).

Beispielhaft für die Verbindung beider Wege ist das „Manifest: Die Verantwortung der Verbraucherinnen und Verbraucher", das 1996 veröffentlicht wurde (Steffen 1996: 216 f.). Auf jeden Fall ist es bei allen Versuchen zu Veränderungen wichtig, sich der möglicher unterschiedlicher Pfade zu erinnern.

5.2 Globaler Luxus und imperiale Lebensweisen

Der Luxus der „transnationalen Verbraucherklasse"
Die Reichen in den reichen Ländern leisten sich Luxus auf Kosten von Zukunft und Lebenswelt. Anders formuliert: Die Entgrenzung der Bedürfnisse durch wirkungsvolles Marketing für Konsumgüter, durch die Kultivierung modischer Lebensstile und die genussvolle Nutzung des Wohlstands in den prosperierenden Teilen der auf Wachstum angewiesenen Marktgesellschaft gehen auf Kosten der Armen und der Zukunft. Mit traditionellen Moralvorstellungen könnte man dies als „kriminell" oder „verbrecherisch" bezeichnen, und Papst Franziskus argumentiert so ähnlich (2015, s. 7.3). Und im Alltag wird es von vielen, wenn man darüber spricht, auch so empfunden. Die Politik aber zieht daraus keine Konsequenzen.

Angesichts der beschränkten Ressourcen und des Klimawandels können die Versprechungen der „Bienenfabel" (Mandeville 1988) nicht eingelöst werden: Die Armen profitieren längst nicht mehr von dem Luxus der Reichen. Die zerstörerische Macht der Entgrenzung der Bedürfnisse und der Dynamik des exzessiven Wachstums in dem prosperierenden Drittel der Welt (oder ist es gar nur ein Fünftel?) ist erkennbar, und alle Formen von High-Tech werden wohl auf Dauer nichts daran ändern, weil Rebound-Effekte alle Einsparungen durch größeren Konsum (über-) kompensieren (4.5).

Die Konsumenten sind als „transnationale Verbraucherklasse" (Zukunftsfähiges Deutschland 2008: 78 f.) in diesem Prozess nicht nur Opfer des Marktes, sondern auch Täter. Im Zentrum, konkreter noch: in den prosperierenden Milieus der Zentren, werden Lebensformen und Konsumtionsweisen entwickelt, die als attraktiv und erstrebenswert gelten und in den peripheren Regionen übernommen werden. Die Orientierung an den Lebensstilen des repräsentativen Konsums bedeutet eine fortgesetzte Steigerung jener der kapitalistischen „Leistungs"-Gesellschaft ohnehin innewohnenden Tendenz zum ressourcenverschlingenden Kampf um nicht in beliebiger Menge verfügbare „positionelle Güter" (Hirsch 1980). Ihr Beitrag zur Lebensqualität und zur Entfaltung der Persönlichkeit ist eher bescheiden.

Auch andere wollen teilhaben. Die Indios im ecuadorianischen Yasumi-Reservat, das mit europäischer Hilfe von der Erdölförderung verschont werden sollte, warten schon darauf, für die Erdölfirmen arbeiten und Geld verdienen zu können (mit der Politik der Nachhaltigkeit von Nord nach Süd ist es kein leichter Weg). Und in den eindrücklichen Überlegungen zu den ökologischen Bewegungen und Tendenzen, die Wolfgang Sachs und Vandana Shiwa schon in den frühen 1990er Jahren anstellen (Sachs 1993, 1994), wird wenig beachtet, wie denn weltweit die Wünsche der Individuen nach Befriedigung ihrer wachsenden Bedürfnisse mit den ökologischen Zielen zusammenpassen.

Von der „imperialen Lebensweise" in einer Welt der sozialen Ungleichheit reden Kritiker (Brand/Wissen 2011: 79; s. auch Wissen/Brand 2016). Sie meinen damit „herrschaftliche Produktions-, Distributions- und Konsummuster, die tief in die Alltagspraktiken der Ober- und Mittelklassen im globalen Norden und zunehmend auch in den Schwellenländern des globalen Südens eingelassen sind" (ebd.: 81) – wohl auch in die Vorstellungen vom „guten Leben" (ebd.: 82) der ärmeren Milieus hineinreichend. Das hat auch mit Herrschaft zu tun. „Hegemonie im globalen Referenzsystem wird nicht direkt durch das Aufzwingen einer fremden Macht erreicht, sondern indirekt durch die Etablierung universeller Strukturen und Standards." (Breidenbach 2000: 37).

Die Alltagspraktiken der imperialen Lebensweise breiten sich „kapillar" zusammen mit Marketingstrategien aus und verallgemeinern sich mit unterschiedlichen Ausprägungen (ebd.) in den „Alltagspraktiken" (Brand/Wissen 2011: 83; s. Barfuss 2009). Die (un)heimliche Attraktivität dieser Lebensweise des Luxus konterkariert alle Versuche der Einschränkung. „Die ausdifferenzierten, gleichwohl in sozial-ökologischer Hinsicht allesamt mehr oder weniger problematischen Leitbilder eines guten Lebens, die – an Unternehmensstrategien gekoppelt und staatlich abgesichert – angestrebt und verinnerlicht werden, bilden einen Kern hegemonietheoretischer Erklärungen dafür, warum sich in der multiplen Krise aus einer emanzipatorischen Perspektive ‚so wenig tut'." (Brand/Wissen 2011: 88; s. auch Barfuss 2009) Es geht um eine „in den Alltagspraktiken der Menschen tief verankerte Lebensweise" (ebd.: 82). Jeder weiß auch: „Die imperiale Lebensweise des globalen Nordens beruht, ökologisch gesehen, auf Exklusivität. Sie setzt voraus, dass nicht alle Menschen gleichermaßen auf die Ressourcen und Senken der Erde zurückgreifen." (ebd.: 86; 84) Mit dem Bild vom „Kolonnenprinzip" hat Fred Hirsch (1980) das beschrieben: Alle in der Kolonne möchten zu der Spitze aufholen, aber die Spitze lässt sich nicht überholen.

„Die Mittelklassen gelten als neue Hoffungsträger in der entwicklungspolitischen Diskussion. Ob sie tatsächlich den Fortschritt vorantreiben, darf bezweifelt werden." (Melber 2015) Aber wenn sie dies tun, dann am ehesten mit dem Wunsch des Anschlusses an die „transnationalen Verbraucherklassen". Auch Strategien der Regional- und Infrastrukturentwicklung und des Marketing beziehen sich auf diese „transnationale Klasse" der Angehörigen der kaufkraftstarken prosperierenden Milieus. Sie profitieren von den offenen Märkten und streben die Lebensweise der globalen Eliten an, zeigen aber wenig Solidarität. Und für die sozialökologische Transformation sind sie eher hinderlich.

Die Dynamik des Wünschens und Begehrens wirkt global destruktiv. Erst wenn es gelingt, Wünsche nach Lebensqualität zu wecken, die nicht (nur) auf materiellen Konsum gerichtet sind, gibt es Chancen für Nachhaltigkeit. Das klingt sehr nach moralischem Appell, ist aber nicht so gemeint. Ansätze für solche Wünsche und Bestrebungen gibt es ja. Bei den Menschen in den prosperierenden Regionen werden sie in immer mehr alternativen Lebensformen praktiziert (6.5, Stichwort „Luxese").

Es gibt sie aus der Tradition der überkommenen Standards heraus auch bei den Menschen in den „armen" Ländern. Gern wird über die „Faulheit" der Menschen dort geklagt: Sie sind nicht ohne Mühe dazu zu bewegen, mehr zu arbeiten als unbedingt nötig, und, sagt man, wenn ein Afrikaner genügend verdient, lässt er lieber einen anderen für sich arbeiten als selbst weiter zu arbeiten. Mit dem „Recht auf Faulheit" wird das von Paul Lafargue (1883/1966), dem Schwiegersohn von Karl Marx, schon Ende des 19. Jahrhunderts in die europäische Diskussion eingebracht. Das sind ausgezeichnete Voraussetzungen für den Übergang zu einer Lebensweise der Nachhaltigkeit. Solche Alltagsverhaltensweisen spielen bei den „molekularen Veränderungen" eine Rolle: Mit ihnen werden im Denken und Handeln vieler Menschen die Selbstverständlichkeiten der Marktgesellschaft infrage gestellt (s. 8.2).

Die Aneignung der „Hypergüter der Moderne"
Aber eigentlich muss es darum gehen, die Verschiedenheit der je eigenen Formen von „Modernisierung" ernst zu nehmen und in jeder Region, in jeder staatlichen Gemeinschaft die je eigenen sozialkulturell geprägten Vorstellungen vom „gutem Leben" zu realisieren – mit „gleichwertigen" und nicht gleichartigen Lebensbedingungen und der Fähigkeit des Lebens in eigener Würde und jenem materiellen Niveau, das Chancen für Lebensqualität bietet – ein „globaler Finanzausgleich" (Kramer 2016) wäre eine Hilfe dazu.

Ethnologen versuchen die kulturspezifisch unterschiedliche Aneignung der „Hypergüter der Moderne" zu erfassen und zu beschreiben. Im Prozess des unvermeidlichen Kulturwandels werden diese Güter in lebendigen Gemeinschaften angeeignet und den eigenen Bedürfnissen entsprechend anverwandelt. Dies kann angesichts naiver apokalyptischer Furcht vor universeller Einheitskultur nicht oft genug betont werden. „Der Konsum von Gütern jedweder Art verlangt eine anspruchsvolle symbolische Aneignungsarbeit und setzt die Beherrschung der dafür erforderlichen Codes voraus." (Breidenbach 2000: 37) Solche umarbeitenden Veränderungen finden immer wieder statt: Wilhelm Fraenger (1926) hat untersucht, wie barocke Vorbilder in russischen Holzschnitt-Bilderbogen wieder auftauchen und was sich dabei verändert.

Für die „Hypergüter der Moderne" lässt sich in der Tradition der *Cultural Studies* argumentieren: „Jeder Güterkonsum ist in Kämpfe um Macht, Prestige und soziale Anerkennung integriert. Alle materiellen und symbolischen Güter werden deshalb strategisch verwendet." (Breidenbach 2000: 37/38) Dass die Globalisierung von ungleichen Machtverhältnissen geprägt ist, darf dabei nicht vergessen werden.

Berichtet wird, dass in einem Land des frankophonen Afrika die Reichen das Kühlwasser ihrer importierten Autos nur mit importiertem französischen Tafelwasser auffüllen (Tévoédjrè 1980). Die kongolesischen *Sapeurs* (die bei ihren Peer-Group-Hierarchiekämpfen mit westlicher Modekleidung auftrumpfen) und die *Nana Benz* (die afrikanischen Marktfrauen, die sich mit Mercedes-Autos ausstatten), treten auf als Beispiele für die „gelungene" Adaptation von westlich-industriegesellschaftlichen Produkten und für einen Umgang mit kultureller Vielfalt, der gängige apokalyptische Visionen des Kulturzerfalls Lügen straft. Aber dabei bleiben Ressourcenverbrauch, soziale Ungleichheit und alle möglichen anderen Problemfelder ausgeklammert. Ungleiche Machtverhältnisse im Äußeren und Ungleichheiten im Inneren wirken sich auch auf den Kulturtransfer aus.

Benjamin Barber wird gern als Prototyp der Globalisierungskritik herangezogen. Barber zitiert den Geschäftsbericht von Coca Cola von 1992, in dem es heißt, Coca Cola wolle der Teekultur Asiens den Kampf ansagen (ein rheinischer Gastwirt begründet noch Ende des 20. Jahrhunderts das Fehlen von Coca Cola auf seiner Getränkekarte mit den Hinweis, dass Coca Cola in den zwanziger Jahren eine Kampagne gegen deutschen Wein durchführte). Barber mag übertreiben, wenn er meint, dass die Konzerne „unsere Welt in ein globales Shopping-Zentrum verwandeln", weil sie des Umsatzes wegen „eine möglichst weit verbreitete Konsumkultur" brauchen und dafür Bedürfnisse konditionieren – bei vielgepriesenen diversifizierten Produkten können die Konsumenten nur noch die Garnierung auswählen (wie beim Welt-Auto) (Barber 2000). Auf solche Oberflächenphänomene bezieht sich die an manchen Intellektuellen-Stammtischen beliebte „Hotel-Globalisierungshypothese". Die Realität ist in der Verquickung von Lokalität und Globalität (*Glokalität*) deutlich vielfältiger.

Kritisch geht auch Naomi Klein auf den Zusammenhang von globalen Markenartikelstrategien und Gewinnabsichten ein. „Berichte über das weltweite Netz von Logos und Produkten sind normalerweise in der euphorischen Marketingsprache des Global Village abgefasst, jener fantastischen Welt, in der Stammesmitglieder im fernen Regenwald eifrig auf ihre Laptops hacken, sizilianische Großmütter Internetfirmen betreiben und ‚Global Teens' einen ‚weltweiten Kulturstil' gemeinsam haben … Alle Konzerne, von Coca Cola über McDonald's bis zu Motorola, bauen ihre Marketingstrategie auf dieser postnationalen Vision auf." (N. Klein 2001: 16) In diesem „globalen Dorf" „sind einige Multis nicht etwa damit beschäftigt, Ungleichheiten zu beseitigen, indem sie Arbeit und Technik für alle anbieten. Vielmehr beuten sie die ärmsten und rückständigsten Regionen des Planeten schamlos aus und machen unvorstellbare Gewinne dabei." (ebd.)

Bei den schönen Beschreibungen neuer symbolisch-expressiver Formen, hervorgehend aus fruchtbarer kreativer Aneignung moderner Alltagsgüter im Prozess der Globalisierung, wird leicht übersehen, dass Marketing, Machtverhältnisse und Hegemonieansprüche dabei eine Rolle spielen und Interessen damit verbunden sind, entsprechend auch Einflussnahmen stattfinden. Den transnationalen Unternehmen (TNU) ist es gleich, ob Waren in selbstdefinierten Konsumprozessen (Breidenbach 2000: 58) wegen ihrer expressiv-symbolischen Dimensionen gekauft werden oder ob bei den vom Prinzip des „rational choice" geprägten Kaufentscheidungen der Gebrauchswert ausschlaggebend ist. Im Gegenteil: Sie bauen bei ihren Marketingstrategien gerade auf diese (unvermeidlichen und legitimen, aber auch folgenreichen) symbolisch-expressiven Ebenen, die sie in turbulenten Käufermärkten zwar nie vollständig beherrschen können, aber doch nutzen und manipulieren. Der Absatz bleibt lokal und er muss immer wieder neu gesichert werden – das ist für die TNU die Achillesferse der ökonomischen Globalisierung (auch der in den kritischen Analysen gern vernachlässigte Punkt). Einen Weg zur sozialökologischen Transformation gibt es von hier aus nicht.

Auch Selbstbegrenzung ist möglich; die Fähigkeit dazu ist ansatzweise in allen Gesellschaften vorhanden. Sie bedarf wie die Menschenrechte der kulturellen Verankerung (Binswanger 1998). Zahlreiche Gemeinschaften können dabei diese Selbstbegrenzung mit lustvollen temporären Exzessen kombinieren – das ist für mich eines der interessantesten kulturwissenschaftlichen und ethnologischen Themen (s. 8.1).

Es ist auch für Gegenwart und Zukunft eine Frage von Politik und Werten, wie diese Nachhaltigkeit in den Lebensweisen verankert wird. Rainer Tetzlaff formuliert: „Nicht unser Bild von Globalisierung steht hier im Vordergrund, sondern die Entstehung, Modifizierung oder Entwertung kontextabhängiger Weltbilder der anderen, das heißt unserer Konkurrenten und Partner. Sie sind entscheidend für den Ausgang der Kulturdialoge über gemeinsame Überlebensbedingungen der Menschheit unter Globalisierungsstress." (Tetzlaff 2000: 39) Nur: Wenn dort keine Ideen dafür entstehen, oder wenn diejenigen, die entstehen, terroristisch sind, was dann? Selten verlaufen solche Prozesse nach Wunsch ab.

Nachhaltige Strukturen sind die Voraussetzung für die Existenz von Gemeinschaften in längerer Frist. „Nur Stämme Überleben" lautet ein von Indianern übernommener Spruch der Alternativen Szene, der eine verdächtige Nähe zu dem Spruch der Nationalsozialisten hat: „Du bist nichts, dein Volk ist alles". Dabei fehlt jene Dynamik der möglichen Veränderung und Anpassung, die Gesellschaften und Gemeinschaften immer innewohnt.

Die fundamentalistischen islamischen Bewegungen wie „Islamischer Staat" ISIS erinnern mit ihren Grausamkeiten 2014/2015, wie zeitgenössische technische Mittel sich als „Hypergüter der Moderne" auch ganz anders nutzen lassen. Noch umfasst das Repertoire dieser Terrororganisation längst nicht alles, was an destruktiven und gemeingefährlichen Mitteln existiert (weder Cyberware-Fähigkeiten noch Boden-Luft-Raketen oder Massenvernichtungswaffen hat ISIS 2015), aber wer weiss, was noch kommt. Seit 2014 sind Überraschungen noch weniger ausgeschlossen als vorher.

Ernähren die Reichen die Armen (Mandeville)?
Verteidiger der liberalen entgrenzten Marktwirtschaft berufen sich gern auf Bernard Mandeville: Jener englische geistliche Satiriker des frühen 18. Jahrhunderts hatte, gekleidet in das Gleichnis eines hierarchisch geordneten Bienenstocks, behauptet, privater Luxus und private Laster seien ihrer gesellschaftlichen Vorteile wegen für den Staat nützlich und deswegen zu tolerieren; sie würden den Ärmeren Gelegenheit zum Lebenserwerb verschaffen, Produktion und Geldumlauf anregen, usf. (Mandeville 1988: 26). Robert Kurz (2009: 67) nennt die Bienenfabel das Grundmuster „für die liberale Heiligsprechung der niedrigsten antisozialen Instinkte" und stellt sie in eine Linie mit dem Antihumanismus des Marquis de Sade (ebd.: 73). Damals waren die Grenzen der Lebenswelt und die der Ressourcen noch kein Thema. Zu betonen ist aber auch, dass Mandeville davon spricht, dass dies dann gilt, wenn ein Staat *groß und mächtig* werden will; wenn aber alle Staaten diesem Ziel zustreben, sind Konkurrenz und Krieg nahezu unvermeidlich.

Aktuell werden allgemeine Werte wieder aktuell. „Hier stellt sich wirklich die Frage, welche Werte unsere Gesellschaft bestimmen sollen. Denn wenn wir weitermachen wie bisher, geht es nicht allein darum, dass es heisser wird. Es geht darum, welche Gestalt unser System, das den Individualismus so hoch schätzt und uns – sowohl innerhalb unserer Länder als auch zwischen ihnen – gegeneinander ausspielt, in einer heißeren Welt annehmen wird." (N. Klein 2015: 50) Deswegen ist es auch wichtig, dass Papst Franziskus 2015 intensiv in der Sprache der Moral spricht (ebd.: 56/57; Franziskus 2015, s. 3.3).

Eine „Vielfachkrise"
Wenn man empirische Befunde der Gegenwart fortschreibt, ist es leicht, zu apokalyptischen, Angst erzeugenden Perspektiven zu gelangen. Schon 1975 hat Herbert Gruhl mit seiner impulsgebenden Veröffentlichung „Ein Planet wird geplündert. Die Schreckensbilanz unserer Politik" (1975) ein solches Szenario aufgebaut, schon damals fallen Stichworten wie *Die Ernte von Jahrmillionen, Die Sage von der Verkürzung der Arbeitszeit, Die Menschen haben nie genug!, Die tödliche Anfälligkeit der Industriestaaten*. Ist nicht schlimm, hat Hermann Lübbe in einer Diskussion einmal gemeint, als Protestant wisse er ohnehin, dass es eine Endzeit gibt. Meinhard Miegel, einem der deutschen CDU nahestehenden Think-Tank angehörend, schreibt: „Die von den westlichen Gesellschaften verinnerlichte Wirtschafts- und Lebensweise ist dazu angetan, ihre Existenz auszulöschen – wohlgemerkt die Existenz eines spezifischen Gesellschaftsmodells, nicht die der Menschheit." (Miegel 2010: 135)

Nicht die Erfahrung, dass niemand auf die Warnungen von Gruhl und anderen gehört hat, ist erstaunlich, sondern genau wie beim Bericht des Club of Rome von 1972 ist es so, dass viele das sehr ernst genommen haben und immer noch ernst nehmen. Beeindruckender, nachdenkenswerter ist die Erfahrung, dass die Politik so wenig daraus gemacht hat.

Die „Vielfachkrise" der Wachstumsgesellschaft (Demirović 2011), bezogen auf Ökonomie, Ökologie, Arbeitswelt, Geschlechterordnung, Strukturpolitik usw., wird von vielen beschrieben – von dem Konservativen Meinhard Miegel ebenso wie von den Linken in Attac und der Rosa-Luxemburg-Stiftung. Mit ihr drohen, meinen Manche, auch viel größere Krisen als ein paar zu heiße, zu kalte oder zu nasse Jahreszeiten. Für Weinbauern, Obstbauern und Gletscherforscher sind die Zeichen eines Klimawandels nicht zu übersehen. Sie stellen sich schon darauf ein, ebenso die Touristiker.

Harald Welzer schreibt in seinem imaginierten Rückblick aus dem Jahr 2112, nachdem er auf die sich selbst zerstörende Kultur der Osterinsel hingewiesen hat, über die Gesellschaften des frühen 21. Jahrhunderts: „Immer dann, wenn sich etwas an ihren Überlebensbedingungen zum Schlechteren veränderte, sei es durch klimatischen Wechsel oder durch selbsterzeugte Umweltschäden, intensivierten sie die Strategien, mit denen sie bislang erfolgreich gewesen waren. Das hatte zur Folge, dass sie ihren Weg in den Untergang beschleunigten" (am Beispiel von Landwirtschaft und Öl aus Teersänden im 21. Jahrhundert; Grandits 2011: 13; Welzer 2012a; s. auch Reichholf 2007).

5.3 Das Recht auf Entwicklung und die Nachhaltigkeit

Ein neuer Limes?
Zentrale These eines Buches des französischen Mediziners und Politikwissenschaftlers Jean-Christophe Rufin (Jg. 1952, Mitglied von „Ärzte ohne Grenzen") von 1993 ist, dass in den 1990er Jahren eine neue Nord-Süd-Teilung der Welt entstanden ist, in der ein neuer Limes Zonen unterschiedlicher Standards trennt. Das altrömische Reich mit seinem Limes wird als „transparente Folie über die heutige politische Weltkarte" gelegt (so Adolf Muschg in seinem Vorwort, Rufin 1993: 6). In der Leere am Ende des Ost-West-Konfliktes wird der Süden als neuer Feind erfunden. Seine buntscheckige Vielfalt wird reduziert auf die Gemeinsamkeit von Barbaren, denen es an Zivilisation gebricht und denen gegenüber das Reich eine imperiale Verantwortung besitzt.

Der Süden, so Rufin damals, wird aus der Geschichte verabschiedet – es wird relativ gleichgültig, was dort geschieht. Jenseits des Limes befinden sich in der ersten Zone die Pufferstaaten (ebd.: 214), in der zweiten die Faktoreien und Handelsplätze, während eine dritte Zone sich selbst überlassen bleibt, allenfalls mit Hubschrauber-Diplomatie gelegentlich einbezogen. „Wohlhabend und alternd, strebt das nördliche Imperium dem gleichen Ziel nach wie die Individuen, aus denen es besteht: sich nicht vermehren, sich nicht reproduzieren, sondern dauern, dauern so lange wie nur möglich, allezeit fortdauern in der süßen lauen Wärme des Reichtums und Friedens." (ebd.: 231) Der Norden muß sich schützen „vor den Gefahren, die sich im tiefen Innern der barbarischen Welt zusammenbrauen", indem er die Dramen von dort auf Distanz hält (am schwierigsten bei Drogen und Ökologie, ebd.: 240), und er muß „lernen, am Limes eine Diplomatie der Ungleichheit zu entfalten." (ebd.: 235)

Heute (2015/2016) wird zwar wieder gelegentlich von einem „Limes" gesprochen, aber genaueres Hinsehen zeigt, welche starken Veränderungen inzwischen eingetreten sind und mit welchen Größenordnungen von Veränderungen man auch in Zukunft rechnen kann. China tritt in Afrika längst als ernsthafter Rivale des „Westens" auf, die BRIC-Länder (ehedem Schwellenländer) holen auf, die Länder jenseits des „Limes" sind nicht mehr nur verlängerte Werkbänke, sondern die imperialen Milieus des Luxus in diesen Regionen sind unverzichtbare Absatzmärkte. Es gibt noch pragmatische Ebenen, auf denen Handlungsbedarf im Eigeninteresse des reichen Nordens besteht: Gesundheitsdienstleistungen in den armen Ländern sichern nicht nur in den jeweiligen Staaten Gesundheit, sondern sind wegen der Seuchengefahr international wichtig – so wie die Angst vor Typhus und Cholera im 19. Jahrhundert auch die Reichen dazu zwang, Verbesserungen in den armen Vierteln anzustreben. UN-Friedensmissionen sind Hilfen zur Sicherung des globalen Gemeinschaftsgutes „Frieden" (ebd.: 20) und Schutz vor Terrorismus. Zur Sicherung von Wäldern und Biodiversität sind Gesetze nicht ausreichend, sondern ist die Einbindung der lokalen indigenen Bevölkerung wichtig.

Vor allem aber: Die Gegner sind seit dem 11. September 2001, seit dem 13. November 2015 nicht mehr außerhalb der europäisch-amerikanischen Welt zu halten, der Terror kommt nach Europa und USA. Und 2015 kommen im Norden Flucht- und Migrationsbewegungen an, von Bürgerkriegen ausgelöst, die vom Norden mit Waffen versorgt werden. Denkt man an mögliche Hungerkrisen, an Wasserknappheit und weitere möglicherweise zerfallende Staaten, sind noch ganz andere Flüchtlingsströme denkbar. Von einer „Völkerwanderung" wie einst zu Zeiten des Limes wird immer öfter gesprochen.

Das Recht auf Entwicklung
Das sind apokalyptische Szenarien. Wünscht man sich eher gewaltarme Formen des Überganges, so muss man zuerst überlegen, wie die eigene Lebensweise sich in globalen Zusammenhängen verantworten lässt. Die Messlatte auch für die Entwicklung der armen Regionen muss sein: Die Lebensform darf nicht die Zukunft der Lebenssphäre gefährden. Das bedeutet umgekehrt, auch die Lebensweise in den altindustrialisierten Regionen muss so gestaltet werden, dass sie selbst bei einer Übertragung auf die ganze Welt nicht zerstörerisch für die globale Lebenssphäre wird.

Die Länder des Südens (um bei dem unpräzisen, aber vorerst kaum ersetzbaren Begriff zu bleiben) haben Nachholbedarf. In ihnen muss das Menschenrecht auf einen kulturspezifischen angemessenen Lebensstand erst gesichert und die größte Not beseitigt werden, um Wege zu Nachhaltigkeit und Klimaschutz beschreiten zu können – und beide müssen miteinander verbunden werden.

Am besten geschähe dies durch einen globalen Staatenfinanzausgleich, der ähnlich wie der Länderfinanzausgleich in Deutschland die Fluchtursachen und Wanderungsbewegungen durch die Sicherung von gleichwertigen (nicht gleichartigen) Lebensbedingungen beseitigen helfen kann. Dann haben die anderen Gemeinschaften (Staaten) auch die Möglichkeit, ihrer eigenen Vorstellung von „Entwicklung" zu folgen (wie einige südamerikanische Länder und Bhutan im Himalaya das versuchen), statt dem europäisch-atlantischen Modell von Prosperität nachzueilen. So können Migrationen kanalisiert werden, weil Lebensqualität und Chancen vor Ort bestehen. Das wäre (neben der Befriedung von Bürgerkriegsländern und einem Einwanderungsgesetz) die konsequenteste Bekämpfung von „Fluchtursachen". Für die Entwicklungszusammenarbeit (die dann erst Recht nicht mehr „Entwicklungshilfe" heißen kann) würden dadurch Maßstäbe gesetzt, nach denen alle ihre Projekte beurteilt werden können. Auch das globale Bevölkerungswachstum geht am ehesten zurück, wenn die Allgemeinbildung steigt; die aber ist mit der allgemeinen ökonomischen Entwicklung gekoppelt und mit der Verringerung des Gefälles zwischen Arm und Reich.

Die Erklärung der Vereinten Nationen zum Recht auf Entwicklung von 1986 (die ungefähr zur gleichen Zeit entstanden ist wie der Brundtland-Bericht) definiert Entwicklung als einen „Prozeß, der die ständige Steigerung des Wohls der gesamten Bevölkerung und aller Einzelpersonen" zum Ziel hat, und beansprucht dieses Recht auf Entwicklung für alle gleichsam als „Recht auf alles" (Nuscheler 1996: 28). Die „Allgemeine Erklärung der Menschenrechte" von 1948 ist da viel zurückhaltender, indem sie in Art. 28 nur den „Anspruch auf eine soziale und internationale Ordnung" bekräftigt, in der die Rechte und Freiheiten dieser Erklärung „voll verwirklicht werden können." Wie das geschehen soll, bleibt damals offen. Und die Charta der Vereinten Nationen formuliert 1948 den „sozialen Fortschritt und Aufstieg" nicht als Selbstzweck, sondern subsumiert ihn unter das Ziel, „jenen Zustand der Stabilität und Wohlfahrt herbeizuführen, der erforderlich ist, damit zwischen den Nationen friedliche und freundschaftliche, auf der Achtung vor dem Grundsatz der Gleichberechtigung und Selbstbestimmung der Völker beruhende Beziehungen herrschen." (Art. 55; Nuscheler 1996: 27) Dem wird Entwicklungshilfe in der gegenwärtigen Form nicht gerecht; interessanter wäre da ein Staatenfinanzausgleich (s. 5.2).

Der Plural von „Modernisierung"

Der Bericht der Weltkommission für Kultur und Entwicklung (WCCD; Pérez de Cuéllar Bericht) wertet die Vielfalt der Kulturen nicht nur als dekoratives Element, sondern als unverzichtbare Zukunftsressource, wie der Präsident der Kommission, Javier Pérez de Cuéllar, im Vorwort des Berichtes betont: „Entwicklung ... konnte nicht länger als ein einziger, überall gleicher und linearer Weg gelten, denn ein solches Modell müßte unvermeidlich die Faktoren kulturelle Vielfalt und kulturelles Experiment ausschalten und so das kreative Potential der Menschheit mit Blick auf das Erbe der Vergangenheit und die Unwägbarkeiten der Zukunft auf gefährliche Weise begrenzen." (Our Creative Diversity 1995/1997: 12).

Daher soll „jedes Volk" seinen „eigenen Weg zur Modernisierung" gehen; im englischen Text besitzt „each people ... the right to forge different versions of modernization" (ebd.: 7). „Version" ist dabei etwas anderes als der „eigene Weg": Dieser führt zum gleichen Ziel; bei den verschiedenen Versionen aber gibt es auch unterschiedliche Ziele. Nicht alle müssen dem gleichen Modell von „Globalisierung" oder Moderne nacheifern.

Das ist provozierend mit Blick auf die zunächst vordringlich erscheinenden Aufgaben der Beseitigung von Hunger und Elend. Aber wir wissen, dass Armut nicht nur ein wirtschaftliches Problem ist, sondern dass es auch den Zustand der Recht- und Machtlosigkeit bedeutet, also eine hochpolitische Dimension hat. Und die Definition von *arm* und *reich* hat eine kulturspezifische Dimension, die nicht zuletzt in der Geschichtlichkeit der Entwicklung der Bedürfnisse erkennbar wird. Gewiss, ein solider Grad von Verfügbarkeit über die materiellen Ressourcen der Existenz sowie eine souveräne Gestaltung des Naturstoffwechsels mit einer gewissen Krisenelastizität (die in der Regel auf Kosten der kurzfristig kalkulierten Produktivität oder Effizienz geht) sind *Voraussetzungen* für menschenwürdiges Leben, aber keine *Garantien* dafür.

Bei der „Armutsbekämpfung" im Süden kann man sich nicht damit herausreden, dass

Armut relativ ist und nicht objektiviert werden kann. Die Menschen haben ein Recht auf Schutz vor Hunger, auf Gesundheitsversorgung und Bildung. Zu den sozialen Grundrechten gehören das Recht auf Leben und ausreichende Mittel zur Sicherung des Überlebens im Rahmen der jeweiligen Standards. Alle müssen in ihren sozialen Zusammenhängen selbst definieren, was für sie arm ist und wohin sie wollen. Die Möglichkeit dazu darf ihnen nicht genommen werden durch europäisches aggressives Marketing wie bei der Werbung für Kindernahrung bei Nestlé. Die KSZE-Verträge von 1975 haben dies als „Marktzerrüttung" verboten (Gasteyger 2005: 277; s. 3.3).

Vermitteln zwischen globaler Gerechtigkeit und (pars pro toto) den Interessen der deutschen Zuckerrübenbauern – ist das möglich? In den 1960er Jahren gehen Straßenbauarbeiter in Deutschland militant gegen Umweltschützer vor. Später werden überzeugende Kompromisse bzw. neue Lösungen ausgehandelt. Wie geht die kulturelle und politische Öffentlichkeit heute damit um, dass für Nachhaltigkeit Veränderungen in Nord und Süd anstehen? Kann man hier Verzicht verlangen, damit dort Gerechtigkeit hergestellt wird? Oder gilt als Motto, was im Tourismus praktiziert wird: Wir genießen unseren Reichtum und verreisen in den Süden, damit von diesem Reichtum bescheidene Teile für den Süden abfallen?

Heute wollen Gemeinschaften mit ganz anderen kulturellen, religiösen und historischen Prägungen als Akteure und als Partner anerkannt werden. Globalisierung ist kein Naturprozess, sondern ein gesellschaftlicher Prozess, in dem Spielräume und Korridore von Möglichkeiten erschlossen werden müssen und können. Es gibt Wahlmöglichkeiten. Statt das universelle Paradigma der westlichen Moderne auf die ganze Welt auszubreiten, sind neue Begriffe, Symbole und Metaphern für die veränderte Welt zu entwickeln. Die Begriffsarbeit des 19. Jahrhunderts verankert die Selbstverständlichkeit des Imperiums und der geographischen Arbeitsteilung und Aufteilung der Welt in den Köpfen der Menschen. Die Künste sind mit ihren allgemein verbreiteten Symbolerfindungen dabei unerlässlich, wie Edward W. Said (1994) gezeigt hat. Die Begriffsarbeit des aufklärerischen Impulses, des Evolutionismus und des Fortschrittsdenkens ist aus der Geschichte der europäisch-westlichen „mentalen Infrastruktur" nicht hinweg zu denken (im Gegensatz dazu sind z. B. die ausgeprägt zyklischen Zeitvorstellungen der chinesischen Welt nicht mehr präsent). Aber die Herausforderungen von heute verlangen neue außerordentliche Anstrengungen kulturell-intellektueller Symbolarbeit, um tragfähige (zukunftsfähige) „Weltsichten" und angemessene Begriffe zur Interpretation der aktuellen Situation zu entwickeln.

Eine neue Kultur, ein neues Wohlstandsmodell kann sich nicht auf den Versuch beziehen, die Plateauphase einer saturierten Gesellschaft ohne große Veränderungen noch eine Weile fortzusetzen. Heute fürchten viele, dass die inneren Widersprüche (ein aus dem Ruder laufender Finanzkapitalismus, der weltweit ohne Rücksicht auf die regionalen Folgen agiert) und die Reaktionen der an den Rand gedrängten „Modernisierungsverlierer" (Fundamentalismen und außereuropäische Renaissancen) die kapitalistische Weltordnung zu zerstören beginnen wie in der Völkerwanderung die römische Ordnung zugrunde ging.

Impulse aus dem Süden
Aus der Nord-Süd-Begegnung erwachsen immer wieder Innovationen, deren Nützlichkeit

nicht auf die Kulturen des Südens beschränkt ist – Baby-Tragetuch (Heimerdinger 2011) und Jutebeutel sind kleine Beispiele. Lehmziegel und Lehmbauweise (Dethier 1982) sind über den Umweg der „einfachen Technologien" der Entwicklungsarbeit wieder zu uns zurück gekommen. Auf der Ebene neuer Agrarkultur sind schon vor vielen Jahren entscheidende Impulse für die „eigenständige Regionalentwicklung" in Österreich und der Schweiz von Rückkehrern aus der sogenannten „Entwicklungshilfe" ausgegangen (Rohrmoser 1994). Und vielleicht verbirgt sich hinter der Entwicklungszusammenarbeit schon jetzt mehr als erkennbar ein Prozeß der Reziprozität – so wie Imperialismus und Kolonialismus die Diskurse der kulturellen Moderne mit einer Intensität geprägt haben, die meist unterschätzt wird (Said 1994).

Unter dem Stichwort „Lokales Wissen" wird darüber diskutiert, welche Rolle das Wissen der lokalen Gemeinschaften bei aktuellen Prozessen der Entwicklung spielt (als Überwindung von Elend und Not wie als Integration in globale ökonomische Zusammenhänge). Zur gleichen Zeit wird im Rahmen der Vereinten Nationen und der UNESCO über den völkerrechtlichen Schutz kultureller Vielfalt diskutiert (Übereinkommen 2006).

1992 konnte Walter C. Zimmerli feststellen: „Das Abendland als Ausgangspunkt der technologischen Weltzivilisation sieht sich nun vor die ´Schicksalsfrage´ gestellt, ob und wie es ihm gelingt, in Sachen umwelt-, sozial- und zukunftsverträglicher Technologien jene Vorreiterrolle zu übernehmen, die es zu Beginn dieses Prozesses einnahm." (Zimmerli 1992: 75) Oder mit einem anderen Akzent lässt sich sagen: Wenn die jetzige industriegesellschaftliche Lebensform *nicht* weltweit übertragbar ist, dann bestünde die Aufgabe darin, Lebensformen zu entwickeln, die auch dann, wenn sie übertragen würden, nicht zum Kollaps der Lebenswelt führen würden. Das sind moralische Appelle, die darauf warten, in Politik (in gesellschaftsrelevantes Handeln) umgesetzt zu werden. Sie sind durchaus auch für den Markt interessant.

Produkte, die unter „Fair trade"-Bedingungen produziert und gehandelt werden, finden Eingang in Supermärkte; Kinderarbeit, Blumenimport und Textilproduktion sollen an die Einhaltung grundlegender Arbeits- und Umweltschutzbestimmungen gebunden werden. Ähnliche Vereinbarungen und Beispiele gibt es zuhauf. Vor hundert Jahren ist es die Arbeiterbewegung, die ihren wachsenden Einfluss in den Kommunen dazu benutzte die Produkte von tarifgebundenen Unternehmen auch bei öffentlichen Ausschreibungen den nicht tarifgebundenen gegenüber zu bevorzugen. Das kann man auf die Gegenwart übertragen und die Sozial- und Umweltstandards einbeziehen. So dringen sozialkulturelle Normen prägend in die Alltagswelt ein (7.5).

Es sind molekulare Wandlungen (8.4). Auch in diesem Bereich ist es wichtig, dass prinzipiell gezeigt wird: Es geht auch anders.

Neue Akzentuierungen im Süden: Bruttowohlfahrtsprodukt und „Vivir buon"
Einst schauten die europäischen und nordamerikanischen Linken voller Interesse auf die revolutionären Bewegungen in Lateinamerika und anderswo. Heute richtet sich die Aufmerksamkeit oft auf Länder wie das Himalaya-Königreich Bhutan. Durch die Prägung der Formel vom „Bruttosozialglück" ist es, als Hochgebirgsland privilegierter Partner der Österreichischen Entwicklungszusammenarbeit, interessant geworden. An neun Teilbereichen misst sich dieses „Bruttosozialglück": Ökologie, Kultur, gute Regierungsführung,

Bildung, Gesundheit, Lebendigkeit der Gemeinschaften, Souveränität der Zeitnutzung, psychisches Wohlergehen und Lebensstandard (Zastiral: 2009). Das hat sehr viel mit Lebensqualität zu tun, wie sie nicht nur im Fokus der Kulturpolitik, sondern jeglicher Politik steht oder stehen sollte. Unentbehrlich sind dabei Formen des in Gemeinschaftsverantwortung verwalteten Gemeinnutzens jenseits von Markt und Staat.

Auch anderswo gibt es einschlägige Zielvorstellungen. „Buen Vivir" ist das Leitkonzept der Verfassung von Ecuador von 2008. Im Grundgesetz von Bolivien ist von „Vivir Bien" die Rede, also vom guten Leben (Dilger 2012; Vogel 2012). Es geht dabei, wird erläutert, nicht um individuell gutes Leben, sondern um ein soziales Leben und ein neues, nachhaltiges Verhältnis zur Natur. Programmatisch richtet sich das gegen den „plündernden Extraktivismus", der Bodenschätze, Naturressourcen und Artenvielfalt rücksichtslos und ohne Beachtung der Zukunft ausbeutet .

Welche Chancen hat der Versuch, Fortschritt und Modernisierung aus der Perspektive anderer Regionen *nichtkapitalistisch* zu definieren, wenn der Hegemon USA mit Freihandelsabkommen und notfalls mit Gewalt *seine* Vorstellung von Fortschritt, Marktwirtschaft und Freiheit durchsetzt? Aber vielleicht ist es ja schon wichtig, dass andere Vorstellungen von Entwicklung als die der USA überhaupt diskutiert werden, und es könnte sein, dass Europas Chance darin liegt, sich von diesen anderen Versionen von Fortschritt inspirieren zu lassen.

Im Wettbewerb hat der Verlierer das Recht, sich zu schützen. „Wird er durch den Wettbewerb ausgeschaltet, verliert er sehr viel mehr als er durch die positiven Effekte des Wettbewerbs gewinnen könnte. Daher darf er gerade das Urteil des Marktes nicht anerkennen, sondern muß sich ihm entgegenstellen. Nicht wettbewerbsfähige Produktionen sind wirtschaftlich rational, wenn die Vorteile des Wettbewerbs – d. h. der Zugang zu billigeren Produkten – durch die Verluste aufgewogen oder übertroffen werden" (Hinkelammert 1998: 102). Friedrich List schlägt im 19. Jahrhundert den Schutz für kurze Fristen vor. Das wertet lokale und regionale Systeme der Arbeitsteilung auf, „die sich gegen die Unterwerfung unter das Diktat der Weltarbeitsteilung zu schützen in der Lage sein müssen" (ebd.: 103). Ein langer und schwieriger Weg wird es sein, das zu realisieren. Ohne starken Druck von unten und ohne Konflikte wird es kaum gehen.

5.4 Freihandel, kulturelle Vielfalt und die Nutzung von Spielräumen

Die „exception kulturelle"
Die Spielräume für die Politik werden durch die Freihandelsabkommen beeinträchtigt (s. 5.3). Digitale Waren und Dienstleistungen, alles, was mit Digitalisierung zu tun hat und zum Datenkommerz gehört, werden beim Freihandel besonders beachtet, denn digitalisierte Daten sind die zentrale ökonomisch relevante Ressource der Zukunft, wichtiger als Erdöl, hat man gesagt – auch wenn man sie nicht essen kann.

Einer der strittigen Punkte ist seit vielen Jahren, ob die Öffnung der Märkte auch für Waren und Dienstleistungen des Kulturbereichs gelten soll. „1955 wurde die Welthandelsorganisation (WTO) gegründet und mit ihr als Basis das GATS-Abkommen (General Agreement on Trades in Services) beschlossen. Seine Systematik mit insgesamt 16 Dienstleistungskategorien für den freien internationalen Handel, umfasste auch soziale und kulturelle Dienstleistungen, Bildung und audiovisuelle Medien." Dem „US-Amerikanischen bzw. angelsächsischen Verständnis vom Markt als Verteiler auch kultureller Güter und Dienstleistungen" steht die Vorstellung gegenüber, das „Kunst und Kultur in maßgeblichen Teilen als Gemeingut und den Staat als Hüter der kulturellen Vielfalt sieht." (Grandmontagne 2014: 20)

Seit der UNESCO-Vielfalts-Konvention von 2005 ist der „Doppelcharakter kultureller Produkte und Dienstleistungen als einerseits Waren, andererseits Träger von Werten, Identitäten und Bedeutungen" anerkannt (ebd.). Das Übereinkommen über Schutz und Förderung der Vielfalt kultureller Ausdrucksformen vom 20. Oktober 2005 betont diesen Doppelcharakter und legitimiert die Kulturpolitik eines Staates und die Förderung kultureller Infrastruktur in der Marktgesellschaft.

Die Erzeugnisse von Kunst und Kultur sowie die Teilnahme am kulturellen und sozialen Leben, ferner die dadurch vermittelten und damit verflochtenen sozialen Erfahrungen nähren und entwickeln bei den Individuen die handlungsleitenden Vorstellungen vom „guten und gelingenden Leben". Dass sie sich dabei zu „tauglichen Mitgliedern" *ihrer* Gesellschaft oder Gruppe entwickeln, ist Ergebnis des Prozesses der Sozialisierung; dass sie gleichzeitig innovationsfähig und diskursoffen bleiben sollen, ist Bestandteil des Verständnisses von Kultur.

Manche meinen, Protektionismus im kulturellen Bereich entmündige die Bürger. So argumentieren auch die Neoliberalen, vergessend, dass Marktöffnung nur die kräftigsten Anbieter begünstigt, andere dagegen massiv benachteiligt. In den Verhandlungen zu TTIP (Transatlantic Trade and Investment Partnership) geht es 2014/2015/2016 nicht nur um den Handel, sondern auch um Kulturpolitik. „Eine Gleichbehandlung des Kulturbereichs mit den regulären Wirtschaftsgütern würde dem Doppelcharakter des Kulturbegriffs im Sinne der UNESCO-Konvention zum Schutz der kulturellen Vielfalt gerade nicht genügen und diese kulturelle Vielfalt im Gegenteil sogar stark beschneiden. Die Buchpreisbindung, die Theaterförderung durch die öffentliche Hand, ja sogar die staatliche Kulturförderung insgesamt könnte sich letzten Endes als Beschränkung des freien Handels entpuppen." (Grandmontagne 2014: 21) Um das zu verhindern, versuchen in der Zivilgesellschaft zahlreiche Initiativen die staatlichen Verhandlungen zu beeinflussen.

Der Schutz der kulturellen Sphäre steht in Idealkonkurrenz zu dem Wunsch der freien Verfügung über entsprechende Produkte, auch solche der Wissenschaft. Es besteht Handlungs- und Diskussionsbedarf. Informelle sozialkulturelle Prozesse spielen dabei eine Rolle, etwa in der Musikbranche. „Unabhängig von allen Begleiterscheinungen und Rückschlägen brachte es über wenige Jahre eine ganz Generation zustande, den Warencharakter von Songs zu ignorieren, die Wertschöpfungsketten zu umgehen und sich gegenseitig mit genau den Kunstwerken des jeweiligen Geschmacks zu beglücken. Zu klären wäre auch, was an Kultur als öffentliches Eigentum im Sinne eines Allmendguts verstanden werden kann, wo aber Gefahr durch Rivalität und Übernutzung drohen." Daran erinnert Martin Wimmer von dem „Institut Soldarische Moderne" 2015 in einem unveröffentlichten Manuskript. Das formuliert Aufgaben, zu denen auch die Sicherung der Überlebensbedingungen der Kreativen durch ein verändertes Urheberrecht gehört.

TTIP und kommunale Kompetenzen

Im Entwurf der Kommunalpolitischen Leitlinien der SPD Frankfurt am Main vom 4. Februar 2015 heißt es unter der Überschrift „Stadt der guten Arbeit": „Wir wollen, dass Frankfurt in allen Bereichen eine Stadt der guten Arbeit bei guter Entlohnung wird. Während es vielen in Frankfurt sehr gut geht, gibt es auch in unserer reichen Stadt noch zu viele prekäre Arbeitsverhältnisse. Wir wollen Leiharbeit und befristete Arbeitsverhältnisse eindämmen. Die Stadt soll als Arbeitgeber Vorbild für andere sein: Wir wollen eine verbindliche Tarifbindung für alle Arbeitnehmer/-innen, die direkt oder indirekt für die Stadt arbeiten (in er Stadtverwaltung, in allen städtischen Gesellschaften, Subunternehmen, stadtnahen Vereinen und von der Stadt beauftragten Trägern). Das heißt, dass die Tarifsteigerungen der Beschäftigten der freien Träger ebenfalls zu refinanzieren sind. Dazu gehören auch die Sicherung der Ausbildungsplätze und die Vereinbarkeit von Familie und Beruf. Bei der Vergabe städtischer Aufträge sind neben wirtschaftlichen Kriterien auch soziale und ökologische Komponenten wie Tarifbindung, Ausbildung, Anteil der Leiharbeit, Familienfreundlichkeit und altersgerechte und gesundheitsfördernde, diskriminierungsfreie Arbeitsbedingungen zu berücksichtigen."

In den Verhandlungen zu TTIP (Transatlantic Trade and Investment Partnership) geht es nicht nur um den Handel, sondern auch um Investitionsschutzabkommen. Mit den in manchen Entwürfen vorgesehenen nichtöffentlichen Schiedsgerichten können demokratische Entscheidungen von Staaten z. B. zum Umweltschutz ohne Anfechtungsmöglichkeiten ausgehebelt werden (Volland 2015). Ursprünglich sollten solche Investitionsschutzabkommen in früheren, mit Entwicklungsländern abgeschlossenen Verträgen vor willkürlichen Entscheidungen in Diktaturen schützen. Wenn aber europäische demokratische Industriestaaten so behandelt werden, dann wird damit Demokratie gefährdet (und einem solchen Abkommen zuzustimmen wäre zwar nicht Landesverrat, weil es nicht die äußere Sicherheit der Bürger gefährdet, würde aber in die Nähe von Hochverrat gehören, weil damit Institutionen des demokratischen Rechtsstaates entmachtet und die verfassungsmäßige Ordnung partiell gefährdet wäre).

Entscheidend wird nicht nur sein, wie diese Verhandlungen ausgehen, sondern auch, wie bei der Umsetzung von den Akteuren alle Spielräume ausgenutzt werden. Der Gemeinderat von Meran in Südtirol hat 2015 mit 28 Ja-Stimmen und einer Enthaltung einen Beschluss gegen TTIP angenommen, der vor der Möglichkeit von Schadenersatzklagen im Rahmen von solchen Investitionsschutzabkommen warnt. „Das kann auch Gesetze betreffen, die im Interesse des Gemeinwohls erlassen wurden, etwa zum Umwelt- und Verbraucherschutz. ... Arbeitnehmerrechte geraten unter Druck und Arbeitsplätze in zahlreichen Branchen werden gefährdet. Vor allem in der Landwirtschaft und in der Elektroindustrie drohen massive Arbeitsplatzverluste durch die härtere Konkurrenz aus Übersee. Einmal privatisierte Stadtwerke, Krankenhäuser oder die Abfallentsorgung wieder in kommunale Hände zu geben, würde mit TTIP erschwert oder gar unmöglich. ... Lebensmittelstandards und Verbraucherschutz bei Kosmetika und Arzneimitteln drohen an us-amerikanische Standards angeglichen zu werden. Wir brauchen aber keine niedrigeren, sondern höhere Schutzstandards, wenn es um den Einsatz von Pestiziden, die Massentierhaltung oder saubere Energiequellen geht." (Meraner Stadtanzeiger 02.04.2015)

Die Diskussion ist nicht abgeschlossen, immer kommen neue Aspekte und Probleme hinzu. Lobbyisten der Industrie nehmen Einfluss auf die Verhandlungen, während 2016 nur ausgewählten Abgeordneten des Deutschen Bundestages überhaupt Einblick in die Unterlagen „gewährt" wurde.

Auf jeden Fall aber ist die Beseitigung von Handelshemmnissen, wie sie aus unterschiedlichen „Pfaden" der Lebensweise abgeleitet werden, ein Angriff auf unverzichtbare soziale und kulturelle Vielfalt (s. 5.4).

6. Rettung oder Überwindung des Wachstums? Wege aus der Wachstumsfalle

Die Akteure der Politik müssen einerseits Wachstum fördern, andererseits die globalen Probleme wie die Gefährdung von Nahrungsgrundlagen, Trinkwasser, Klima ebenso wie Ressourcenknappheit im Auge behalten. Große und kleine Innovationen wie Big Data, Internet der Dinge, aber auch überraschende neue Ressourcen können Lösungen für manche Probleme bieten, sind aber nicht vorauszusehen. In der Krise der Wachstumsgesellschaft drohen Ökodiktatur oder autoritäre Demokratie. Systemkonforme Auswege sind Green Economy oder der forcierte Übergang zu erneuerbarer Energie ohne Kohlendioxydausstoß (Energiewende). Regulierungen in der Landwirtschaft und anderen Bereichen sind auch „marktkonform" denkbar, ebenso ökologisch motivierte Verbraucherpolitik und Marktkontrolle. Nicht nur auf der Ebene des Staates gibt es Ansätze für eine Politik in Richtung auf Nachhaltigkeit. Auch bei den Individuen wächst Problembewusstsein, und sie reagieren mit verändertem Verhalten. Suchbewegungen von unten zeigen, was mit den Konsumenten möglich ist: Öko-Design, Re-Enactment, kollaborative Strategien (Commons), Vegetarismus und Veganismus. Freilich haben auch sie nur geringen Einfluss auf die Gesamtentwicklung des Wachstums. Deshalb muss es auch um Suffizienz gehen – selbstgewählte Begrenzung, nicht Askese und kein Verlust an Lebensqualität. Wenn die Individuen auf ihren Ebenen Suffizienz praktizieren, können sie Druck auf öffentliche Institutionen ausüben, ebenfalls Suffizienz als gesellschaftliche Strategie anzustreben, auch wenn die Spielräume der Politik durch EU-Verträge und Freihandelsabkommen gering sind.

6.1 Überraschende Entwicklungen

Unvorhergesehene Ereignisse und Innovationen
Karl Kraus schreibt im Juli 1914 nach dem Mord an dem österreichischen Thronfolger Franz Ferdinand und seiner Frau in Sarajewo: „Zu den Erkenntnissen, welche die Ereignisse vergebens dem Gebrauch empfehlen, gehört die vom Unwert der politischen Werte, da doch ein ungewaschener Intelligenzbub um acht Uhr früh schon wissen kann, daß er mittags einen Staat auf den Kopf stellen wird, und es ihm mit geringeren Umständen als einem Napoleon gelingen könnte, die Landkarte Europas zu verändern ... Es gibt Dinge zwischen Septima und Octava, von denen sich die Staatsweisheit nichts träumt, und solange die Kräfte und Unkräfte des Lebens mit politischen Maßen gemessen werden, so lange wird der Unbefugte den Mechanismus besser zum stehen bringen als der Funktionär zum gehen." (Kraus 1914: 1)

Vielleicht kann man den 13. November 2015 mit den Terror-Attentaten in Paris später ähnlich beurteilen. Das Drama „Die letzten Tagen der Menschheit" von Karl Kraus hat die Kulturkrise des Ersten Weltkriegs zum Thema. Paul Valery hat am Ende dieses Kriegs geschrieben: „Wir Kulturvölker, wir wissen jetzt, daß wir sterblich sind." (zit. in Konersmann 1996: 58)

Von möglichen „jähen Wendungen" der Geschichte war vor 1989 die Rede, und dann kamen sie ganz anders als befürchtet oder erwartet. Hans Magnus Enzensberger (1992) hat für die Zeit nach dem Ende des Sozialismus eine „große Wanderung" von Ost nach West prophezeit. Sie ist längst nicht in der befürchteten Größe eingetreten. Dass 2015 die Zahl der Flüchtlinge so hoch steigt, war nicht vorhersehbar. Wohl aber rechnet man schon seit vielen Jahren damit, dass aus den armen Regionen des Südens viele Menschen in den reichen Norden kommen wollen. Bürgerkrieg wie in Syrien, in Zukunft andere Kriege, möglicherweise auch Wassermangel oder Hungerkrisen, können ähnliche Folgen haben (Kramer 2016). So ist vielleicht die Krise von 2015 nur ein Übungsmodell. Auch Katastrophen im eigenen Land, Erdbeben, Hochwasser oder Kraftwerksunfälle (mögen sie nie kommen!) können Bevölkerungsbewegungen zur Folge haben, die außerordentliche Maßnahmen erfordern (Hern 2014). Die Notstandsgesetze der BRD waren einst in den 1970er Jahren für den Kriegsfall gedacht; inzwischen werden einige ihrer Bestimmungen wegen der vielen Flüchtlinge aktiviert.

Nicht eintretende Prognosen
Überraschende Störereignisse sind für das Management eine besondere Herausforderung. Ein Buch beschäftigt sich 2003 damit und bilanziert als „methodisches Rüstzeug für eine strategische Zukunftsarbeit" und Unternehmenspolitik sowohl Eintrittswahrscheinlichkeit wie mögliche Reaktionen für solche Ereignisse. Die „Verletzlichkeit und Störanfälligkeit der industrialisierten Welt" lädt dazu ein (Steinmüller 2003: 5). Interessant ist, in einer Art „negativer Futurologie" sich nachträglich zu überlegen, wieso prognostizierte oder für möglich gehaltene Ereignisse *nicht* eingetreten sind.

„Etwa einmal in zehn Jahren müssen wir unser Bild vom globalen Gang der Dinge grundsätzlicher hinterfragen" (ebd.: 14). In dem Katalog von möglichen Entwicklungen ist 2003 die unendliche Energie bei sieben möglichen Stufen mit einer Wahrscheinlichkeit von vier angesetzt (ebd.: 4). Auch bei den folgenden möglichen Ereignissen ist die vermutete Eintrittswahrscheinlichkeit interessant: „Asien läßt die Muskeln spielen"; „China, Indien und Rußland bilden eine Allianz" (jeweils nur drei von sieben, ebd.: 104), „Eine aufgeklärte und liberale Spielart des Islam setzt gewaltige kulturelle Kräfte frei" (vier von sieben, ebd.: 112). Das Gegenteil wird nicht in Erwägung gezogen. Wohl aber: „Blitz über Kaschmir" (ebd.: 120) als präventiver einmaliger Atomschlag (mehr nicht; fünf von sieben ebd.: 120); an den atomaren Winter auch bei kleineren Atomschlägen wird nicht gedacht. Die „Vegetarische Revolution" hat auf der siebener Skala eine Eintrittswahrscheinlichkeit von fünf (ebd.: 134); der „Fleischesser-Streik" fördert mit der „Abkehr von der Tierzucht eine neue Technisierungswelle im Ernährungssektor. Die pflanzlichen Ausgangsstoffe werden bis zur Unkenntlichkeit verarbeitet und mit synthetischen Geschmacksstoffen versetzt. Dem Novel Food ist seine Herkunft nicht mehr anzusehen": Das ist 2015 Realität geworden, aber auch dabei gilt: „Die nächste Krise ist nur eine Frage der Zeit." (ebd. 135)

Manches kommt – wie so oft bei Prognosen – später, anderes aber auch früher, und vieles wird gar nicht in dem 55 Szenarien umfassenden Katalog erwogen. Große Unwägbarkeiten fallen ohnehin aus dem Szenarien-Spektrum heraus. Der 11. September 2001 mit seinen Folgen konnte von niemandem vorausgesehen werden. Tschernobyl von 1986 lag für viele damals immerhin innerhalb der statistischen Wahrscheinlichkeit, und ähnliche Ereignisse konnten auch 2003 in Erwägung gezogen werden. Die „Flüchtlingskrise" von 2015 als Teil des Szenarios „Der Nahe Osten explodiert" (mit einer Eintrittswahrscheinlichkeit von fünf von sieben, ebd.: 116) liegt innerhalb dessen, was vorhersehbar war, und so kann man weiter spekulieren. Aber das Schwierige bei Voraussagen ist, dass sie mit Zukunft zu tun haben ...

Größere Erfindungen, Internet der Dinge
Von Energie im Überfluss träumen immer wieder Erfinder und Politiker. Die Abtrennung des Mittelmeeres an der Meerenge von Gibraltar, die Umleitung der sibirischen Ströme, Sacharow und die Phantasien von der umfassenden Nutzung der Kernenergie auch im Alltag, die Hoffnung auf das Wunder der Fusionsenergie, die Energiespeicherung durch Wasserstoff, die Besiedelung des Mars usf.: das sind High-Tech-Träume von der Art, wie sie immer wieder auftauchen.

Neue Technologien erlauben das Ausloten neuer Chancen, experimentell, oft genug ohne eindeutigen Erfolg. In den 1950er, 1960er Jahren sind beim Bau von Mietshäusern mit mehreren Stockwerken „Müllschlucker" im Treppenhaus eine gefeierte Innovation: Durch eine Klappe im Treppenhaus wirft man allen Abfall, der dann im Keller im Abfallbehälter landete. Sie kommen rasch außer Gebrauch, weil sie störanfällig und brandgefährlich sind.

Es können aber auch überraschende schnell angenommene Veränderungen eintreten – auch den Siegeszug des Kleincomuters hat niemand vorausgesehen. Es könnte sein, dass das „Internet der Dinge" so etwas bedeutet, so sehr es auch derzeit von vielen mit Recht skeptisch betrachtet wird.

6.2 Das Dilemma der Politik

Privater Konsum, Schuldenmachen und Umweltkrise
„In einer wachstumsbasierten Volkswirtschaft ist Wachstum Voraussetzung für Stabilität. Das kapitalistische System verfügt über keinen einfachen Weg in ein Steady-state-System, also ein Wirtschaftssystem im Gleichgewicht. Die dem kapitalistischen System innewohnende Dynamik treibt es immer nur in ein Extrem – in die Expansion oder in den Zusammenbruch." (Jackson 2011: 72) Kosten werden immer soweit möglich minimiert. „Die Wegwerfgesellschaft ist weniger eine Folge der Gier der Verbraucher als eine strukturelle Voraussetzung fürs Überleben" (des Marktes), heißt es (ebd.: 101). Aber die Konsumenten sind als „transnationale Verbraucherklasse" ja in diesem Prozess keinesfalls nur Opfer des Marktes, sondern auch Täter (Zukunftsfähiges Deutschland 2008: 78 f.).

Zu beobachten ist in Prosperitätsregionen die Dynamik einer Lebensweise, die statt Selbstbegrenzung und einer „Ästhetik der Subsistenz" den anderen Pol der möglichen Verhaltensweisen der Menschen beschreibt: Die Aufhebung möglichst vieler Grenzen zugunsten einer genussorientierten Lebenspraxis, wie sie von den Institutionen des Marktes angeregt wird. In Zeiten von Kaufzurückhaltung der Konsumenten wird sie auch von der Politik empfohlen, weil der private Konsum als „Weltmarkt Privathaushalt" (Gather u.a. 2008;

Haug 2012: 107) für die Konjunktur unentbehrlich scheint. Überschüssiges anlagesuchendes Kapital kann nicht mehr ausreichend in Rüstungsproduktion (mit nachfolgender bzw. vorgesehener Rüstungsverwertung in Expansionskriegen) geparkt werden. Kaufkraft muss durch unproduktiven Privatkonsum abgeschöpft werden. Dass es gleichzeitig eine Ressourcen-, Öko- und Klimakrise gibt, spielt dabei keine Rolle: Das wird mit Formeln wie „qualitatives Wachstum" oder „Wachstum ohne Umweltschäden" neutralisiert (6.3).

Zwar: Die Chance zum hinreichenden privaten Konsum gehört zur Lebensqualität der Individuen – ohne Hunger und Not zu leben ist derzeit ein Privileg (an dem selbst in den Prosperitätsregionen nicht alle, ja statistisch immer weniger teilhaben), aber eigentlich ein Menschenrecht. Nicht zuletzt deswegen enthalten die Verfassungen der frühindustrialisierten europäischen Staaten meist formell oder informell auch materielle (soziale) Grundrechte (s. 3.4).

Die Erleichterung des Schuldenmachens hat in den 1970er Jahren viele Staaten der „Dritten Welt" in Abhängigkeit getrieben. Die Banken mussten nicht eintreibbare Schulden als Verluste buchen (warum eigentlich nicht auch 2015?), und sie konnten dies damals auch, weil die Hilfsgelder dann mit Wachstumsimpulsen und neoliberalen Reformen verbunden wurden, mit denen die Staaten mit ihren Ressourcen in die Marktwirtschaft hineingezwungen wurden. Auch die Krise von 2010 ff. hat einen ihrer Ursprünge darin, dass us-amerikanischen Privathaushalten (ebenso wie spanischen) es leicht gemacht wurde, nicht nur Häuser auf Pump zu kaufen, sondern auch noch die Einrichtung mit Schulden zu finanzieren. Die in neuen Finanzprodukten zusammengefassten „faulen" Kredite wurden dann zur Ursache für Bankenpleiten.

Geplante Obsoleszenz

Daher wird in wirtschaftlichen Krisen dafür plädiert, dass mehr konsumiert und weniger gespart wird. Im Massenwohlstand herrscht sozusagen eine „Pflicht zum Konsum" (Scherhorn 1997: 161). Gerald Jatzek erinnert in einer Wiener Hausarbeit von 2015 (ich zitiere mit seiner Erlaubnis) an einen Autor von 1932: Der gibt den allzu zufriedenen Kunden die Schuld an der Depression der 1930er Jahre, weil sie die Gebrauchsgüter zu lange nutzen und empfiehlt, der Staat solle den Konsumgütern ebenso wie den Maschinen ein Ablaufdatum geben, zu dem sie im Fall „verbreiteter Arbeitslosigkeit" von einer Behörde zerstört werden können. Wer sich weigert, alte Sachen abzugeben, solle bezahlen (London 1932). Von solchem „Konsumzwang" wurde bisher eher nur spaßeshalber oder ironisch gesprochen.

In der Schweiz werden in der Krise des Tourismus nach 1945 zeitweise Hotelkapazitäten systematisch vernichtet und abgebaut. Meißner Porzellan wird zwecks Marktsicherung auch in der Fabrik zerschlagen. Die „Abwrackprämien" zur (angeblich umweltschützenden) Erneuerung des Automobilbestandes in Europa und den USA von 2009 sind ähnlich zu verstehen. Wenn 2015 eine Einzelhandelskette für Elektrogeräte bis zu 500 Euro für die Rückgabe eines Altgerätes beim Kauf eines Neuen bietet, so ist das ähnlich wie die Abwrackprämie für Autos ein Anreiz für umweltschädlichen Konsum (und sollte eigentlich verboten werden – dazu müsste aber in einer kampagnefähigen Zivilgesellschaft Druck erzeugt werden – das aber kann man nicht für beliebig viele Anlässe).

Praktiziert wird qualitative, systemische, funktionelle und technologische Obsoleszenz, und: „Als psychische Obsoleszenz gilt das Ende des Einsatzes eines Produktes, das noch funktionstüchtig ist, weil es nicht mehr gefällt." (Jatzek 2015: 3–4) Im Automobilmarkt setzt General Motors in den 1920er Jahren zum ersten Mal auf verändertes, dynamischeres Design und auf jährliche Veränderungen. Man schafft es damit, „ein ursprünglich auf Haltbarkeit angelegtes Produkt in einen Modeartikel zu verwandeln." (ebd.: 5; s. auch Dichter 1964 zur Psychologie des Autokaufs) Die Computerfirma Apple praktiziert die geplante Obsoleszenz von Hardware und Software (ebd. S. 6/7). „Software (-innovation) ist einer der größten Verursacher von Hardwareverschleiß, indem eigentlich weiterhin funktionstüchtige Geräte aufgrund geänderter Anforderungen und Wünsche außer Betrieb genommen werden." (Gröger zit. in ebd.: S. 8)

Auch Geschenkfeste wie Weihnachten, Ostern, Geburts- und Namenstage gehören in diesen Zusammenhang. Früher waren Geschenke zu Weihnachten oder zum Jahreswechsel Bestandteil der Entlohnung des dann oft wechselnden Gesindes; erst in der bürgerlichen Familie kommt das Schenken als Vorgänger-Form der heutigen Geschenk-Orgien auf. Die ökonomische Bedeutung der Geschenkfeste in Prosperitätsgesellschaften liegt für die Marktwirtschaft darin, dass zwar der Geschenke wegen viel Umsatz gemacht werden kann, diese Geschenke aber kaum realem „Bedarf" entsprechen, d. h. sie sind weitgehend nutzlos und machen es nicht überflüssig, Kaufkraft für notwendige Güter aufzuwenden. Sie binden somit anlagesuchendes Kapital. Deswegen wird ja Ostern neben Weihnachten schon seit einiger Zeit vom Einzelhandel zum Geschenkfest ausgestaltet.

Auch für die EK WWL ist der private Konsum ein Thema. „Gesellschaftliche Trends und Rahmenbedingungen beeinflussen das Konsumverhalten. Die aktuell zu beobachtende ‚Reparaturoffensive' oder die Debatte um ‚Murks' und ‚geplante Obsolenz' können hier als Beispiele genannt werden. Auch informierte und gebildete Verbraucherinnen und Verbraucher sind daher der strukturellen Überlegenheit großer Unternehmen häufig nicht gewachsen." (Schlussbericht 2013: 749) Da hilft das Internet, aber da muss man viel Zeit aufwenden.

Wer in den Kategorien der vorindustriellen und vorkapitalistischen Welt denkt, wird die systematische Vernichtung von Reichtum (wenn sie nicht, wie Potlatch, Teil eines sozialkulturellen Rituals ist) als ein Verbrechen betrachten. Wenn Kategorien dieser Art nicht mehr greifen, kann man vom moralischen Verfall einer Gesellschaft sprechen.

Moralische Appelle als Ausweg?
Es gibt ein prinzipielles Dilemma der „reflexiven Modernisierung", von der Ulrich Beck (1991) spricht: Es bedarf einer Sozialkultur, die kompatibel ist mit nachhaltiger Entwicklung – diese aber wiederum ist nicht ohne weiteres kompatibel mit den gängigen Konzepten von Wachstum. Wenn entsprechende Standards in die „Ideen vom guten und richtigen Leben" eingehen, dann bedarf es keiner Nutzerbevormundung oder aufwändiger Ordnungsmaßnahmen. Es gilt aber auch umgekehrt: Erst wenn diese Standards Bestandteil der kulturspezifischen Sinnstrukturen geworden sind, dann gibt es Chancen für „nachhaltige Entwicklung". Notwendige, aber nicht hinreichende Bedingung ist, dass in sozialkulturellen Öffentlichkeiten darüber diskutiert wird. Umgekehrt würde eine einseitige Aufkündigung des fordistischen Gesellschaftsvertrages durch erzwungenen Verzicht „zu unberechenbaren Reaktionen führen" (Scherhorn 1997: 163).

Projektgruppe 5 „Arbeitswelt, Konsumverhalten und Lebensstile" der EK WWL muss sich in ihrem Abschnitt 4 mit „Wechselwirkungen von Konsum und Nachhaltigkeit" beschäftigen (Schlussbericht 2013: 708–774). Themen sind hier Konsumverantwortung als zivilgesellschaftliche Kategorie, Unbewusste Konsumentscheidungen; Arbeitsbedingungen und Lebensstile; Soziale Schwellen für nachhaltigen Konsum; Gender und nachhaltiger Konsum; Konsumentensouveränität; Mehr Bildung für mehr Nachhaltigkeit; Produkt- und Prozessinformation als Basis nachhaltiger Konsumentscheidungen.

Das sind Themen, bei denen die hinderlichen und förderlichen Motive der Nutzer mit empirischer kulturwissenschaftlicher Feldforschung zu erschließen wichtig ist. Kennt man sie besser, finden sich auch die Anschlussmöglichkeiten für die Politik und braucht man nicht nur zu appellieren. Programmatisch wird im Schlussbericht der EK WWL darauf hingewiesen, dass Zwang keine Lösung ist. „Nachhaltige Politik ... möchte den Menschen nichts ‚vorschreiben', sondern es werden in gesellschaftlichen Lernprozessen und Konflikten mit mächtigen Interessen auf demokratische Art und Weise attraktive Formen des Zusammenlebens und der Produktion entwickelt." (Schlussbericht 2013: 784) Aber wie geschieht das?

Von manchen wird den Konsumenten ein beträchtlicher Teil der Verantwortung zugeschoben. Beispielhaft sei Meinhard Miegel genannt: „Im Kern geht es um Mentalitäten" (Miegel 2012: 7), meint er und nennt damit ein vordergründig kulturelles Motiv. Betriebe Deutschland „keinen Raubbau und beteiligte es sich nicht an der Zerstörung der Lebensgrundlagen, stünden pro Kopf der Bevölkerung etwa 40 Prozent der derzeitigen Güter- und Dienstemenge zur Verfügung" – das war etwa der Stand von 1960. „Seitdem sind die Menschen nicht hungriger oder unbehauster geworden. Ihre Mägen und Truhen sind voller als jemals zuvor. Verändert haben sich lediglich ihre Mentalitäten. Was eben noch genügte, genügt nicht länger. Dabei ist die große Mehrheit einem echten Bedürfniskonsum – auch auf hohem Niveau – längst entwachsen. Immer größere Teile ihres Verbrauchs dienen der Befriedigung unhinterfragter Gewohnheiten und persönlicher Eitelkeiten, der Selbstdarstellung und der Konkurrenz mit anderen." (Ebd.)

Einfach „die Menschen" zu nennen, das ist unbefriedigend. Es gibt nicht *die Menschen*, sondern (hier) Konsumenten in benennbaren gesellschaftlichen Zusammenhängen, zu denen Politik und ökonomische Interessen aller Art gehören. Miegel vermeidet es, Verantwortliche für die Krise der Konsumgesellschaft zu nennen: Marketing, Werbung, Entgrenzung der Bedürfnisse durch Kampagnen für Produktinnovationen, wachstumsorientierte Unternehmen und Finanzmärkte unter dem Zwang der Vergrößerung des „shareholder-Values", Politiker, von denen die Verantwortung der Konsumenten für die Binnenkonjunktur betont wird. Es sind bei Miegel „die Völker" und ihr „kollektives Gedächtnis", auch „menschliche Dummheit" und „Triebe", die angesprochen werden (ebd.: 86, 87). Schuldige sind für ihn „die Menschen", die Status-Rivalitätskämpfe führen (ebd.: 14, 50). „Echte Werte" werden gegen menschliche Torheit (ebd.: 25, 31, 13, 47 usf.) ausgespielt. Wie bei Naomi Klein (s. 5.4) werden Hoffnungen darauf gesetzt, dass immer mehr die „Nullsummenspiele" des Wachstums erkennen, die „Zahl der Blinden" abnimmt (ebd.: 84). Aber moralisierende Appelle und der Hinweis auf „wahre Bedürfnisse" (ebd.: 171) oder darauf, dass alle Betroffenen etwas tun

„sollten" (ebd.: 192) helfen nicht. „Der Aufschrei ist programmiert" (ebd.: 165), aber er kommt nicht.

Wenn man in der Tradition der Kulturkritik so hohe Anforderungen an die Verbraucher stellt, dann muss man alles, womit dem souveränen Konsumenten aus ökonomischen Gründen (aus Wettbewerbsgründen und des Umsatzes wegen) die Souveränität abgesprochen oder eingeschränkt wird, unmöglich machen oder beschränken – Werbung, Marketing usf. Die Konsumenten können sicher einiges bewirken, aber ohne Politik geht nichts.

Appelle gibt es auch in der boomenden Ratgeberliteratur, oft verbunden mit Hinweisen auf das gesunde Leben. Und es gibt schließlich die Verbraucherpolitik, die Ratschläge für den eigenen Körper (und die Familie) und Gesundheit verbindet mit Strategien des Umweltschutzes und der Nachhaltigkeit (6.5).

Ökobilanz und Motive der Konsumenten
Mehr als Appelle und gute Rezepte vermögen die meisten Kulturkritiker nicht zu bieten (auch Papst Franziskus liefert nicht mehr, wobei seine Appelle sich immerhin an zentral wichtige Akteure wie Staaten und die UN richten und seine Autorität nicht einfach übergangen werden kann, s. 8.3). In zwei Richtungen muss man solche Appelle ergänzen. *Erstens* geht es darum, auch konkrete Vorschläge zu machen, mit denen Politiker ihrer Verantwortung gerecht werden und handeln können. So muss der Anschluss zwischen Appell und konkreter Umsetzung ermöglicht werden. Und *zweitens* muss man intensiver fragen: Was ermöglichst es den Konsumenten, sich auch anders zu verhalten? Da wird es interessant sein, nach den sozialkulturell vermittelten Standards zu fragen und dort Anknüpfungsmöglichkeiten zu suchen. Was veranlasst Menschen, nicht nur als egozentrische habgierige Mängelwesen (wie kleine Kinder) zu handeln, sondern ihr Handeln einzuordnen in gesellschaftliche Zusammenhänge?

Die von der Politik geprägten Rahmenbedingungen werden wichtig – wobei „Politik" konkret die Handlungsmöglichkeiten in den Gebietskörperschaften und ihren gewählten Organen meint (s. 7.5).

Gewiss, auch auf der Seite der Konsumenten besteht Reflexionsbedarf. Die Aufwendungen für private Technik in den Haushalten in Deutschland liegen in der gleichen Größenordnung wie die Investitionen für technische Ausrüstungen von Industriebetrieben (und z. B. auch die teure Bulthaupt-Küche reduziert nicht einmal immer die Zeit für die ungeliebte Hausarbeit; Meyer 1995; Müller-Wichmann 1984). Und es gibt eine Bewusstseins- und Verhaltenslücke: Mit ihr hängt es zusammen, „dass die Ökobilanz des sozialökologischen Milieus negativ ausfällt – obwohl Umweltschutz für die Angehörigen dieses Milieus ein alltagsdurchdringendes Thema ist und sie als kritische Konsumentinnen und Konsumenten gelten. Denn oftmals wohnen sie in energiebedürftigen Einfamilienhäusern und machen viele Fernreisen. Im Gegensatz dazu gelten die wenig umweltsensiblen Traditionellen und Prekären als ‚unfreiwillige Klimaschützerinnen und -schützer'" (Schlussbericht 2013: Fn. 2319, S. 661). „F und F versaut die Ökobilanz, Fleisch und Fliegen", hat ein Kritiker in der EK WWL gesagt, und manche Konsumenten reagieren ja auch entsprechend (6.5).

Demokratie und Wachstumsgesellschaft: Ökodiktatur oder „gelenkte Demokratie"?
Umweltprobleme sind schon sehr früh Gegenstand des obrigkeitlichen Eingriffes (Cal-

ließ 1989). Seit dem Spätmittelalter (in anderer Form auch in der Antike) gibt es herrschaftliche und gebietskörperschaftliche Regelungen vor allem im Zusammenhang mit der Nutzung von Gemeineigentum (z. B. gegen Wasserverunreinigung). Das wird lange Zeit *mit den Bauern* geregelt (von „Herrschaft mit Bauern" spricht Heide Wunder aus Kassel), während mit dem bürokratischen Feudalismus nach dem 30jährigen Krieg es eher in der *Herrschaft über Bauern* geregelt wird (Lesarten 2004: 3).

Überall regeln Nutzergemeinschaften nach ihren Notwendigkeiten den nachhaltigen Umgang mit ihren Gemeinnutzen. Herrschaftliche Vorgaben treten erst später in den Vordergrund, bis schließlich alle wichtigen einschlägigen Kompetenzen an Staat und Gebietskörperschaften abgegeben werden müssen. Die schwäbische „Kehrwoche", verpflichtend für jeden Haushalt im Mehrfamilienhaus, ist ein Relikt der Regelung durch Nutzergemeinschaften. Mit der Industrialisierung entsteht Umweltgesetzgebung, und im religiösen Bereich wird im 20. Jahrhundert immer wieder über den Umgang mit der Schöpfung diskutiert (Krolzik 1989).

Heute malen manche immer wieder das Gespenst oder das Modell der Ökodiktatur an die Wand, am Stammtisch gern verbunden mit der Vorstellung vom weisen Diktator, der alles nach bestem Wissen und Gewissen zum Nutzen aller arrangiert. Beispiele für Öko-Diktaturen gibt es. Das Inka-Reich z. B. wird zwecks Überlebenssicherung mit Gewalt zusammengehalten. „Beim Abliefern ihrer Güter wurden die Menschen durch Feste belohnt und erhielten Dinge, die in ihrer Region nicht vorkamen". Staatliche Vorratshaltung sicherte das Überleben in Notzeiten. „Der Preis dafür war die völlige Unterordnung unter die staatlichen Prinzipien." (Kurella 2013: 71) Riten mit Kinderopfern gehörten dazu. Möglicherweise lassen sich in allen oder vielen historischen Diktaturen immer auch Elemente finden, die sich auf den Schutz der natürlichen Lebensgrundlagen beziehen, oft genug freilich auch gemeinsamer Erfahrung entspringend und fraglos akzeptiert. In den frühen ökologischen Bewegungen der 1970er und 1980er Jahre gibt es auch Berührungen mit Teilen der nationalsozialistischen Ideologie. Der DDR-Kritiker Rudolf Bahro war einst geneigt, Formen einer autoritären Öko-Diktatur zu verteidigen.

Die „Ökodiktatur" ist nicht wünschenswert, hat auch keine Chance und wäre kontraproduktiv, weil mit Zwang und Verordnungen eine Kultur der Nachhaltigkeit nicht dauerhaft realisiert werden kann. Interessanter sind die Mechanismen der Verwaltung von Gemeinnutzen, bei denen Verantwortung und Kontrolle auf allen Ebenen dezentralisiert sind – mit sozialer Kontrolle, aber ohne die geht es nicht (s. 6.2).

Sozialkulturelle Dimensionen stehen in diesem Buch im Vordergrund. Aber hingewiesen werden muss auf Überlegungen, Nachhaltigkeit und soziale Probleme miteinander zu verbinden (hier wird nicht mehr einfach vom „Schützen der Umwelt" gesprochen, sondern statt dessen positiv von „Sozialökologie" als Transformationsprogramm). Auch Tim Jackson denkt über sie nach. „Wir werden uns auch einen Weg durch die institutionellen und gesellschaftlichen Zwänge bahnen müssen, die uns in einem zum Scheitern verurteilten System gefangen halten. Insbesondere müssen wir herausfinden, wo sich bei einer Veränderung der Gesellschaft ansetzen lässt – Änderungen im Wertesystem, im Lebensstil, in der gesellschaftlichen Struktur." (Jackson 2011: 105) Dabei konkurrieren Selbstbegrenzungspotenziale mit dem Wachstumszwang.

Wer mit „wir" gemeint ist, wird auch hier wieder nicht geklärt. Das verallgemeinernde Gerede von „der menschlichen Zivilisation" oder „dem Menschen" verschleiert eher als Wege zu analysieren.

Die Zukunft ist offen. Schon in Krisen wie der Euro-Finanzkrise und Griechenlandkrise des Jahres 2015 werden in der EU und in Deutschland die Parlamente soweit irgendwie verfassungsrechtlich möglich unter Druck gesetzt und ausgehebelt. In der „Flüchtlingskrise" des Herbst 2015 wird zurückgegriffen auf Sondermaßnahmen, die in den Notstandsgesetzen vorformuliert wurden. Was wird dann in möglichen klimatischen oder umweltspezifischen Krisen möglich sein, welche Sondergesetze werden dann in Windeseile durch die Gremien verabschiedet?

6.3 Systemkonforme Auswege: Green Economy; Energiewende als Rettung für das Wachstum?

Rettung für die Droge Wachstum durch Transfereinkommen

Der Diskurs um ökologische Nachhaltigkeit ist entstanden aus dem über „Dauerhafte Entwicklung" des Brundtland-Berichtes (Hauff 1987). Die wenig passende Übersetzung von „Sustainable" mit „Dauerhaft" wurde ersetzt durch „Nachhaltigkeit". Diese aber wurde redundant auf viele Bereiche ausgedehnt. Inzwischen werden auch Ökologie und Wirtschaftswachstum mit diesem Begriff oberflächlich zusammengebracht.

In der politischen Diskussion wird gern „Nachhaltigkeit" als Ziel von ökologischer Strukturreform benannt. Wenn man statt dessen von „Sozialökologie" spricht, ist das Ziel präziser und benennt auch die soziale Komponente. „Eine ungleiche Gesellschaft ist eine Gesellschaft voller Angst, eine, die sich allzu leicht dem ‚Statuskonsum' hingibt. Dieser erhöht die allgemeine Zufriedenheit kaum, trägt aber erheblich zum nichtnachhaltigen Verbrauch von Ressourcen bei." (Jackson 2012: 120) Daher hängen soziale und umweltpolitische Ziele zusammen (N. Klein 2015: 51, s. 5.4)

„Große Teile der Welt ... hängen am Wirtschaftswachstum wie Alkoholiker an der Flasche oder Drogensüchtige an der Nadel." (Miegel 2010: 11) Mehrheitlich wird auch in der EK WWL von der „Droge Wachstum" keineswegs Abschied genommen. „Die Finanzmärkte sollten das Aufputschmittel liefern, die Wachstumsraten wieder zu steigern", deswegen wurden sie dereguliert, erinnert ein Sondervotum (Schlussbericht 2013: 204, 777).

Indirekt werden Steuerzahler und Staat dazu gezwungen, Wachstum durch Konsum zu sichern. Sie haben dafür zu sorgen, dass möglichst alle Staatsbürger als Konsumenten auftreten können. Durch Transferleistungen werden diejenigen, die über kein eigenes Erwerbseinkommen verfügen (auch Hartz-Vier-Empfänger), für die wachstumsorientierte Marktwirtschaft als wichtige Wirtschaftsbürger bestätigt. Das würde auch gelten, wenn ein bedingungsloses und repressionsfreies Grundeinkommen als Bürgergeld (Jackson 2012: 133, 135) für alle vereinbart würde (und deswegen wird auch im neoliberalen Lager darüber diskutiert). Dank solcher abgaben- und steuerfinanzierter Transfereinkommen bleiben alle konsumfähig und werden durch die verlockende Konsumwelt dazu angeregt, alle Ressourcen dafür zu mobilisieren. So wird auch ihre Kaufkraft in den Kreislauf der Umverteilung von unten nach oben einbezogen. Der Staat finanziert diese Transfereinkommen aus den Steuern, die von allen gezahlt werden, und über den Konsum wandert die Kaufkraft in den Umsatz der Unternehmen.

Ob die Bezieher von solchen notwendigen Transferleistungen so wie die Armen in der Ständegesellschaft damit wichtige und anerkannte Mitglieder dieser Gesellschaft (4.1) werden, mag offen bleiben: Die spirituelle Leistung der Bettler ist einst anerkannt – man könnte das an der Art, wie der Bettler in der „Mantelteilung" bei St. Martin auftritt (Geremek 1988: 63), nachprüfen. Die für die Konjunktur wichtige Leistung auch der Hartz-Vier-Empfänger als Konsumenten ändert nichts daran, dass sie von manchen als „Sozialschmarotzer" betrachtet werden.

„Qualitatives Wachstum" und Verwandtes
Schon lange wird über Strategien diskutiert, mit denen man Umweltprobleme und Marktwirtschaft versöhnen kann. „Qualitatives Wachstum" gehört dazu (Biedenkopf 1991) und ist schon Teil der Kontroverse über eine ökologisch-soziale Wirtschaftspolitik im Zusammenhang mit dem Stabilitäts- und Wachstumsgesetz von 1967 und einem Gesetzesentwurf der GRÜNEN von 1991 (Stratmann-Merten 1991).

Rettungsanker für das Wachstum sollen auch Innovationen sein. Dabei gibt es ja durchaus auch welche, die mit Sozialökologie vereinbar sind, ja für sie wichtig sein können. Technisch ist vieles möglich – „Faktor vier" (E. U. Weizsäcker 1995) und „Sustainable Germany" (Zukunftsfähiges Deutschland 1996) versuchen dies schon seit den 1990er Jahren zu beweisen und Ängste abzubauen. Beide Strategien setzen Übergangsfristen voraus, und ihre Ergebnisse laufen Gefahr, durch Wachstum anderswo überkompensiert zu werden (Rebound-Effekt). Ein entscheidende Engpass aber liegt bei den Konsumenten: Nur aus moralischen Gründen werden sie keinen Anlass sehen, ihr Verhalten zu ändern, selbst wenn (und nicht einmal das ist in der Zweidrittelgesellschaft zu befürchten) sie nicht mit Lebensqualitätseinbußen zu rechnen hätten. Aber wenn man erinnert an die sozial vermittelten Standards und an die sozialkulturellen (in Gewohnheiten, Symbolwelten und Bräuchen enthaltenen) Dimensionen der selbstgewählten und akzeptierten Suffizienz, dann finden sich auch Anknüpfungsmöglichkeiten für eine Politik der sozialökologische Transformation.

Theoretiker haben Wege zu einer wachstumslosen Marktgesellschaft durchdacht: William Baumol (zitiert bei Jackson 2012: 94) unterscheidet verschiedene Formen des Kapitalismus. Wie einst auch die sozialistische Theorie zugegeben hat, dass nicht alle Formen des Kapitalismus auf Krieg aus sind (D. Klein 1988), so kann Baumol daran erinnern, dass nicht alle Formen des Kapitalismus unbedingt auf Wachstum gegründet sein müssen; auch Peter Victor/Kanada hat ein denkbares Modell einer nichtwachsenden Wirtschaft entwickelt (Jackson 2012: 134). Aber wer implementiert es? Es heißt auch in einem Sondervotum der EK WWL: „Wachstumsbefürwortung ist nicht voraussetzungslos mit dem Fortbestand einer freiheitlich-demokratischen Gesellschaftsordnung vereinbar; Wachstumskritik bedeutet nicht automatisch Systemkritik." (Schlussbericht 2013: 791; 793)

Eine ökologische Makroökonomie für einen „steady state" zu erreichen (einen stabilen stationären Zustand bezogen auf Kapital und Reichtum), bedeutet, die Dynamik des Wachstums zu verändern und einen Wachstumsmotor zu finden, der „auf der Grundlage von nicht umweltbelastenden Energiequellen arbeitet und anstelle umweltbelastender Produkte nichtmaterielle Dienstleistungen verkauft" (Ayres, zit. Jackson 2012: 128). Im Prinzip sind „materialarme Produkt-Dienstleistungs-Systeme" denkbar. Der ganze Freizeit-Sektor, in den 1960er Jahren besonders gepflegt, gehört dazu, ist aber gleichzeitig für bis zu 25 Prozent der Kohlendioxyd-Bilanz verantwortlich (Jackson 2012: 129).

Landmaschinen und „Land-Grabbing"
Jeremy Rifkin meint, Waren und Dienstleistungen können bald „weitgehend ohne den Einsatz menschlicher Arbeitskraft erzeugt werden" (2014). Mein erster Gedanke war: Das erzähle mal einem Bergbauern! Inzwischen habe ich mich auf der Berliner Grünen Woche 2015 bei den Landmaschinen umgeschaut und gesehen: Die Maschinen sind bereits konditioniert für die mit *Land-Grabbing* (Zusammenraffen von Landwirtschaftsflächen) in Europa und anderswo gewonnenen riesigen Ackerflächen (Pearce 2012).

Beim Land-Grabbing werden Weiden und Ackerland aufgekauft, die von Halbnomaden und kleinen Bauern genutzt werden, und ihre Existenzen werden zerstört. Viehhirten z. B. betreiben „Landwirtschaft und zusätzlich Weidewirtschaft auf der Allmende, also auf dem Boden der Gemeinschaft." (Pearce 2012) Die Nutzer von Gemeinschaftsweiden und sonstigen Gemeingütern bewegen sich dabei aber „nicht in einem rechtsfreien Raum. Besitz- und Durchzugsrechte wurden sorgfältig ausgehandelt und auf ihre Einhaltung geachtet" (ebd.; für die alpine Almnutzung gilt ähnliches). „Einige Schätzungen gehen davon aus, dass Viehhirten 45 Prozent der Landfläche des Planeten benutzen". „Weit entfernt davon, das Land zu schädigen, bewahren Hirten und ihr Vieh seit Jahrtausenden die Biodiversität, gebieten der Wüste Einhalt, speichern Kohlenstoff und verhindern Bodenerosionen." (ebd.) Das gilt allerdings nur, wenn nicht neue Grenzen, Kriege, andere Landnutzungen wie Nationalparks oder die Gewinnung von Bodenschätzen ihre Weidegebiete einschränken – dann findet Übernutzung statt. Die Oromo in Äthiopien z. B. verloren 60 Prozent ihrer Weideflächen durch den Awash-Nationalpark, durch die Metehara-Zuckerrohrplantagen und große Farmen (ebd.). Anderswo spielt sich Ähnliches ab, und die Gegenwehr der Viehhirten wird zum Anlass für Konflikte in Afrika und anderen Weltgegenden.

Aufkäufer des Landes wollen es für nachwachsende Rohstoffe zur Energiegewinnung (für Treibstoff oder Kraftwerke) nutzen, oder sie spekulieren auf künftige Nahrungsmittelknappheit. Die Subsistenzhirten und Bauern werden wie einst in England bei den „Einhegungen" oder in den Kolonien zu abhängigen Arbeitskräften, oder sie werden Hunger und Not ausgeliefert (insbesondere dann, wenn wenig Zeit zur Anpassung an die veränderten Bedingungen gegeben ist – in England lief das einst in längeren Zeiträumen ab).

Die Landmaschinenindustrie bereitet mit dem CASE ICH Programm die Bestellung von großen Ackerflächen vor. Im Prospekt kann man 2015 lesen: Sie bietet „GPS- und GLONASS-basierte Steuerung für absolute Präzision, unabhängig von den Erntebedingungen, Genauigkeit bis auf 2.5 cm ist verfügbar." „Das CASE ICH-Telematiksystem AFS Connect" ermöglicht es Betriebsleitern, ihre Maschinen vom Büro aus zu überwachen und zu steuern (samt Leistungs- und Verbrauchskontrolle); nur in Mitteleuropa muss ein Traktorfahrer dabei sitzen. Eine Bewaffnung zur Abwehr von protestierenden Landbewohnern ist bei der Größe und dem Gewicht der Maschinen sicher auch kein Problem.

Neue Anbau- und Erntemethoden werden entwickelt: Spargelernte scheint möglich mit Maschinen, die das ganze Erdreich abgraben, dann sieben und die Spargelstangen samt Steinen herausfiltern (wie schon lange beim Kartoffelernten). Es gibt Traubenerntemaschinen, die bei vorwiegendem Flachanbau alle Trauben und Blätter abwedeln und dann durch Gebläse die Trauben separieren. Für die Steillagen werden Geräte entwickelt, die wie bei den Oliven durch Rütteln die Trauben ernten (die Weinstöcke halten das weniger Jahre aus als bei den traditionellen Erntemethoden – aber da gibt es dann sicher auch Maschinen, mit denen automatisch neue gesetzt werden).

Wieweit ein „erdeloser Landbau" mit Nährlösungen hier die ganze biologische Nahrungsmittelerzeugung radikal ändern kann, ist offen. Schweinemast kann man vielleicht in entsprechenden Hochhäusern durchführen (das Futter muss aber auch irgendwo herkommen), und andere High-Tech-Lösungen mögen denkbar sein – ob sie aber global verwirklichbar sind, und ob sie sinnvoll sind, sind andere Fragen. Interessanter ist „Urban Gardening" (s. 6.7).

Was tun mit der frei werdenden Arbeit?

„Sollten wir" (wer, wann, wie und wo?) „im großen Stil auf Formen entmaterialisierter Dienstleistungen umsteigen, würden wir die Wirtschaft zwar nicht gleich ganz zum Stillstand bringen, aber doch das Wachstum erheblich verlangsamen. Hier kommen wir dem Irrsinn, der den Kern der wachstumsbesessenen, ressourcenintensiven Konsumwirtschaft bildet, gefährlich nahe. Wir haben einen Bereich, der sinnvolle Arbeit böte, den Menschen die Möglichkeit gäbe zu gedeihen, der positiv zur Gemeinschaft beitragen könnte und der vielleicht auch wirklich mit wenig Material auskommt" (Jackson 2012: 132; das wird in einer Anmerkung etwas relativiert, denn es gibt bereits Berechnungen über die „Kohlenstoffintensität von Aktivitäten im sozialen Bereich", ebd.: 224). Eine dienstleistungsorientierte „Aschenbrödel"-Wirtschaft verbraucht weniger Ressourcen, ist aber nicht wachstumsintensiv, eher unproduktiv. Sie braucht auch das „ständige Steigen der Arbeitsproduktivität nicht zwingend zu akzeptieren" (ebd.: 133, 152).

„Dieser Bereich jedoch wird als wertlos abgetan, weil er tatsächlich Menschen beschäftigt. Daraus könnte man einiges lernen. Vor allem wird der Fetisch der makroökonomischen Arbeitsproduktivität als das entlarvt, was er ist: ein Rezept zur Aushöhlung von Arbeit, Gemeinschaft und Umwelt." (ebd.: 132)

Arbeit als Vergegenständlichung und als Faktor der sozialen Integration ermöglicht in den meisten Formen „den Menschen eine sinnstiftende Teilnahme am gesellschaftlichen Leben"; der „Einsamkeitsindex" zeigt, wie wichtig sie ist (ebd.: 132, 143). Das alles wird, seit befürchtet wird, dass der Arbeitsgesellschaft die Arbeit ausgeht, mit André Gorz diskutiert. Die daran anknüpfenden Überlegungen zu Bürgerarbeit und ihrem Zusammenhang mit Bürgerschaftlichem Engagement sind ebenso schon lange ein Thema (Bericht Bürgerschaftliches Engagement 2002).

Das „dezentralisierte, kollaborative Zeitalter" soll mit dem ohnehin in Ausweitung begriffenen „Dritten Sektor" (Rifkin 2011: 279/280) „den Menschen von der mechanischen Arbeit befreien – was ihm die Möglichkeit zur spielerischen Entfaltung gibt" (ebd.: 281), bei der gar nicht mehr Genuss, sondern Sinnsuche im Vordergrund steht. Die damit verbundenen Probleme werden in der Freizeitforschung schon länger thematisiert: Von selbst und ohne Hilfe kommen die meisten Menschen nicht auf die Idee der „spielerischen Entfaltung" (Kramer 2011). Historische Prosperitätsgesellschaften konnten im Laufe langer Zeit akzeptierte und mit den Grenzen der Lebenswelt vereinbare Formen von Kulten, Festen, Ritualen, symbolischem Luxus und entsprechenden Zeit-Verwendungsstrukturen aufbauen. Bestandteil war der Wechsel von langen Phasen der Suffizienz und gelegentlichem Exzess (Groh 1992; 7.3). Das geht nicht von selbst, und wenn es nicht geschieht, erwachsen aus Langeweile neue Probleme.

Tim Jackson meint: „Wir werden uns auch einen Weg durch die institutionellen und gesellschaftlichen Zwänge bahnen müssen, die uns in einem zum Scheitern verurteilten System gefangen halten. Insbesondere müssen wir herausfinden, wo sich bei einer Veränderung der Gesellschaft ansetzen lässt – Änderungen im Wertesystem, im Lebensstil, in der gesellschaftlichen Struktur." (Jackson 2011: 105) Dabei konkurrieren Selbstbegrenzungspotenziale mit dem Wachstumszwang. Wer mit „wir" gemeint ist, wird auch hier wieder nicht geklärt. Das verallgemeinernde Gerede von „der menschlichen Zivilisation" oder „dem Menschen" verschleiert eher als Wege zu analysieren. Da mögen sich auch Ansatzpunkte für „Gegen-hegemoniale Strategien" (Brand/Wissen 2011: 88/89) bieten, aber die müssen auch aktiviert werden. Politik- und gesellschafsrelevant ist das noch nicht; Parteien beziehen sich nicht darauf, obwohl die Konsumenten (Bürger) vermutlich vieles zu tragen mehrheitlich bereit wären und auch genügend Möglichkeiten zur Sicherung von Arbeitsplätzen und Einkommen bereit stünden.

Green economy

Für die Wachstumsgesellschaft sind andere Themen wichtiger. „Im Kern geht es den VerfechterInnen der *Green Economy* darum zu zeigen, dass Umweltschutzmaßnahmen sich finanziell rentieren. Durch Großinvestitionen wollen sie grüne Technologien vorantreiben und Märkte entwickeln. Indem sie die Natur in Wert setzen und Preise für Ökosystem(dienst)leistungen errechnen, hoffen sie, die Umwelt zu schützen. Damit unterwerfen sie den Umweltschutz aber einer Logik der Wirtschaftlichkeit. Die Gefahr besteht darin, dass nicht nur Investitionen und Finanzflüsse grün werden. Vielmehr könnte die *Green Economy* zur Ausweitung kapitalistischer Prinzipien auf den Bereich Natur führen." (Brand 2013: 42/43; Thie 2013)

Wie hörte ich doch neulich von einem kleinen Supermarktbetreiber: Seit wir unseren ganzen Laden auf Grün und Öko umgestellt haben, hat sich unser Umsatz um mehr als zehn Prozent erhöht. Das ist der Beitrag zur Überwindung der Wachstumskrise.

Das Umweltprogramm der UN (UNEP) nennt *Green Economy* eine Art des Wirtschaftens, die das „menschliche Wohlergehen steigert und soziale Gleichheit sicherstellt, während gleichzeitig Umweltrisiken verringert und die Knappheit ökologischer Ressourcen berücksichtigt werden" (Brand 2013: 2). Aber dabei wird von den „Regierungen der ökonomisch mächtigen Länder das westliche Lebens- und Produktionsmodell" nicht hinterfragt, sondern bestätigt. Es bleibt „innerhalb der kapitalistischen Rationalität" (ebd.: 5), Risiken und Schäden werden ausgelagert. Den Naturressourcen einen Preis zu geben, schützt sie nicht: „Denn wenn die Zerstörung der Natur einen Preis erhält, wird sie nur dann geschützt, wenn ihr Schutz billiger ist als ihre Zerstörung. Gemeingüter sollten daher nicht der Wert- und Preislogik unterworfen, sondern geschützt und nachhaltig genutzt werden, nicht nach Maßgabe betriebswirtschaftlicher Kalkulation, sondern gemäß ökologisch-sozialer Kriterien." (ebd.: 14) Die aber funktionieren nur, wenn sie entweder rigide ordnungspolitisch eingefordert werden, oder wenn sie im Wert- und Symbolsystem der Lebenswelten tief verankert sind. Allein effizientere Nutzung der Ressourcen reicht nicht. „Zwar wurde die Produktion in der Geschichte tatsächlich immer effizienter. Doch die Wirtschaft wuchs noch stärker, sodass am Ende der Ressourcenverbrauch und die Umweltbelastungen zunahmen. Dieser sogenannte Rebound-Effekt führte bislang in der Regel dazu, dass Effizienzgewinne durch verstärkten Konsum ‚aufgefressen' werden." (ebd.: 21; s. 4.5) Irgendwann muss dann auch auf weniger Wachstum und weniger Konsum gezielt werden – für viele Konsumenten ein durchaus gangbarer Weg, für Markt und Politik eher nicht.

Mit der Umwandlung der „Wohlfahrtsstaaten in ‚nationale Wettbewerbsstaaten'" und der „Rohstoffdiplomatie" (ebd.: 24/25) zur Sicherung der Rohstoffressourcen für die „imperiale Lebensweise" und die Wettbewerbsfähigkeit verzichten Staaten in vielen Bereichen auch auf aktive Einflussnahme auf Umwelt- und Klimapolitik. Gefördert werden der „Extraktivismus" (ebd.: 35) und die Auslagerung von Risiken und Umweltfolgen (ebd.: 40).

Grüner Keynesianismus und der „Green New Deal" (Jackson 2011: 107; Brand/Wissen 2011) beziehen sich auf gezielte Wachstumsförderung mit ökologischen Dimensionen. Die britische „Green New Deal Group" von 2008 hat vorgeschlagen, Konjunkturprogramme in die Bereiche Klimawandel und Energiesicherheit zu lenken (Jackson 2011: 111), und entsprechend gibt es weltweit seit 2009 Konjunkturprogramme mit „grünen" Komponenten (Spitzenreiter sind 2009 Südkorea, die EU und China, ebd.: 115). Das setzt staatliche Handlungskompetenz voraus. Naomi Klein hat mit einem Beispiel gezeigt, wie schwierig das ist: Wenn dadurch Handelshemmnisse entstehen, können solche Programme gestoppt werden (N. Klein 2015: 57; s. 5.4). Vor allem: Die eigentlich erwünschte Wachstumsminderung tritt damit nicht ein.

Ökologische Investitionen durch den Staat können eine wesentlich größere Rolle spielen; eine ökologisch und sozial ausgerichtete Makroökonomie ist durchaus denkbar (Jackson 2011: 141, 136, 163). Viele Versuche dieser Art sind interessant, haben aber Grenzen. „Die im System liegenden Kräfte des Wachstums drängen uns gnadenlos dazu, immer unnachhaltiger zu handeln. Es kommt deshalb alles darauf an, auf andere Weise Stabilität zu sichern und Arbeitsplätze zu erhalten." (ebd.: 121) Auch hier ist wie so oft einfach von „uns" die Rede, und damit geraten Spielräume und Ausnahmen nicht in den Blick. Das ist alles leicht gesagt, aber wo liegen die Stellschrauben, welche Pfade sind möglich?

Ulrich Brand (Brand 2012: 11) erinnert an den herrschaftsbezogenen Gehalt des Wachstumsparadigmas: Feministische (an die alltägliche Reproduktion, basierend auf der „meist unsichtbaren und von Frauen geleisteten Haus- und Pflegearbeit" erinnernde Argumente) und marxistische Wachstumskritik gehen darauf ein. Das Kapital als „Fanatiker der Verwertung des Werts zwingt (...) rücksichtslos die Menschheit zur Produktion um der Produktion willen, (...) und die Konkurrenz herrscht jedem individuellen Kapitalisten die immanenten Gesetze der kapitalistischen Produktionsweise als äußere Zwangsgesetze auf." (Marx: Kapital 1 S. 618, zit. ebd.: 11) Treiber und Triebkräfte sind der stumme

Zwang anonymer Verhältnisse. Aber außer Vorschlägen, was zu sein „hätte", gibt es meist nur Hinweise auf „sozialökologische Experimente" und „Pioniere des Wandels". „Damit jedoch diese Pionierarbeit nicht verpufft, sollten Fragen politischer Gestaltung mit jenen ökonomischer und politischer Macht und Herrschaft verknüpft werden." (Brand/Wissen 2011: 14) Das zu realisieren ist Aufgabe der zivilgesellschaftlichen und politischen Bewegungen (die politischen Parteien wirken an der Willensbildung mit, heißt es im Grundgesetz, sie sollen nicht nur auf Umfragen reagieren). Molekulare Wandlungen (8.4) spielen dabei eine Rolle.

Wachstum für die nächsten Jahrzehnte – und dann?
Ernsthaft geht Jeremy Rifkin auf das erwartete Ende der fossilen Energiequellen und auf die Klimagefährdung ein (Rifkin 2011). Er meint, dass nach dem Ende der bisherigen Energiequellen es neue Wege zu finden gilt. „Erneuerbare Energien werden mit dem Internet zur mächtigen neuen Infrastruktur einer Dritten Industriellen Revolution (DIR) fusionieren, und diese wird die ganze Welt verändern. In der neuen Ära werden Hunderte von Millionen Menschen zu Hause, in Büros und Fabriken ihre eigene grüne Energie produzieren und sie in einem ‚Energie-Internet' mit anderen teilen – so wie wir heute Informationen schaffen und diese online mit anderen teilen." (ebd.: 10) Waren und Dienstleistungen können bald „weitgehend ohne den Einsatz menschlicher Arbeitskraft erzeugt werden" (ebd.; C.C. Weizsäcker 2014). Das wäre nach der ersten industriellen Revolution (mit Steinkohle als Energieträger) und der zweiten industriellen Revolution mit Elektrizität und Telefon und der dritten industriellen Revolution mit dem Übergang zu erneuerbaren Energien und universeller digitaler Kommunikation die vierte Revolution. Jetzt können angeblich Waren und Dienstleistungen „weitgehend ohne den Einsatz menschlicher Arbeitskraft erzeugt werden." (ebd.)

Der Kampf gegen Windkraftanlagen mag für manche angesichts der Bedeutung der „Energiewende" widersprüchlich sein, aber sie sind, wie Jeremy Rifkin zeigt, ein Projekt, durch das dem (finanz-)kapitalistischen System eine Verschnaufpause geschaffen werden soll. Energieautarke Dörfer und Städtchen, von denen es inzwischen immer mehr in Deutschland gibt (s. z. B. Sladek 1997; Winterhagen 2012; Hundert gute Gründe 2011) – im Schwarzwald, im Allgäu – und andere eher dezentrale Projekte zeigen, dass ein intelligenter, auf die lokalen natürlichen und sozialen Potenziale Rücksicht nehmender flexibler „Mix" von Energie-Erzeugung auch interessant ist. Es werden dabei bessere und eher zukunftssichere, weil flexiblere Formen der Energiewende entwickelt. Sie beziehen sich auf lokale Ressourcen, schaffen lokale Arbeitsplätze und Erträge, die in der Region bleiben, ohne dauernde Schädigungen und irreversible Veränderungen zu zeitigen.

„Wenn immer mehr Konsumenten ohne Arbeit und also ohne Einkommen sind, wer soll dann all die Produkte kaufen, die hergestellt, all die Dienstleistungen nutzen, die angeboten werden?" (Rifkin 2011: 275). Der drohende „Aufschwung ohne Arbeitsplätze" wegen der neuen Techniken (ebd.: 272/273) kann aufgefangen werden durch den Übergang in eine Produktion ohne Kohlendioxydausstoß: „Die Dritte Industrielle Revolution ist wahrscheinlich die letzte historische Möglichkeit, Millionen konventioneller Jobs im Bereich der Massenlohnarbeit zu schaffen – falls es nicht zu einer Reihe katastrophaler Ereignisse kommt, die den technologischen Fortschritt auf Jahrzehnte, wenn nicht gar Jahrhunderte zum Entgleisen bringen. Die Dritte Industrielle Revolution schafft zwar die Infrastruktur für den Übergang zu einer dezentralisierten, kollaborativen Ära und signalisiert das Ende des Industriezeitalters und der sie begleitenden Massenarbeit, aber der Aufbau der dafür notwendigen Infrastruktur erfordert im Verlauf der nächsten 40 Jahre noch eine letzte Kraftanstrengung der Massenarbeiterschaft." (ebd.: 276). „Die Dritte Industrielle Revolution bietet den ärmsten Ländern der Erde, die die beiden ersten industriellen Revolutionen versäumt haben, wenigstens die Aussicht darauf, im Verlauf des nächsten halben Jahrhunderts den Sprung in die neue Ära eines dezentralisierten Kapitalismus zu tun." (ebd.282) Das ist nicht einfach und immer bedroht durch Katastrophen, aber es reicht für einen „gedämpften Optimismus" (ebd.: 283).

Die Beschlüsse der Pariser Weltklimakonferenz vom Dezember 2015 beinhalten eine solche Programmatik.

Rifkin verbreitet einen Optimismus, der die Fortsetzung der expansionistischen marktbasierten Wachstumsgesellschaft ermöglicht. Dass all die neuen Errungenschaften (zu denen dann vielleicht auch noch die Energiegewinnung aus der Wasserstoff-Fusion kommt) zu immer neuen noch größeren Problemen führen können, wird nicht berücksichtigt.

Es sind Versprechungen, ähnlich denen des Sozialismus, die wiederum inspiriert sind von religiösen wie weltlichen Millenniumserwartungen (in der Antike war allerdings das Goldene Zeitalter Vorgänger der späteren ehernen Zeitalter).

6.4 Verbraucherpolitik und Marktregulierung

Zünfte und Marktordnungen
Verbraucherschutz und Verbraucherpolitik, wie sie *top down* von Staat, Gebietskörperschaften und hegemonial geprägten Institutionen wie Medien ausgeübt werden, sind nicht neu. Ordnungspolitik auch für die Waren- und Dienstleistungssphäre gehört schon immer zu den Aufgaben der Territorialgewalten, und zwar nicht nur, weil sie einen Teil ihrer Einnahmen daraus beziehen. Sie ist auch Teil jener Prozesse, in denen die verschiedenen Interessentengruppen von Erzeugern (Bauern), Verarbeitern (Zünften), Händlern, Konsumenten und Grundherren ihre jeweiligen Motive (auch solche, die auf kulturelle Werte wie Moral und Anstand bezogen sind) und Interessen aushandeln. Sie sind somit nicht einfach Formen der Unterdrückung oder Ausbeutung, sondern ordnende Strukturen für Nutzergemeinschaften (könnte man auch sagen).

Auch hier nur ein Beispiel, um die Struktur exemplarisch anzudeuten. In Meran in Südtirol im 18. Jahrhundert heißt es in der Marktordnung: „Sobald die Frühmesse in der St. Nikolauspfarrkirche ausgesprochen war, begann der Verkehr zwischen Käufern und Verkäufern. Jeder Bäcker durfte auf Einmal nur so viel Getreide kaufen, als zum zweimaligen Ausbacken genügte. Vorkauf galt als schnöder Wucher, und war unter schwerster Strafe verboten." (Beda Weber 1875: 8) Weitere Regeln dieser Art, manchmal sehr detailliert, sind in solchen Marktordnungen enthalten. Wie Zunftordnungen und Ähnliches sind es Beispiele für die soziokulturelle „Einbettung" des Wirtschaftens. Ganz unterschiedliche „Pfade" sind denkbar.

Marktordnungen dieser Art sind Hindernisse des freien Marktverkehrs, wie sie auch mit dem Zunftwesen verbunden sind. Diese Hindernisse ebenso zu beseitigen wie die von Nutzergemeinschaften verwalteten Gemeinnutzen (Commons), das war das Programm von „Modernisierung" und Liberalismus – die Entbettung des wirtschaftlichen Geschehens aus möglichst allen sozialkulturellen Bindungen (und ich habe vor vielen Jahren ähnlich gedacht, als ich die exzessiven, Arbeitszeit vernichtenden *Schwälmer Weissstickereien* aus Hessen als „Sumpfblüten" bezeichnete, die dem „Fortschritt" und der Demokratie weichen würden; Kramer 1976). Wenn heute die Taxifahrer gegen den Fahrdienst „Uber" protestieren, dann dringen sie wie die Zünfte einst auf den Schutz ihres Lebensunterhalts gegen die Kapitalisierung des Alltags.

Verbraucherschutz und Konsumentendemokratie

Im weiteren Sinne gehört in der Demokratie Verbraucherschutz zur öffentlichen Daseinsvorsorge und damit in das Umfeld der sozialen Grundrechte (s. 3.4). Für das neoliberale Denken ist das eher Problematisch, denn Grundlage des Verbraucherschutzes sind Eingriffe in die Dynamik des Marktes.

Der Staat handelt freilich auch, mindestens auf manchen Gebieten, und da oft nach dem Prinzip „Wasch mir den Pelz, aber mach mich nicht nass". In der Verbraucher- und Umweltpolitik ist die öffentliche Hand schon lange aufgefordert, Grenzen zu setzen und Ressourcen sowie Nutzer zu schützen. Landwirtschaftspolitik ist der dauerhaften Sicherung von Bodenfruchtbarkeit verpflichtet, Umweltpolitik kümmert sich um den nachhaltigen Schutz der natürlichen Lebensgrundlagen. Im Rahmen von Verbraucherpolitik (Qualitätskontrolle usf.) und durch öffentlichen Druck kann auf die Anbieter Einfluss genommen werden. So ist die Politik in der Lage, rechtsverbindliche und sanktionsfähige Regelungen zu setzen. Sie kann auch die Standards verändern, steht dabei immer im Spannungsfeld von (Industrie- und Verbands-)Lobby, Verfassungsrecht, Europarecht, und demnächst vielleicht Freihandelsverträgen.

Wenn die öffentliche Hand nichts unternimmt, dann werden die Konsumenten wichtig – mit allein Einschränkungen (s. 6.2). Von Hilmar Hoffmann stammt eine schöne Kontrafaktur des Kommunistischen Manifestes: „Die einzige Instanz, vor der sich die Prinzipien der Marktwirtschaft noch rechtfertigen müssen, das sind *wir* – die in modischen Trends vereinigten Verbraucher aller reichen Länder. Und wir haben in den Prosperitätsregionen der Erde durchaus auch *Macht*: Unsere freie Kaufkraft bricht die Ketten der Sachzwänge, denn wir geben unser Geld nur dort aus, wo wir nicht nur unseren Gebrauchswert finden, sondern auch unseren Symbolwert und unsere Sympathiewerte." (Hoffmann 1997b: 297) Das hat seine Grenzen, ist aber nicht unwichtig (s. 8.4).

Verbraucherschutz ist ein breites Thema (Ratgeber 2015). Produktsicherheitsgesetz, Allgemeine Geschäftsbedingungen (AGB), Produkt- und Produzentenhaftung, Datenschutz – das alles gehört dazu, überall ist auch staatliches Handeln gefragt, mithin gibt es Wahl- und Eingriffsmöglichkeiten. In Deutschland wie anderswo gelten zahlreiche öffentliche (staatliche) Regelungen, die zwischen dem Druck und den Ansprüchen der Nutzer auf der einen Seite und den Wünschen der Vertreter der Produzenten auf der anderen Seite lavieren und Kompromisse schließen müssen, wie der mehrjährige Nationale Kontrollplan (MNKP) für Sichere Lebensmittel in Deutschland (s. auch Bundesamt für Verbraucherschutz und Lebensmittelsicherheit BVL *www.bvl-bund-de*; pressestelle@*bvl-bund-de*; auch die einschlägigen Stichworte Verbraucherschutz, Verbraucherschutzgesetze in: Model 2012).

Es können Rahmenbedingungen und Strukturen vorgegeben werden. Das gilt auch beim Gesetz gegen den unlauteren Wettbewerb. Verboten sind: Druck ausüben, Unerfahrenheit ausnutzen, Werbecharakter verschleiern usf. Hier gibt es Spielräume, die aktiv von einer demokratischen und sozialökologischen Politik ausgelotet werden können. Das geht umso besser, je mehr die „Zivilgesellschaft" darauf drängt. Überall auch gibt es Informationsmöglichkeiten, Verbraucherberatung, Verbraucherzentralen und Verbraucherorganisationen sowie Ombudsleute und Schiedsstellen. Das alles kostet freilich Zeit und wird für viele Konsumaktivitäten nicht genutzt. Auch Kleidung ist ein Thema der Verbraucherpolitik, direkt und indirekt. Niemandem werden Vorschriften zu seiner Kleidung gemacht, wie es die Kleiderordnungen im Mittelalter und der frühen Neuzeit taten. Aber auf der Ebene der Alltagskleidung wird über Gifte und schädliche Materialien, über „textile Stoffströme und ihre Folgen" (Weller 1994) nachgedacht, und wie bei Lebensmitteln wird die „Volldeklaration aller Inhaltsstoffe" für Textilien gefordert. „Goretex" bietet den Wanderfreaks das Recycling der Anoraks; Umweltmessen und Umwelttage schaffen seit Jahren einen wachsenden Markt für Produkte, bei denen wenigstens die Chance der Umweltverträglichkeit besteht. Der entsprechende Versandhandel boomt mit Unternehmen wie „Waschbär. Umwelt Produkt Versand Freiburg", „Sancho Pansa. Eine Welt durch Partnerschaft und Handel", „Neuland. Produkte für lebendiges Lernen", „Trollhus. Fachhandel für kerngesundes Wohnen..." Auch Organisationen am rechten Rand der Demokratie übernehmen schon lange das Vokabular der Ökologie (Ulbricht 1994).

Es wird die Produzentenseite einbezogen. Die Zusammenhänge und Folgen der Verlagerung der Textilproduktion für die prosperierenden Regionen in diejenigen des Südens werden diskutiert, z. B. in dem Themenhaft „Mode, Kleider und Stoffe" der Zeitschrift Entwicklung und Zusammenarbeit 2/2015 mit Stichworten wie Kleidungs- und Textilfabriken in Guatemala, Sozial- und Umweltstandards als Teil der Qualitätskriterien, „Textilbündnis" und die Macht der Konsumenten, Baumwollanbauer in Abhängigkeit von Zwischenhändlern und Pestiziden. Stichworte sind auch: „Slow fashion: Jeansproduktion ökologisch und sozial", umweltverträgliche Alternativen zu Baumwolle usf. Wenn ich auf den Einkaufsstraßen und Flaniermeilen der Großstädte die vielen kunstvoll und mit hohem Aufwand an Giften kunstgerecht und kunstvoll zerrissenen Jeans sehe, zweifle ich an dem Erfolg.

Es gibt, bedenkt man die Pfadabhängigkeiten, massenhaft Eingriffsmöglichkeiten, und man kann die Spielräume dafür ausnutzen. Aber die Politik muss auf allen Ebenen dazu bewegt werden, dies auch zu tun.

6.5 Nachhaltigkeit und Suffizienz im Alltag

Drei Chancen für Nachhaltigkeit im Alltag
Es ist daran zu erinnern, dass epochale Wandlungen (und darum handelt es sich bei der „sozialökologischen Transformation" zu einer Gesellschaft der Nachhaltigkeit) lange dauern und großen Vorlauf haben: Das gilt für den Übergang vom feudalen Mittelalter zur frühbürgerlichen frühen Neuzeit, ebenso für den vom Feudalabsolutismus zur bürgerlichen Gesellschaft. Axel Demirović zählt 2010 den aktuellen Bedarf an Reformen auf: „Neben der Krise des Finanzmarkts und der Wirtschaft sind auch die gesellschaftlichen Naturverhältnisse in vielen Hinsichten gestört: Klima, Energie, Wasser, Ernährung; krisenhaft sind die städtischen Lebensformen, die Mobilität, die Bildungs- und Ausbildungsprozesse oder die Formen der Reproduktion des Subjekts." (zit. in Strohschneider 2014: 49) Das erinnert in vielem an die Probleme und Reformen, die in der Industrialisierung des 19. Jahrhunderts zum Anlass für die Entfaltung des (dann allmählich und nur ansatzweise demokratisierten) Sozialstaates wurden: Auch da war es eine schrittweise, allmähliche, von Konflikten geprägte Wandlung unter dem Druck der sozialen Bewegungen.

Der Alltag ist die Sphäre der Gestaltung und Befriedigung der Alltagsbedürfnisse nach Sicherung des physischen Überlebens durch Essen, Trinken, Schlafen, Bildung, der Persönlichkeits- und Identitätsentwicklung; hier wird auch nach Zuwendung, Anerkennung und Liebe wie auch nach symbolischer Kontinuität des eigenen Lebens durch Familiengründung gesucht. In diesem Alltag reagieren die Individuen gemeinsam mit anderen auf die Befindlichkeiten, Erfahrungen und Probleme der Wachstumsgesellschaft (s. 4.3).

Drei Dimensionen sind vor allem wichtig: *Lebensqualität, Zukunftsorientierung, praktizierte Selbstbegrenzung (Suffizienz)*.

Zur *Lebensqualität*: Im Alltag suchen die Menschen in ihren sozialen Zusammenhängen von Familie, Nachbarschaft, Freundschaft, Arbeitsplatz ihre Vorstellungen von Lebensqualität zu realisieren. Zu ihr gehört der Wunsch nach Zeitsouveränität und freier Zeit, nach Selbstverwirklichungs- und Genussmöglichkeiten. Einkommen, Arbeitsplatz, Gerechtigkeit, Umweltqualität sind Mittel zu diesen Zwecken. „Die Diskurshoheit über die zentrale Frage der Wohlstandssicherung liegt derzeit rechts von der Mitte" (Strohschneider 2014: 79). Aber es geht nicht einfach um die Sicherung des Wohlstandes, sondern viel mehr noch um die Frage, wie er für ein zufriedenstellendes „gutes und richtiges Leben" genutzt werden kann. Aber für keine Partei, für keine griffigen Formeln zur Mobilisierung steht *Lebensqualität* im Zentrum.

Zur *Zukunftsorientierung*: Ohne viel nachzudenken bringen die Individuen diese Dimension in ihr Handeln ein. Ihre eigene Zukunft soll überschaubar und sicher sein. Selbst wenn man in der Wohlstandsgesellschaft nicht unbedingt meint, den eigenen Kinder soll es noch „besser" gehen, so sollen sie es doch nicht schlechter haben; vor allem eine Zukunft sollen sie haben. Auch diese Orientierungen gehören zum Alltag. Sie beeinflussen das Handeln der Menschen, und daher gibt es auch hier Anknüpfungsmöglichkeiten für Mobilisierung. Eine friedensfähige Außenpolitik gehört dazu.

Suffizienz (Selbstbegrenzung) war in den Diskussionen der EK WWL (Schlussbericht 2013) ein schwieriges Thema. „Genug zu haben" steht im Widerspruch zum fetischisierten Wachstum. Aber im Alltag praktizieren die Menschen notwendigerweise ständig Selbstbegrenzung (junge Menschen natürlich am wenigsten), sonst würden sie immer wieder scheitern. Wenn man daran erinnert, werden Einschränkungen im Zusammenhang mit sozialökologischem Wandel nachvollziehbar und akzeptanzfähig. Die Wahlbürger sind zu mehr bereit als die Politik ihnen zumutet.

In all diesen Bereichen liegen die Chancen für „molekulare Veränderungen" (s. 7.4), und da finden sie statt. Sie liefern auch Anknüpfungsmöglichkeiten für einen „transformatorischen Populismus" (Strohschneider 2014: 85), ohne den es vielleicht nicht geht.

Suchbewegungen der Konsumenten
Nicht nur auf der Ebene des Staates gibt es Reaktionen auf die wahrgenommenen krisenhaften Erscheinungen der Lebenswelt. Auch bei den Individuen wächst Problembewusstsein, und sie reagieren mit Ansätzen für eine Lebensweise jenseits der Zwänge der Wachstumsgesellschaft.

Sie können bei genannten Themen wie Lebensqualität, Zukunftsorientierung, Suffizienz (Selbstbegrenzung) im Alltag ihre eigenen Wertsetzungen aktivieren. Es gibt auch symbolische Dimensionen wie „schlechtes Gewissen", „Schuldgefühle" (besonders verbreitet bei Personen mit protestantischer Sozialisation), auch gegenüber der kleinen Gemeinschaft von Familie und Verwandtschaft beim Konsumverhalten, oder, religiös geprägt und in den weltlichen Gebrauch überspringend, in Kategorien wie „Sünde". Wer mit der christlich geprägten Kategorie „Sünde" noch etwas anfangen kann, wird sie frei von religiösen Konnotationen auch immer wieder auf den Alltag übertragen (7.3). Auch in einer Gesellschaft, die längst nicht mehr allein von christlichen Traditionen geprägt ist, spielt das eine Rolle.

Ludwig Erhard schreibt in seinem Buch „Wohlstand für alle": „Ich glaube nicht, daß es sich bei der wirtschaftspolitischen Zielsetzung der Gegenwart gleichsam um ewige Gesetze handelt. Wir werden sogar mit Sicherheit dahin gelangen, daß zu Recht die Frage gestellt wird, ob es noch immer richtig und nützlich ist, mehr Güter, mehr materiellen Wohlstand zu erzeugen oder ob es nicht sinnvoller ist, unter Verzichtleistung auf diesen 'Fortschritt' mehr Freizeit, mehr Besinnung, mehr Muße und mehr Erholung zu gewinnen." (zitiert in Steffen 1996: 104) Für Erhard sollte die Beseitigung von *materieller* Not und Enge der letzte Zweck jeder Wirtschaft sein. Heute steht der Wunsch nach mehr Spielräumen in den individuellen Lebensplanungen im Vordergrund. Menschen möchten mit ihrem Wissen und Können ihr selbstbestimmtes Leben führen statt fremdbestimmt und abhängig zu sein. Ein (gemeinschaftliches) Leben in Würde und Freiheit zu sichern, das muss der letzte Zweck des Wirtschaftens sein. Die wichtigsten Parameter eines solchen Lebens werden in allen Gesellschaften *kulturell* definiert, nicht materiell.

Wohlstandsstress, „Luxese" und Zeitpioniere
Nicht die Technik, nicht die Wirtschaft, sondern die Kultur im weitesten Sinne ist es, die eine Gesellschaft und ihre Ökonomie ebenso wie ihre Produkte und ihre Menschen interessant und attraktiv macht. In dieser sozialkulturellen Dimension geht es vielen Menschen um die Kontrolle ihrer Lebensverhältnisse nach eigenen Wertvorstellungen. Von der subjektiven Armut der Reichen (Simon 1996)

zu reden ist keine Sozialromantik mehr, sondern für viele Alltagserfahrung.

Die Werte der Konsumenten vor allem in prosperierenden Milieus der Gesellschaft ändern sich. Wenn dies auf breiter Ebene „modisch" wird, gibt es neue Strukturen im Alltag. Erfolgreicher als mit Vorschriften oder mit von außen implantierten Strategien kann es so Veränderungen geben.

„Im realen Leben stößt das Prinzip der Nutzenmaximierung an seine Grenzen: Es scheint geradezu ihr Gegenteil zu bewirken. Der permanente Vergleich und die rastlose Suche nach der besten Option führen bei ständig sich ändernden Möglichkeiten dazu, das Gegebene kaum genießen zu können, dauernd Verzichtskosten zu spüren und noch nicht einmal ein verlässliches Routineverhalten zu entwickeln. Somit kann die Nutzenmaximierung geradezu als Voraussetzung zum Unglücklichsein dienen. Die rationale Entscheidung für den größten Vorteil hat insofern ihre Grenzen, als Kosten und Nutzen der Entscheidungsalternativen oft ungewiss und für die Zukunft schwer vorauszusehen sind. Informationen müssen nicht nur angemessen ausgewählt, wahrgenommen und berücksichtigt, sondern auch bewertet und gewichtet werden. Dabei sind die eigenen Präferenzen oft gar nicht bewusst, vielmehr scheint das Gespür für die eigenen Bedürfnisse so begrenzt wie die notwendigen Mittel." (Birgit Weber 2010: 26/27) Man entdeckt den „Wohlstandsstress". Die zunehmende Unsicherheit angesichts der Vielzahl von Wahlmöglichkeiten, wie sie durch die Entbettung der Märkte und den Zerfall der gewohnten Rollen entsteht, produziert einen florierenden Markt von Ratgeberliteratur (Heimerdinger 2010, 2011).

Die Vision von Reichtum im „Leben in seiner Fülle" (Sölle 1983), in den unterschiedlichsten religiösen und künstlerischen Bildern immer wieder evoziert, ist nicht nur gefährdet durch Armut und Not, sie wird genauso beeinträchtigt durch Überfülle (Simon 1996). Aber nicht das kulturkritische Räsonieren hilft dagegen, sondern es ändert sich erst etwas, wenn die Idee zur Macht wird, weil sie von Vielen aufgegriffen wird. Solches geschieht heute nicht im Modus der klassischen sozialen Bewegungen des 19. Jahrhunderts, sondern eher in Trends und Moden, vielleicht auch in ganz überraschenden, unerwarteten Formen. Die „Love Parade" war bis 2011 auch eine Bewegung von jungen Menschen, mit denen man überhaupt nicht militärisch gedrillt hätte marschieren können.

„Nicht Weltrekord, nein, Massensport" gab es als Motto einst im Arbeitersport (Nitsch 1985: 158). Damit wurde ein Akzent der Suffizienz gesetzt. „Eine Monokultur von Übertüchtigen ist nach dem Wortverständnis einer durch Tüchtigkeit und Fehlerfreundlichkeit charakterisierten Evolution ... eine Sackgasse, aus der man mangels offengehaltener Optionen nicht mehr herauskommt." (E. U. v. Weizsäcker 1993: 283) Ein „Lob der Trägheit" hat seinen Platz in der Evolution (Spangenberg 1993) ebenso wie das „Lob der Faulheit" (Lafargue 1883, 1966).

Auch in Führungsetagen kann so gedacht werden. Die „hoffnungsvollen Perspektiven ... von der Gemeinschaftsarbeit über die immateriellen Güter bis hin zu der völligen Neubewertung des informellen Sektors" (Grenzen-los? 1997: 170), die Gerhard Scherhorn vom Wuppertal Institut für Klima, Umwelt, Energie im Wissenschaftszentrum NRW 1997 formulierte, sind für Hans Günter Danielmeyer, ehemaliges Vorstandsmitglied der Siemens AG, „natürliche Fortsetzung" seiner eigenen Überlegungen: Die Industriegesellschaft hat bei uns „schon im wesentlichen erreicht ..., was sie sollte und konnte." Deshalb ist eine „neue Vorlage" mit „gesellschaftlichen Innovationen vom Kaliber der bisherigen technisch-organisatorischen" nötig (ebd.: 170) – das wird nicht ohne das Fundament neuer soziokultureller Werte gehen. Das Cluetrain-Manifest (2000) hat für Informatiker und Computer-Spezialisten eine solche „neue Vorlage" für die Unternehmenskultur mit mehr Eigenverantwortung und Freiheit eingefordert.

In Prosperitätsphasen entdecken Einzelne und kleine Gruppen Alternativen: Die Zeitpioniere (Hörning 1990) sind dies ebenso wie diejenigen, die sich die *Luxese*, den Luxus der Askese, leisten können (Just 1999). Von einer *Selbstaufhebung des Luxus*, die stattfindet, wenn der Konsum „reflexiv gebrochen" wird, spricht der Bericht „Zukunftsfähiges Deutschland" (1996: 214). Hans Magnus Enzensberger (1996) läßt freilich in der von ihm vermuteten Neubewertung der Prosperität erkennen, dass selbst die Entmaterialisierung des Reichtums in einigen scheinbar nicht mit Geld zu erwerbenden Formen des Luxus wie Ruhe, Zeitsouveränität, Kunstgenuss usf. nur eine Verlagerung bedeutet: In Wirklichkeit ist auch dafür materielle Prosperität die Voraussetzung.

Allein und isoliert werden solche seit Jahrzehnten (und immer wieder, philosophisch untermauert, in der Geschichte) in prosperierenden Milieus zu beobachtenden Trends und Moden nicht ausreichen, mehr nachhaltige Entwicklung, soziale Gerechtigkeit und Zukunftsfähigkeit zu erreichen. Sie bleiben solange unverbindlich und folgenlos, wie sie nicht auf massenhafte (hier ist das Wort angebracht) Resonanz stoßen und Teil politischer Prozesse werden. Sie zeigen aber zuerst auch: Suffizienz ist möglich, es geht auch anders.

Vorbildwirkung für manche haben solche Bewegungen. Wichtig sind sie, weil dadurch die Selbstverständlichkeiten der Marktgesellschaft relativiert werden. Sie können auch von der Politik ermutigt werden, sei es, dass Gesetze und Verordnungen sie („marktkonform") begünstigen (wie Elektroautos, die freilich wie Windenergie nicht mehr als eine neue Wachstumsbranche sind und für die Rettung der individuellen Mobilität sorgen sollen). Und man kann Werbung einschränken. Wie Zigaretten- und Alkoholwerbung eingeschränkt ist, kann man auch die für SUV-Autos, viel Energie verbrauchende Autos oder Rennsportveranstaltungen einschränken oder mit hohen Abgaben belasten.

Man könnte sagen, dass manche Erscheinungen wie Rennsport oder Feuerwerk die aktuelle Ausprägung der anderswo verteidigten Gleichzeitigkeit von Suffizienz und Exzess (s. 7.6) sind. Aber da bezieht es sich auf einen zentralen Aspekt einer ganzen anderen Lebensweise, während es hier nur eine Nische in der ressourcenaufwändigen Prosperität ist.

Ein „verantwortungsvoller Konsum" wird gern mit Verzicht gleichgesetzt, „obwohl man darin ebenso gut den erholsamen Verzicht auf Wohlstandsballast und Reizüberflutung sehen könnte" (Brand 2013: 35). Das muss aber auch von Individuen so nachvollzogen werden können.

Das alles sind Anregungen für den Versuch, Suffizienz zu üben. Sie sind folgenlos, wenn nicht daraus Druck auf die politischen Handlungsträger ausgeübt wird.

Alternativen im Schatten der Prosperität
Manche sehen Chancen in der Gegenwart nur noch im Mikrokosmos, in „Gegengesellschaften im Kleinen", den relativ autonomen kulturell vernetzten Gemeinschaften der CBOs (community based organisations) analog zu dem lateinamerikanischen Verständnis von

lebensweltbezogener *Ziviler Gesellschaft* (in Opposition zu der korrupten *Politischen Gesellschaft*). Sie entstehen aus den nicht erfüllten Glücksversprechen des freien Marktes, und sie können – ungeplant, aber nicht zufällig – neue strategische Allianzen bilden.

Frithjof Bergmann will Menschen eine höhere Stufe der Selbstverwirklichung ermöglichen und sie unabhängiger von der Lohnarbeit machen, freilich auf einer Stufe des „High-Tech-Selfproviding" und nicht mit der Methode von Henry David Thoreau („Walden") des frühen 19. Jahrhunderts; dessen Selbstversorgung unter primitivsten Bedingungen probierte er ebenfalls aus, gab sie aber wegen der Plackerei auf (Hildebrandt 1998: 18) (2015 gibt es in Bahnhofsbuchhandlungen eine spezielle Zeitschrift „Walden" mit Nachbauplänen für die Blockhütte von Thoreau). Bergmann bezieht sich auf eine gemeindeorientierte ökonomische Entwicklung, die in der Konjunktur Nischen der bestehenden Strukturen ausnutzen kann, und wo die Menschen mit Subsistenztätigkeiten in höherem Maß für sich selbst sorgen können und somit Elastizität praktizieren (ebd.).

Das ist anschlussfähig an Fritjof Capra und seine „Lebensnetze" (Capra 1996), in denen die Nachahmung von Ökosystemen für Elastizitätsressourcen sorgt. Solche Nischen in der Prosperitätsgesellschaft werden von vielen angesteuert – warum auch nicht? Aber sie bieten Elastizität und Perspektive nur solange, wie diese Prosperität existiert. In deren Krisen werden auch sie versagen. Hier wären auch jene „Aussteiger" anzusiedeln, die mit dem Rückgrat der personellen und materiellen Infrastruktur der Prosperitätsgesellschaften ihre Nischen für alternative Lebenspraktiken jenseits der Arbeitsgesellschaft suchen (Weißengruber 2015).

Risikominimierung

Das antike Paradigma des *guten und richtigen Lebens* zielt nicht auf eine grenzenlose Steigerung der materiellen Standards, sondern auf eine befriedigende Nutzung der individuellen, familiären und gemeinschaftlichen Ressourcen sowohl in Phasen des Wachstums als auch in solchen der Krise. Es setzt eindeutige Prioritäten und Posterioritäten und lenkt die Verwendung der materiellen Güter in geordnete Bahnen, die auch mit gemeinschaftlich geteilten Maßstäben von Nachhaltigkeit kompatibel sind. Dieses Paradigma wird seit der Industrialisierung allmählich abgelöst durch dasjenige der Wachstumsgesellschaft, das mit der Formel „Allen soll es immer besser gehen" den Wunsch nach *immer mehr vom Gleichen* zeitigt. Wenn heute von „dauerhaftem Wohlstand" die Rede ist, dann wird in der Regel kein Gedanke darauf verschwendet, dass Wohlstand und Wohlbefinden ja überhaupt nicht deckungsgleich, ja im Subjektleben nicht einmal linear gekoppelt sein müssen.

Die Formel „Etwas aus seinem Leben machen", ebenso wie diejenige „Eine Existenz gründen" wird in aller Regel auf materielle Prozesse und Ressourcen bezogen. Dem Denken der deutschen Klassik z. B. wäre das eher fremd gewesen, weil ihre intellektuellen Protagonisten (in der Gegenüberstellung vom Selbstverwirklicher Wilhelm und seinem Schwager Werner, dem Kaufmann, bei Goethe in „Wilhelm Meister") eher qualitative Maßstäbe wie Persönlichkeitsentwicklung ins Zentrum stellen.

„Kluge ökologische Selbstbescheidung" lässt sich als aufgeklärtes Eigeninteresse verstehen. Auch Suffizienz-Strukturen können in vielen Fällen als Risikominimierungsstrategien verstanden werden. Aus dem Alltagsleben zeitgenössischer Industriegesellschaften sind sie ohnehin nicht hinweg zu denken.

Vielleicht ist es charakteristisch, dass in marktwirtschaftlicher Gesellschaften zwar im Alltag der Menschen Selbstbegrenzung eine Rolle spielt, darüber hinaus aber nur in den Zirkeln der Ökologen und der Umweltbewegung; es wird auch in den Künsten, der Philosophie und der Religion darüber gesprochen, nicht aber mit Konsequenzen in Politik und Wirtschaft, auch nicht in den ökonomischen Wissenschaften und den Medien. Dort dominiert schon in jeder Werbebotschaft der Diskurs zu Konsum und Wachstum.

Technik und Fortschritt verheißen uns Wohlstand und Reichtum. Aber ist das Beste, was Wohlstand bieten kann, nicht Souveränität über die eigenen Lebensverhältnisse? „Weder Knappheit der Zeit noch Raumnot zwingen heute zu einer möglichst rationellen Nutzung von Zeit und Raum. Zeit und Raum zu haben, ohne Hunger leiden zu müssen, sind Inbegriff von Luxus, zugleich sind sie erste Voraussetzung dafür, daß die Individuen ihren eigenen Alltag sinnvoll selber organisieren können." (Siebel 1990: 143)

So kann man in einer Prosperitätsgesellschaft argumentieren. Anderswo sieht das anders aus. Aber es wohnt kein stiller Glanz in der Hütte der Armut, und Verzicht aus ökologischen Gründen hat wenig Chancen, wenn viele schon aus finanziellen Gründen den Gürtel enger schnallen müssen. Aussteigermodelle verlieren in Krisen an Bedeutung, ihre Propheten werden heute eher gesteinigt, weil sie in der aufgezwungenen Austeritätspolitik die Verzichtpredigten der Herrschenden (des Mainstream) noch verstärken und Wachstum ein Allheilmittel zu sein scheint. Und wer den Opfern der neoliberalen Austeritätspolitik Verzicht und weniger Konsum verordnen will, hat mit Recht keine guten Chancen. Sind der „Taugenichts" von Eichendorff und der „Neue Werther" von Ulrich Plenzdorff deswegen nur als Figuren von Gestern interessant? Der Protestant Zinzendorf und die von ihm inspirierte Gemeinschaft der Herrnhuter mit ihrem egalitären (antikolonialen) Protestantismus, die technische und soziale Innovationspotenz eines Baron Rumford, die Ideen eines Herrn Schreber mit seinen subsistenzfördernden Kleingärten, die sozialen Neuerungen um die Wende vom 19. zum 20. Jahrhundert von Ernst Abbé in Jena und Wilhelm Leitz in Wetzlar oder die Förderung von Sozialen Innovationen durch Charles Hallgarten in Frankfurt am Main sind Beispiele für fruchtbares soziales Experimentieren mit weitreichenden Wirkungen. Wenn „neue Lebensstile" modisch und ermutigt werden, können sie eine veränderungsbereite Politik flankieren. Vielfalt als angesichts der Unwägbarkeiten der Zukunft unverzichtbare Ressource (Our Creative Diversity 1997) ist die Formel, die auf die Bedeutung auch der sozialen Innovationen hinweist.

6.6 Die Ästhetik der Subsistenz und die Moralität der Dinge

Die Moralität der Dinge und das Design
Oft gehen in die Standards des Guten und Richtigen Lebens auch Aspekte einer „Ästhetik der Subsistenz" ein. „Der Mensch formiert auch nach den Gesetzen der Schönheit", heißt es bei Karl Marx. Die Toblacher Gespräche reden 1993 von einer „Eleganz der Einfachheit" (Glauber 2006: 9) und konstruieren so einen ästhetischen Unterbau dauerhafter Existenz. Ästhetische Erziehung ist eine sinnvolle Angelegenheit. Wenn Menschen wegen der Schönheit der Dinge auf Nachhaltigkeit und

dergleichen achten, dann ist das ein starkes Motiv.

Eine Ebene, auf der in Industriegesellschaften dies in der Praxis aktuell wird, ist diejenige des Designs. Es ist gleichzeitig eine Ebene, auf der im Inneren der Gesellschaft Diskurse geführt werden, die sich zu gleicher Zeit auf Sinnstrukturen (bzw. sozialregulative Ideen) *und* auf materielle Komponenten des Naturstoffwechsels bzw. auf Nachhaltigkeit beziehen.

Die *Moralität* des Designs erlaubt das Nachdenken über Spielräume und Alternativen (Lengyel 1994; Eriksson 1988: 168–173; Thun 1988: 197). Eugen Gomringer (1989: 9) hebt die moralische Verantwortung der Gestalter hervor: „Wer heute gestaltet, tut dies – ob es im Labor des Teams oder im verschwiegenen Atelier vor sich geht – in Verantwortung für alle Welten, in die wir diese Welt aufgeteilt haben." Stärker auf Vernunftgründe setzt eine andere These der Designer vom Internationalen Forum für Gestaltung in Ulm: „Gestaltung ist ein Vorgang, der nicht untertan macht, sondern zweckmäßige Beziehungen herstellt." (Gestaltung und neue Wirklichkeit 1989: 11)

Gemeinsam nutzen
So kann Design nicht nur gekoppelt werden mit Sinnstrukturen, sondern auch mit Ansprüchen an Lebensqualität. Von beiden Zugängen her kann es sich in der Programmatik des Internationalen Forum für Gestaltung in Ulm schon seit Jahrzehnten an der Devise „Gemeinsam nutzen" (Privat in der Öffentlichkeit 1992) orientieren. Immer aber wird es bedroht von „Rebound"-Effekten: Die erzielten Vorteile werden (über-)kompensiert durch Mengenzuwächse (s. 6.3).

Walter R. Stahel entwickelt 1990 die „Strategie der Nutzungsschlaufen" und das Konzept „Verkauf von Nutzen statt von Produkten". Es geht ihm um die „Strategie der Dauerhaftigkeit in einer nachhaltigen (Dienstleistungs-)Gesellschaft". Er betont: „Dauerhaftigkeit heißt NICHT, auf Fortschritt, Komfort oder Modetrends zu verzichten, sondern neue Wege der nachhaltigen Nutzung von Gütern zu öffnen." (Stahel 1991) Es gibt z. B. bei Ernst Ulrich von Weizsäcker Vorschläge dafür, solche Strategien zum Bestandteil der Politik zu machen (E.U.v.Weizsäcker 1993).

Die Designer beschäftigen sich seit Jahrzehnten mit Vermietsystemen. Sie beinhalten „eine Rücknahme- und Entsorgungspflicht der Güter durch den Vermieter (und somit einen ‚retroaktiven' Eigentumsbegriff für den Hersteller) und führen damit zu einer ökologisch und wirtschaftlich sinnvollen Rohstoff- und Produktstrategie ‚von der Wiege zurück zur Wiege'". (Gemeinsam nutzen 1993: 11) Das ist auch Programm der *Cradle to cradle* Produktionsprinzipien, bei denen die Produkte so entworfen werden, dass sie am Ende ihres Lebenszyklus wieder in biologische oder technische Kreisläufe zurückfließen können.

Um gemeinsames Nutzen zu optimieren, wird z. B. auch ein *upgrading* für den „Gesellschaftlichen Treffpunkt ‚Waschsalon'" vorgeschlagen (ebd.: 143). Andere propagieren mehrfach zu gebrauchende Verpackungen, die der Benutzer an attraktiv gestalteten „Refillstationen" mit Einkaufserlebnis wieder füllt (ebd.: 204). Im frühen 21. Jahrhundert wirkt die Kette „Vom Fass" wie eine modische Innovation für eher luxuriöse Varianten von Flüssigkeiten wie Essig und Öl (im Prinzip nicht unähnlich den früher in südeuropäischen Städten selbstverständlichen Weinläden, wo Wein vom Fass abgefüllt wurde und wo man sich beim Verkosten zum Gespräch traf). Würde man bei den Läden „Vom Fass" die ökologischen Effekte betriebswirtschaftlich kalkulieren, wären vielleicht die ökologischen Vorteile überkompensiert durch den Aufwand.

Das alles ist schon Jahrzehnte alt; hierzulande ist Öko-Design in der Warenwelt äußerlich „normal" geworden, und in vielen Nischenmärkten (z. B. bei „Manufaktum") wird es gepflegt. Aber auch wenn es oft genug nur Verkaufshilfen für noch mehr Umsatz sind und der „Rebound-Effekt" vermutlich kaum zu nennenswerten Entlastungen geführt hat, sind solche Praktiken interessant: Sie zeigen, dass es auch anders geht. Und dann kann es auch einmal um weniger Konsum gehen.

Inzwischen gibt es beim „Collaborative Consumption" (gemeinschaftlichen Konsum) Plattformen für Wohnungstausch, ferner Kleidertauschparties, Autogemeinschaften (schon lange), Gemeinschaftsgärten, Tauschringe für Werkzeuge, Drucker, DVDs und vieles andere mehr. Einbezogen wird das uralte Prinzip der Gemeinnutzen. Das Internet erleichtert Austausch, Kontrolle und Wertungen.

„Collaborative Consumption" birgt „das Potenzial, den Ressourcenverbrauch eines jeden Einzelnen zu senken und gleichzeitig die Lebensqualität zu halten oder sogar zu erhöhen." (s. Nutzen statt Besitzen 2012; Rachewiltz 2014) Wichtig ist, bei diesen Beispielen auch mit betriebswirtschaftlichen Berechnungen ernsthaft zu prüfen, ob und wie viel Einsparungen wirklich erfolgen, wenn man alle Begleitumstände berücksichtigt (auch Transport, Fortbewegung, Kommunikation usf.). Dabei werden die Gewinne an Lebensqualität, Lebensfreude, sozialem Kapital natürlich vernachlässigt, aber man sollte auch nicht blauäugig alles positiv finden: Wer viele Kilometer mit dem Auto fährt, um Milch und Eier beim Ökobauern zu kaufen, muss schon auch die ökologischen Transportkosten einrechnen.

Vegetarier, Veganer und ihre Gegner
„Nirgendwo auf der Welt leben mehr Veganer als in Israel, unter anderem auch, weil es gut zu den Regeln der koscheren Küche passt." „Wer in Israel also auf die Fleischbeilage verzichtet, isst zwangsläufig kein vegetarisches, sondern gleich ein veganes Gericht", weil wegen der religiösen Vorschriften Fleisch und Milchprodukte getrennt von den übrigen Speisen sein müssen (Frankfurter Allgemeine Sonntagszeitung 20.09.2015). Auch dies ist ein Beispiel für Pfadabhängigkeiten.

Die Fastengebote der Katholischen Kirche haben ausgeprägte Auswirkungen auf wirtschaftliche Entwicklungen der frühen Neuzeit (s. 2.2). Und der Bedarf der christlichen Gemeinschaften an Abendmahlswein hat für die weltweite Verbreitung des Weinbaues gesorgt, während das Verbot des Schweinefleisches bei Muslimen und Juden die Schweinezucht in diesen Regionen überflüssig gemacht hat – angeblich auch mit positiven Folgen für die Umwelt.

Im 17./18. Jahrhundert gibt es Verhaltensregeln zu Gesundheit und ‚Gemeinwohl' (Kleinspehn 1987: 196 f.). Versuche der Normierung des Essens durch Pädagogik und Medizin sind seit dem späten 18. und 19. Jahrhundert bekannt (ebd.: 253). Immer wieder muss ausgehandelt werden, was beim Essen Normalität und Abweichung ist (ebd.: 320). Das wird wieder aktuell, wenn es um Diäten, Vegan, Koscher (für Juden) und Halal (für Muslime) oder Fastenspeisen geht (s.u.). Es gibt Diätregeln und Aufforderungen zur Mäßigung schon in der Antike, aber auch im späten Mittelalter und in der Renaissance (ebd.: 35–61). Der Kampf gegen den freß- und saufstarken Grobianus (Gargantua und Pantagruel) hat mit sozialer Distinktion zu tun (ebd.: 62 f.). Aber erlaubter Genuss ist Lobpreis der Gaben Gottes (ebd.: 155/156).

Modische neue Richtungen der Ernährungsformen lassen sich neben den Vegetariern (und den Untergruppen wie Lacto-Vegetarier usf.) unterscheiden:

Flexitarier (Flexible Vegetarier): Bevorzugt werden Vollkorn- und Sojaprodukte, nur ab und zu Fleisch, dann aber Bio-Fleisch.

Frutarier: Pflanzliche Produkte, bei denen die Pflanzen nicht beschädigt werden, also nur Pflückbares wie Obst, Samen oder Nüsse.

Vegan: alles rein pflanzlich.

Clean eating (Tosca Reno): Nur natürliche Lebensmittel ohne Fertiggerichte, künstliche Konservierungs-, Farb- und Aromastoffe oder künstliche Süßstoffe, nur gesunde Fette wie kalt gepresste Pflanzenöle.

Paleo: Essen wie in der Steinzeit: Fleisch, Fisch, Meeresfrüchte, Eier, Nüsse, Pilze, Samen, Gemüse und Kräuter wie vor mehr als 10.000 Jahren.

Die Liste wird vermutlich noch wachsen. All diese Gewohnheiten in den Milieus vor allem der gebildeten Mittelschichten der prosperierenden Regionen, in erster Linie in Europa und den USA, bilden neue Nischen, deren Bedeutung im Zusammenhang mit den „molekularen Veränderungen" (7.4) überlegt werden kann. Es sind Insellösungen für eher kleine gebildete und wohlhabende Milieus, derzeit noch ohne große Reichweite und Auswirkungen auf die Krise der Wachstumsgesellschaft oder die Ökobilanz. Sie sind dennoch mittlerweile verantwortlich für nennenswerte Segmente sowohl des Konsums wie auch der Verhaltensweisen, bis hin zum punktuellen Einfluss auf Verbraucherschutz und Gesetzgebung. Auf die realen Umweltprobleme ist der Einfluss vermutlich eher gering.

Bei solchen neuen Trends muss man auf Gegenreaktionen gefasst sein. So sehen sich Veganer Angriffen ausgesetzt, nicht nur bei der Star-Köchin Sarah Wiener. Es gibt den „Veganerfresser" Udo Pollmer (Grossarth 2015: 30) „Früher hat Udo Pollmer die Agrarindustrie kritisiert. Nun ärgert er die Ernährungsbewussten mit Fakten – und giftigem Humor." Inzwischen hat sich viel zum Besseren gewendet, meint Pollmer. Mit zwei Koautoren hat er ein Buch geschrieben: *Don't Go Veggie. 75 Fakten zum vegetarischen Wahn.* „Denkt man den Veganismus konsequent zu Ende, bedeutete seine Universalisierung das Ende unserer bisherigen Zivilisation." Denn „weit mehr als die Hälfte der Agrarflächen auf der Welt [ist] Weideland – und das müsste dann einfach brach liegen, der lokalen Bevölkerung bliebe das Einkommen aus." (ebd.) Das ist natürlich eine spekulative Hochrechnung, weil zwischenzeitlich neue Trends auftauchen würden. Inzwischen wird Pollmer von der Agrarindustrie hofiert, die ihn früher mundtot machen wollte. Thesen von ihm sind: „Wir sind Säugetiere, das heißt, wir werden in anderen Säugetieren eher das finden, was unser Körper braucht, als in einer Staude am Wegesrand." Und es heißt: „Nicht Zucker, sondern Süßstoffe machen dick. ... Egal wieviel Pflanzenöl ein Mensch verzehrt, sein Körperfett ist stets ‚tierisches Fett', die Entwicklung von Milchfett (Butter) die Voraussetzung fürs Säugen, für die Evolution der Säugetiere. Und das soll ungesund sein? Zum Wurstsalat: In Kopfsalat ist fast kein Vitamin C enthalten, Wurst dagegen wird aus technischen Gründen Vitamin C zugesetzt. Nitrat: Wird im Körper zu Nitrit umgewandelt, im Magensaft entsteht ein hochwirksames Desinfektionsmittel, das vor Keimen schützt. Kartoffeln: enthalten giftige Abwehrstoffe, die sie vor Schädlingen schützen sollen – und die das Frittieren unschädlich macht. Süßstoff schließlich: täuscht den Gaumen, weshalb der Appetit auf echten Zucker danach umso größer ist." (ebd.)

Das sind journalistische Zuspitzungen. Aber immerhin: Wenn immer weniger Menschen Fleisch und Milchprodukte nutzen, muss man auch überlegen, wie dies die Landschaft verändert. Kompensiert wird das derzeit noch locker durch den „Rebound-Effekt": Mehr Menschen können sich Fleisch leisten, und internationale Märkte haben großen Bedarf. Weniger Fleischkonsum ist wegen des hohen Aufwandes für die Fleischproduktion für die Lebenswelt vorteilhaft. Aber bedenken muss man auch: Almwiesen für Rinder z. B., bedeutend für den Schutz der alpinen Landschaft, für Artenvielfalt, für Hochwasserschutz usf., überleben als „Kulturlandschaft" nur in dieser Nutzungsform.

Nachhaltigkeits-Experimente
Die Elastizität einer Gesellschaft wird bedeutend erhöht, wenn nicht mehr alle nach immer mehr vom Gleichen streben. Solche Experimente können verbunden werden mit der Perspektive „molekularer Wandlungen", in denen *im Heute das Morgen zu tanzen beginnt* (D. Klein 2013; s.7.4). Dann wird freilich auch erkennbar, dass noch so viele Gegenkonzepte, ein noch so wachstumskritischer Fortschrittsbegriff (wenn es den denn gibt), noch so viel Selbstbestimmung und Kooperation keine Nachhaltigkeit und keine sozialökologische Transformation machen, wenn keine entsprechende Politik von der kommunalen bis zur globalen Ebene damit erzwungen wird.

6.7 Notgeborene Strategien

Kriegsmangelwirtschaft
1916 berichtet Friedrich Naumann, wie in Deutschland die Kriegswirtschaft im Ersten Weltkrieg alle möglichen Ersatzstoffe gefunden hat. Die Engländer meinten, die Mittelmächte Deutschland und Österreich durch die Abschließung von den Märkten der gegnerischen Staaten rasch niederzwingen zu können. „Man nahm in London die statistischen Jahrbücher der mitteleuropäischen Staaten in die Hand und las dort, wieviel Brotgetreide, Viehfutter, Baumwolle, Schafwolle, Kupfer, Leder, Salpeter, Eisenerze, Kohlen, Reis, Taback, Kaffee, Gummi wir jährlich brauchen." Aber die Statistik berücksichtigt nicht die Elastizität: „Wo Stoffe fehlten, da suchte oder schuf man Ersatzstoffe. ... Wenn einst vor 100 Jahren aus der englischen Kontinentalsperre zur Zeit Napoleons auf dem abgeschlossenen Kontinente der Rübenzucker und die kontinentale Baumwolldruckerei entstanden, so wird von diesem unserem mitteleuropäischen Kriege an eine Findigkeit der Industrie beginnen, die uns noch viel unabhängiger macht als vorher." (Naumann 1916: 128/129) Kriegszwangswirtschaft ist eine weitere Folge. „*Der Staatssozialismus hat über Nacht Riesenschritte vorwärts getan* [im Original gesperrt]. Vor dem Krieg galt der Satz: ‚Ich kann mit meinen Kartoffeln machen, was ich will.' Jetzt gilt der Satz: ‚Deine Kartoffeln sind unsere Kartoffeln.' Wie das nach dem Krieg lauten wird, wissen wir noch nicht. Ganz der alte Zustand kommt sicherlich nicht wieder, da die Heilsamkeit der Möglichkeit staatssozialistischer Eingriffe gar zu handgreiflich geworden ist und da wir die Erfahrungen der Kriegswirtschaft im Gedächtnis behalten." (ebd.: 131; s. auch Wehler 2003: 47–63; 951–954) In der Tat: Lenin nahm sich die deutsche Kriegszwangswirtschaft zum Vorbild für seinen Sozialismus in der Sowjetunion, und die deutschen und österreichischen Politiker haben nach dem Ersten Weltkrieg (wie auch nach dem

Zweiten) staatssozialistische Forderungen in ihre Programme aufgenommen. Und manche der damals erfundenen Ersatzstoffe sind auch in den späteren Alltag gewandert („Hindenburg"-Kerzen als Teelichte z. B.).

Embargo-Folgen
Urban Gardening ist in Cuba aus der Not geboren. Die Insel „war abhängig von sowjetischem Öl und den Märkten in den sozialistischen Staaten; beides verschwand mit dem Untergang der Sowjetunion." Es fielen Importe aus, aber auch Exporte, weil ohne Öl- und sonstige Importe und wegen des US-Embargos nicht mehr genügend Zucker produziert werden konnte; Hungersnot drohte. „In den 1990er Jahren ließ sich Kuba schließlich in großem Umfang auf das Wagnis organischer Landwirtschaft ein – dem Land blieb kaum eine andere Wahl. Statt Traktoren verwendete man Ochsengespanne und statt Kunstdünger kam organischer Dung zum Einsatz. Die Folgen waren unerwartet positiv. So verdichteten Ochsengespanne die Böden weniger stark als Traktoren, und die verwendeten organischen Stoffe waren deutlich weniger toxisch als synthetische Pestizide und Dünger. Da für den Transport über größere Distanzen kein Kraftstoff zur Verfügung stand, mussten Nahrungsmittel näher an den Endverbrauchern produziert werden. Angesichts der immer noch drohenden Hungersnot nahmen die zwei Millionen Einwohner Havannas die Dinge selbst in die Hand und begannen, auf jedem verfügbaren Quadratmeter Erde einen Garten anzulegen. Im Lauf des Jahrzehnts entstanden so tausende von Gärten in Innen- und Hinterhöfen, auf Dächern und Terrassen. Nachbarschaftskooperativen bildeten sich, um sich größere Parzellen vorzunehmen und gemeinsam zu bestellen, etwa Baseballfelder oder aufgegebene Grundstücke. Die Behörden erkannten das Potential und unterstützten die Bevölkerung Havannas, indem sie Werkzeuge, Land und Saatgut zur Verfügung stellten, praktische Ratschläge erteilten und die Entstehung von Straßenmärkten erlaubten. Um die Jahrhundertwende zahlten sich die Bemühungen aus. Havanna und andere kubanische Städte waren in der Lage, einen großen Teil der Grundnahrungsmittel selbst zu produzieren." (McNeill 2013: 466)

Das erinnert an die Rolle der Schrebergärten in der ehemaligen DDR, die ohne besondere staatliche Anerkennung ebenfalls bedeutenden Anteil an der Versorgung mit Gemüse und Gartenprodukten hatten (Dietrich 1989, 2003). Auf Helgoland wird in Kriegszeiten das Oberland, eigentlich nur Wiesen, in Gemüsegärten umgewandelt. Urbane Landwirtschaft (Gartenwirtschaft müsste man sagen) ist inzwischen weit verbreitet, auch in europäischen Prosperitätsregionen wird sie mit hohem Spaßfaktor, aber auch ernsthaft als Produktion mit „kurzen Wegen" propagiert. „Für die 1990er Jahre betätigten sich laut Schätzungen der Vereinten Nationen rund 800 Millionen weltweit in der städtischen Subsistenzlandwirtschaft ... in der Dritten Welt produzierte der informelle urbane Agrarsektor einen beträchtlichen Teil der in den Städten konsumierten Lebensmittel" – nicht nur Pflanzenprodukte, sondern auch Geflügel und andere Fleischlieferanten (McNeill 2013: 467).

Empirische kulturwissenschaftliche Studien über die Reichweite und die Chancen solcher Trends, auch was die Mikroökonomie der Haushalte anbetrifft, sind begleitend wichtig. Sozialwissenschaftliche Studien beachten sie eher nicht. Die Arbeit von Dieter Hoffmeister (1984) über Notbehelfsökonomie geht als „historisch-soziologische Arbeit" trotz des qualitativen Ansatzes nicht darauf ein und bleibt eine „familien*soziologische* Forschung" (ebd.: IX, 1) ohne Hinweise auf soziokulturelle Dimensionen und Naturstoffwechsel. Für die Gegenwart sind empirische Untersuchungen zu solchen Regionen des Niedergangs interessant, wo aufgrund wegfallender öffentlicher wohlfahrtsstaatlicher Strukturen informelle oder politisch abgestützte überlebensfähige Subsistenzstrategien entstehen, vor allem auch solche, die Gemeinnutzen und Ziele der Nachhaltigkeit einschließen: Im krisengeschüttelten Griechenland funktionieren Schwarzmarkt, Tauschhandel und Selbstversorgung vermutlich besser als die Finanzwirtschaft. Als die Wirtschaft der Sowjetunion in weiten Bereichen zusammenbricht, sind die Verbindungen zum Land oder zu den Datschen überlebensnotwendig. Manche Parks werden in dieser Zeit zu Gemüsegärten.

All dies sind Prozesse, die nicht vom Marketing, auch nicht, wie Kolonialwaren, durch die Unterjochung neuer Kontinente entstanden sind. Es sind Reaktionen der Konsumenten auf erfahrene und gefühlte Insuffizienzen der Marktgesellschaft. Sie reagieren aktiv, treffen eigene Entscheidungen und wählen aus, es sind mithin (wie die Auswahlprozesse beim Shopping, nur mit anderer Zielrichtung) deren aktive Beiträge zur Fortentwicklung und Veränderung der Konsumgesellschaft. Sie zeugen von Kontingenzen und nutzen Spielräume aus. Sie können von der Politik ermutigt und gefördert werden.

Notsituationen sind nicht wünschenswert (wiewohl manche meinen, dass ohne Not und Katastrophen ein Übergang zu Nachhaltigkeit nicht stattfinden wird). Aber je mehr (und wenn) man darüber nachdenkt, desto eher kann man sich vorstellen, dass es auch anders geht, und das ist eine Voraussetzung dafür, etwas zu ändern.

6.8 Neue Commons und der informelle Sektor

Die Neuentdeckung der Gemeinnutzen
Was den Wunsch nach Innovationen anbetrifft, der, wie die Werbung behauptet, uns angeblich „in den Genen" liegt, so da ist darauf hinzuweisen, dass es eine bedeutende soziokulturelle (soziale) Innovation wäre, mit weniger Wachstum auszukommen. Das Verständnis von Innovation ist außerordentlich verengt, wenn es sich nur auf technische oder wirtschaftlich nutzbare Innovationen bezieht. Soziale und kulturelle Innovationen sind in der heutigen Situation noch wichtiger.

Von „Solidarischer Ökonomie" ist zu Beginn des 21. Jahrhunderts gern die Rede, und damit sind Gemeinnutzen (Commons), aber auch Genossenschaften gemeint. Ein Sondervotum des Schlussberichts der EK WWL fordert: „Wir brauchen eine Stärkung der solidarischen Ökonomie. Hemmnisse müssen durch Politik und Verwaltung beseitigt werden. Die solidarische Ökonomie vereint den Gedanken der kooperativen Wertschöpfung und die Orientierung am Gemeinwohl statt am Profit, womit sie ökologische, soziale und finanzielle Tragfähigkeit miteinander in Einklang bringt." (Schlussbericht 2013: 788)

Soziale Innovationen sind immer auch kulturelle Innovationen, gemäß der Devise von Hilmar Hoffmann (1997a): *Zukunft ist ein kulturelles Programm.* Die EK WWL würdigt sie: „Soziale Innovationen umfassen dabei unter anderem neue Konsummuster, neue Muster von Arbeits- und Unternehmensorganisation, neue Produkt- und Dienstleistungssysteme oder neue Governance-Formen." (ebd.) Pionierleistungen werden dabei besonders hervorgehoben.

Der Umgang mit den Krisen der Marktgesellschaft kann erleichtert werden durch die Entdeckung des Gemeinnutzens: Wenn immer wieder geklagt wird, dass es keinen Ausweg aus den Zwängen der Wachstumsgesellschaft gibt, so werden hier Wege aus diesem Käfig erkennbar. Elinor Ostrom, Wirtschaftsnobelpreisträgerin von 2009, hat für die zeitgenössische ökonomische und politische Theorie die „Commons", den *verwalteten* Gemeinnutzen, wieder entdeckt (1999). Sie hat gezeigt, wie auch heute gemeinschaftliches Eigentum von Nutzerorganisationen erfolgreich verwaltet werden kann. Als Garrett Hardin (1968) empfahl, durch Übernutzung bedrohte Gemeinnutzen (Commons) zu privatisieren oder zu verstaatlichen (ein von Politikern und Ökonomen viel zu oft unreflektiert übernommenes Programm), hatte er bei seiner Klage über die *Tragedy of the Commons* vergessen, dass es dauerhafte verwaltete Gemeinnutzen gibt. Die in vielen Teilen von Europa seit Jahrhunderten betriebenen und von den jeweiligen Obrigkeiten notwendigerweise weitgehend anerkannten Formen des gemeinschaftlichen Umganges mit Ressourcen wie Hochweiden, Bewässerungswasser, Wald, Fischgründe und Wasserkraft beweisen, dass Nutzergemeinschaften sie am Leben erhalten können.

Jürgen Kuczynski hat im ersten Band seiner Geschichte des Alltags (1980) ein ganzes Kapitel über Genossenschaften aufgenommen und einen Anhang „Genossenschaften und Sozialstruktur" von Gerhard Hinz (ebd.: 246–308) hinzugefügt. Kuczynski bezieht sich dabei (opportunistisch?) auf das Interesse auch von Marx und Engels „an jeder Form gesellschaftlicher Demokratie, die aus uralten Zeiten überlebte oder sich neu formte" (ebd.: 246), aber das hat sie nicht daran gehindert, für den Weg zum Sozialismus dem Kapitalismus das Recht zuzugestehen, alle Formen der ständestaatlichen Gemeinnutzen und Gemeinschaftseinrichtungen wie Zünfte zu beseitigen (s. 4.1).

Viele andere Vertretern des Sozialismus, so z. B. Otto Bauer oder Rosa Luxemburg, sind ähnlich an Gemeinnutzen interessiert, aber hauptsächlich wollen die Sozialisten den Staat in die Pflicht nehmen. Kuczynski bezieht sich sehr stark auf den Volkskundler Karl Sigismund Kramer und seine Studien zu Unterfranken und Bamberger Land, sowie auf den Historiker Karl Siegfried Bader. Deutlich wird dabei die enge Verbindung der Gemeinnutzen als Teil der gemeindlichen Selbstverwaltung mit gemeinschaftlichen Zusammenkünften zur Rechnungslegung und zu Umtrunk oder Fest.

Staatliche Kontrolle der Ressourcen ist eines der immer wieder zur Überwindung der „Tragödie der Gemeindewiesen" vorgeschlagenen aktuellen politischen Rezepte. Das aber ist, nicht zuletzt wegen der sich schnell einschleichenden Korruption, illusionär. Der andere empfohlene Ausweg ist die Privatisierung. Aber ein „Wettbewerbsmarkt – das Paradigma privater Institutionen – ist selbst ein öffentliches Gut. ... Ohne zugrunde liegende öffentliche Institutionen, die ihn aufrechterhalten, kann kein Markt lange existieren." (Ostrom 1999: 19). Zudem schließt Privatisierung privaten Raubbau nicht aus, ebenso wenig sichert sie die Langfristigkeit des Erhalts. Auch der Markt muss kontrolliert werden.

Interfamiliäre und intrafamiliäre Kooperation
Arnold Niederer, der Schweizer Volkskundler, hat Formen interfamiliärer und intrafamiliä-

rer Kooperation beschrieben. Für manche Teile Süditaliens wird eine „als pathologisch zu bezeichnende Unfähigkeit zur Kooperation im örtlichen Verband" beobachtet. Niederer belegt, dass es nicht zutreffend ist, zu meinen, dass „kooperatives Verhalten im Sinne der Genossenschaftlichkeit vor allem ein Merkmal der germanischen und slawischen Völker sei", bei den romanischen Ländern dagegen entweder Lohnarbeit oder Arbeit im individuellen Familienverband vorherrsche (ebd.: 360; s. auch Weiss 1941). Er nennt Studien zu nordportugiesischen Dörfern oder zu „Flurzwang, Viehhut und dörflicher Viehpolizei in Sardinien" (ebd.: 361), und es gibt Beispiele aus Korsika, die das auch nicht bestätigen. Die Interpreten versuchen meist, „diese gewohnheitsrechtlichen Formen des kollektivistischen und kooperativen Verhaltens aus natürlichen, geschichtlichen und wirtschaftlichen Gegebenheiten zu erklären." (ebd.: 361) Das gilt auch für die Schweiz, wo Niederer den Bewohner eines Alpentals zitiert: „Wir verbinden uns nur, wenn wir müssen, aber wir müssen oft" (ebd.: 362). Das ist ernüchternd angesichts der gern praktizierten Romantisierung.

Im Süden Italiens fehlen interfamiliäre kooperative Verhaltensmuster (ebd.: 362; s. Vöchting 1951). Bei einem „amoralische(n) Familismus" ist die familiare Kooperation in so hohem Maße verwirklicht, dass sie „jede weitere Zusammenarbeit, insofern diese nicht dem unmittelbaren Wohle der Familie dient, weitgehend verhindert." (ebd.: 363) Von Danilo Dolci wird zitiert: „'Eine Genossenschaft ist etwas Kollektives; morgen kann etwas schiefgehen. Ihr tut besser daran, euch zu trennen und aufzulösen'. Der Reiche sieht in der Genossenschaft seinen Feind, weil dadurch die armen Leute nicht mehr von ihm abhängig sind und nicht mehr um seine Gunst werben", und so lautet auch der Tenor des 1966 in Turin erschienen Buches *Chi gioca solo non perde mai* vom Danilo Dolci (Niederer ebd.). Auch wenn die Förderung des Genossenschaftswesens in der italienischen Verfassung festgeschrieben ist (Elsen 2012: 104), gibt es so in Süditalien kein gutes Sozialklima für interfamiliäre Kooperation, für Genossenschaften und für Gemeinnutzen. Erklärt wird das Verhalten in Süditalien durch die Geschichte der Fremdherrschaft. Es „haben dort immer fremde Kulturen geherrscht, ohne dass die angestammte Bevölkerung je eine fruchtbare kulturelle Verbindung mit ihnen eingegangen und zu eigenen Leistungen angespornt worden wäre." (Niederer 1974: 367) Bei Guiseppe Tomasi di Lampedusa (*Il Gattopardo* Der Leopard) liest man: „Es sind zum mindesten fünfundzwanzig Jahrhunderte, dass wir auf den Schultern das Gewicht hervorragender, ganz verschiedenartiger Kulturen tragen: alle sind von aussen gekommen, keine ist bei uns selber gekeimt, in keiner haben wir den Ton angegeben; wir sind Weisse ... und doch sind wir seit zweitausendfünfhundert Jahren eine Kolonie." (Lampedusa 1965: 178, zit. Niederer 1974: 367) Da war die Familie „der einzige sichre Hort"; die armen Kleinbauern konnten keine Arbeitstage für das gemeinsame Wohl opfern (meint Niederer; es fehlte aber auch eine entsprechende traditionelle „Kultur", wie Niederer sie für das Lötschental beschrieb; Niederer 1956). Die unterbeschäftigten Landarbeiter mussten immer auf der Suche nach entlohnter Gelegenheitsarbeit sein. „Wo aber nichts für das gemeinsame Wohl der örtlichen Gruppe getan wird, kommt es auch zu keiner Identifikation mit ihr." (ebd.: 367) Garrett Hardin hat sich bei seiner These allerdings nicht auf solche Erfahrungen aus Süditalien oder von italienischen Migranten in den USA bezogen (s. auch das Beispiel Kanada/Argentinien in 6.9).

Ausnahmen gibt es allerdings bezeichnenderweise im religiösen und festlichen Bereich und damit außerhalb des unmittelbar produktiven Rahmens, etwa bei „dörflichen Patronatsfesten", auf dem „piano affettivo" (Dolci). Wenn man die Vorbereitungen zur Karfreitagsprozession etwa in Trapani/Sizilien gesehen hat, kann man sich vorstellen, was dabei kooperativ und kompetetiv auch an sozialem Kapitel unter den Beteiligten Berufs- und Stadtquartiersgruppen aktiviert wird. Niederer hebt hervor, dass Gemeinschaftsarbeit meist nicht nur Kooperation, sondern „auch noch interpersonale Bedürfnisse affektiver Art zu befriedigen versucht" (Niederer 1974: 359). Sie stehen manchmal vielleicht sogar im Vordergrund, man denke an die Chancen, mögliche Heiratspartner nicht nur für „arrangierte" Ehen, sondern auch für emotional geprägte Beziehungen zu finden.

Der informelle Sektor
Nicht nur auf solche öffentlich und administrativ rechtlich gesicherte Formen wird die Aufmerksamkeit zu lenken sein, sondern auch auf diejenigen der Individuen, die sich als *lebendige Arbeit* ihr Recht auf Leben nicht nehmen lassen, auch wenn sie keinen Arbeitsplatz besitzen. Dafür (und für vieles andere) steht der informelle Sektor. Für das Lexikon ist *informeller Sektor* die Bezeichnung für „traditionelle und ungeschützte Wirtschaftsbereiche in Entwicklungsländern, die u. a. gekennzeichnet sind durch arbeitsintensive Produktion, einfache Techniken, geringe berufliche Qualifikation, kleine Betriebsgrößen, Verarbeitung einheimischer Rohstoffe, fehlen von arbeits- und sozialrechtlichem Schutz, vergleichsweise schlechte Bezahlung und Arbeitsbedingungen." (Brockhaus Enzyklopädie 19. Aufl. 1989, Art. Informeller Sektor, S. 498–499) Aber auch für die altindustrialisierten Regionen ist er wichtig (s. 3.1).

Mit dem informellen Sektor entwickeln sich Parallelwelten: Neben die formal organisierten Sphären treten die informellen der Subsistenz, der Verwandtschaft, der Nachbarschaft, der Freundschaft, der „Netzwerke". Bei allen theoretischen, sozialpolitischen und pragmatischen Bedenken gegen die „kleine Welt" und ihre soziale Kontrolle darf nicht übersehen werden, dass in der Praxis bei uns und mehr noch anderswo viele Millionen Menschen sich so arrangieren.

„Schattenwirtschaft" ist die in Mitteleuropa gern verwendete Bezeichnung für diese Sphäre. Die Eigenarbeit findet dabei oft weit unter dem realisierbaren Niveau der Produktivität statt. Das gilt für die Landwirtschaft ebenso wie für Handwerk oder Dienstleistungen. Aber warum nicht? Für die volle Ausnutzung der Produktivität der Arbeitskraft besteht keine Nachfrage, also ist auch bei diesem niedrigen Niveau der Produktivität für die Individuen ein Vorteil erzielbar: Wenn ein Rentner mit seiner Hände Arbeit Dinge schafft, für die er sonst Geld von seiner geringen Rente aufwenden müsste, ist es ihm nicht so wichtig, wie viel Zeit er dafür aufwenden muss – davon hat er ohnehin genug.

In den armen Ländern des Südens produziert der Dritte Sektor auch für den Markt. Sein Überleben kann gesichert werden durch Finanzdienstleistungen für Arme wie Mikrofinanzierung und Kleinkredite, wie sie von der Grameen Bank in Bangla Desh vergeben werden (Yunus 2010). Justus Möser vertritt Ende des 18. Jahrhunderts eine ähnliche Strategie, die aktiv auf den Erhalt der Potenz ausgerichtet war, sich selbst zu unterhalten: „Also sollten geringe Nebenwohner, wenn sie wollten, wegen ihrer Schulden nicht gerichtlich belangt, sondern mit kurzer Hand zur Zahlung angehalten werden." (Möser 1986: 213) Mikrokredite sind nicht zuletzt wegen der harten Bedingungen der großen Banken für die Kreditvergabe zum Vorbild für neue Strukturen in Mitteleuropa geworden (Rhoden 2012: 33), aber die großen Banken versuchen dies schon wieder für sich zu nutzen.

Der informelle Sektor wird seit den 70er Jahren von der International Labour Organization (ILO), einer Unter- und Vorläuferorganisation der UN, untersucht und gewürdigt. Die Systematik der Wirtschaftswissenschaften kann mit ihm wenig anfangen: Die Analytiker des „Informellen Sektors" und des Informellen Urbanen Sektors (IUS) in Lateinamerika waren erstaunt darüber, dass er nicht nur als Warteschleife für den Einstieg in den formellen Sektor betrachtet wurde, wie es im Editorial des Themenheftes Peripherie Nr. 62 1996 heißt. Wie ein Tabu wurde es behandelt, dass manche Menschen freiwillig in diesem Sektor bleiben (Pries 1996: 17).

Angesichts der Grenzen des industriegesellschaftlichen Modelles, durchaus auch angesichts der Diskussionen um Nachhaltigkeit, lassen sich vielleicht im informellen Sektor Elemente von zukunftsfähigen Lebensweisen finden, die ihre eigenen qualitativen Standards entwickeln und sichern können. *Armut trotz Arbeit* im formellen Sektor ist nicht unbedingt besser als schlecht geschützte Arbeitsverhältnisse im informellen Sektor.

Gerhard Scherhorn empfiehlt 1997 einen „neuer Gesellschaftsvertrag", der eine „ökologische Steuerreform" (Scherhorn 1997: 163) einschließt sowie den Verzicht auf das „Normalarbeitsverhältnis": Es „hat den allgemeinen Wohlstand nicht nur gefördert, es hat ihn in bestimmter Hinsicht auch gefährdet, weil es die Möglichkeiten der Selbstversorgung fast auf Null reduziert hat. Die Wirtschaftsgeschichte zeigt, daß der Markt der Gesellschaft besser dient, wenn die Menschen nicht vollständig von ihm abhängig sind." (ebd.: 163/164) Deshalb soll die Diskriminierung des informellen Sektors beseitigt werden. Sinnvoll sind eine „planvolle Stärkung der informellen Produktion", Eigenarbeit und Subsistenz sowie Eigenständigkeit der Regionen (ebd.: 166). Das ist ein Programm, das aktuell bleibt. Von der Politik wird es nicht aufgegriffen, weil sie immer noch auf das Normalarbeitsverhältnis fixiert ist. Aber mannigfaltige Abstufungen und Übergänge sind heute möglich.

Einige sehen in den informellen Welten das Widerstands- und Widerspruchpotential der Ausgeklammerten entstehen (von den „Enklaven des Vergessens" spricht Subcommandante Marcos). In der postfordistischen Gesellschaft verblasst das Paradigma des Vollerwerbs-Familienernährer-Arbeitsplatzes.

Menschen, die unter für sie einigermaßen befriedigenden Bedingungen im informellen Sektor oder im Mix von Lebenserwerbsstrategien (postmodernen Wirtschaftsstilen) leben, repräsentieren dann vielleicht neue zukunftsfähige Lebensformen. Ehe man das aus gewerkschaftsnaher Perspektive kritisiert, sollte man fragen: Bedeutet das die Wiederentdeckung der Erfahrung, dass Leben nicht im Dienst an Fortschritt und Wachstum aufgeht? Können solche Lebensformen ein erträgliches Einkommen garantieren (und welche Bedingungen braucht es dazu), und sind sie dann mehr als ein „gewohnheitsmäßiges Nichtverhungern", wie es die Sozialreformer des 19. Jahrhunderts den schlesischen Webern zubilligten? (Kuczynski 1981 Bd. 3: 103)

Man könnte vom zu gewinnenden „Lebensplatz" sprechen. Er ist gleichzeitig mehr und weniger als ein Arbeitsplatz. Er ist *mehr*, wenn zu seiner Qualität nicht nur materielle Sicherheit (im Rahmen der jeweiligen kulturspezifischen Standards) gehört, sondern auch ein befriedigendes Maß an Souveränität über die eigenen Lebensverhältnisse und die Anerkennung der Würde der Persönlichkeit wie der Menschenrechte. Er ist *weniger* als ein Arbeitsplatz, weil er den (mehr oder weniger) sicheren Lebensunterhalt für das Individuum und die Familie nicht, wie im klassischen Muster der Industriegesellschaft, aus einem festen Arbeitsplatz bezieht, sondern aus Subsistenztätigkeit, Gemeinschaftsarbeit und dem informellen Sektor. Entsprechende Ergänzungen im Bereich von Risikoabsicherung sind nötig, aber auch machbar.

Gegen eine solche Wertung des informellen Sektors sind unterschiedliche Einwände möglich. Die Formalisierung des Arbeitslebens hat z. B. durch die Abschaffung der Kinderarbeit und die Einschränkung der Frauenarbeit (beginnend mit der protestantischen Hochbewertung der Familie) Arbeitskräfte herausgenommen aus dem Arbeitsprozess. Sie hat damit Ähnliches geleistet wie das Zunftwesen, das zwecks Sicherung des Familienerwerbs nur eine kontrollierte Entwicklung der Produktivität zuläßt (das sind die von den Fortschrittsenthusiasten immer kritisierten Schranken der Entwicklung). Vielleicht aber repräsentieren beide, Zunft und Familienideal, auch die unverzichtbare Einbettung wirtschaftlichen Geschehens in sozialkulturelle Strukturen.

Auch der informelle Sektor bedarf des Staates. Wenn „Gewaltmärkte" die staatliche Ordnungsgewalt ersetzen, dann hat der informelle Sektor keine Chance auf Dauerhaftigkeit. Historisch sind sowohl Marktgesellschaft wie deren soziale Zähmung nur durch Formalisierungen möglich geworden. Schon bei Luthers Reformation (die in vielen Aspekten eine Bewegung gegen die umfassende Herrschaft des Marktes ist, der sich mit dem Ablaß als käuflicher Gnade Gottes auch in Glaubensangelegenheiten breitmacht) werden wie in manchen modernen religiösen Grundwellen Deiche gezogen, um den Einfluss des Marktes zu mindern (s. 7.3).

6.9 Genossenschaften

Ein neuer Impuls zum Genossenschaftswesen: Das Schremser Maimanifest 2015
Am 25. Mai 2015 haben die TeilnehmerInnen des Open Space Symposiums in Schrems/Niederösterreich „Gemeinsinniges Wirtschaften. Zum Start einer neuen Genossenschaftsbewegung" das *MaiManifest 2015. Manifest für eine gemeinwohlorientierte Genossenschaftsbewegung* akklamiert. Das Symposium hat die GEA-Akademie in der Waldvierteler Schuhwerkstatt, einem Teil des von Heinrich Staudinger gegründeten und betriebenen Handelsunternehmen GEA GmbH (Waldvierteler Schuhe, Möbel usf.) veranstaltet (ich verdanke den Hinweis Julia Wagner/Wien). Dieses Maimanifest ist ein hervorragendes Beispiel für eine soziale Innovation.

Maimanifest 2015 (http://w4tler.at/maimanifest-2015)
Manifest für eine gemeinwohlorientierte Genossenschaftsbewegung

In der aktuellen Krise des Vertrauens in das vorherrschende Wirtschaftssystem bieten die ursprünglichen Ideen und Konzepte der Genossenschaft als Rechtsform des solidarischen Wirtschaftens entscheidende Grundlagen für eine Neuorientierung unseres wirtschaftlichen Handelns. Darüber hinaus setzt diese Rechtsform, die nicht auf eine Wertsteigerung der Geschäftsanteile abzielt, einen klaren Gegenakzent zu einer Shareholdergesellschaft, in der die Interessen der Kapitalgeber auf Maximierung ihrer Profite den Vorrang vor den Interessen der MitarbeiterInnen, der Gesellschaft und der Umwelt beanspruchen und durchsetzen.

Wir sind entschlossen, in einer gemeinsamen Initiative überkonfessionell und unabhängig von politischen Parteien dem ursprünglichen Konzept der Genossenschaft neues Leben einzuhauchen, weil wir eine starke Sehnsucht einer wachsenden Gruppe engagierter Menschen wahrnehmen, ihre Erfahrung, ihr Wissen, ihr berufliches Können und ihre Leidenschaft in den Aufbau einer gemeinwohlorientierten Wirtschaft einzubringen.

Wir wollen durch die Gründung eines neuen Revisionsverbandes für Genossenschaften und durch die Zusammenarbeit mit gleichgesinnten Institutionen und Unternehmen
- … die Ausrichtung der Wirtschaft aufs Gemeinwohl und damit auf Werte wie Menschenwürde, Solidarität, Transparenz, kulturelle Vielfalt und Mitbestimmung, ökologische Nachhaltigkeit und soziale Gerechtigkeit lenken.
- … die Expertise des gemeinwohlorientierten Wirtschaftens durch Bildung, Vernetzung und Erfahrungsaustausch stärken und ausbauen.
- … die Überzeugung verbreiten, dass wirtschaftliches Handeln nur dann nachhaltig erfolgreich sein kann, wenn es ökologisch, ökonomisch und sozial orientiert ist und die Auswirkungen des eigenen Handelns auf die Natur, auf den sozialen Zusammenhalt sowie auf vor- und nachgelagerte Wirtschaftsbereiche mitbedenkt (und damit „enkeltauglich" ist).
- … einen Rahmen anbieten, der engagierten Menschen die Gründung von Genossenschaften auf Basis dieser Werte erleichtert und sie dabei unterstützt, die Förderung der Wirtschaft und des Erwerbs ihre Mitglieder (§ 1 Genossenschaftsgesetz) durch die Beachtung der genannten Prinzipien nachhaltig abzusichern.
- … im Rahmen unseres Verbandes eine Struktur für Bildungsangebote entwickeln und umsetzen, die Genossenschaftsmitglieder dabei unterstützt, die mit ihrer Mitgliedschaft verbundene Eigentümerfunktion verantwortungsbewusst und nachhaltig wahrzunehmen.
- … das Potenzial der Genossenschaft bei der Suche nach Antworten auf die Herausforderungen unserer Zeit ins Licht der öffentlichen Aufmerksamkeit rücken.

- ... Menschen ermutigen, Projekte gemeinsam in Genossenschaften zu realisieren (z. B. erneuerbare Energieprojekte, Nutzungsgemeinschaften im Sinne der Shared Economy, Regionalentwicklungsprojekte, ProduzentInnen- und KonsumentInnen-Vernetzung) und sich gegenseitig in Genossenschaften bei der Entwicklung und Realisierung ihrer beruflichen Zielvorstellungen zu unterstützen.
- ... Menschen dabei unterstützen, durch genossenschaftliches Zusammenwirken sinnerfüllende Formen der Arbeit zu schaffen und ein Leben in Würde zu ermöglichen, das unter heutigen Bedingungen vielfach nicht möglich ist.
- ... wir wollen zivilgesellschaftliche Initiativen ermutigen, in der Rechtsform der Genossenschaft gemeinsam in demokratischen Strukturen wirtschaftlich tätig zu werden.
- ... wirtschaftliche Innovationen anstoßen, die Freiräume für Bedürfnisse jenseits der Geldwirtschaft schaffen.

Wir wollen dazu beitragen, dass wechselseitiges Vertrauen und wertschätzende Kooperation an die Stelle destruktiver Konkurrenz tritt.

Per Akklamation angenommen von den TeilnehmerInnen des Symposiums „Gemeinsinniges Wirtschaften" in Schrems am 25. Mai 2015

Näheres über die Gründung eines neuen Genossenschaftsverbandes im Newsletter.
geno@gea.at (Förderungs- und Prüfungsverein gemeinwohlorientierter Genossenschaften = Revisionsverband in Gründung) *www.rueckenwind.coop*

Soziale Innovationen
Die Hessische Verfassung vom 26. Oktober/1. Dezember 1946 schreibt im Artikel 44 vor: *Das Genossenschaftswesen ist zu fördern.* Susanne Elsen erinnert daran, dass in Italien sozialökonomische Selbsthilfe in Form von Genossenschaften 1947 Verfassungsrang bekommen hat und dass seit Mazzini davon gesprochen wird, dass Kapital und Arbeit in einer Hand sein sollen („capitale e lavoro nelle stesse mani") (Elsen 2012: 104). Die „Wiederentdeckung" der Potenzen der Genossenschaften gehört zu den zivilgesellschaftlichen Innovationen, die entstehen, wenn Individuen auf die Krisenphänomene der Marktgesellschaft mit eigenen Aktivitäten antworten. „Genossenschaften im Bereich der Energieversorgung, Erzeuger-Verbraucher-Vereinigungen, Wohnungs- oder Kreditgenossenschaften zeichnen sich durch ein hohes Maß an Gemeinsinn aus" (Schlussbericht 2013: 670), betont die EK WWL. Hindernisse dafür sollen abgebaut werden.

„Regionalisierung von Wirtschaftskreisläufen" ebenso wie die „Solidarische Ökonomie" mit ihren „Nutzungsgemeinschaften" (müsste man sonst *Nutzerinnen- und Nutzergemeinschaften* sagen?) sind „auf lokale Beziehungen angelegt" und sollen gefördert werden. „Es geht aber ... immer auch um die vielfältigen Dimensionen der nicht-marktförmigen Reproduktion von Menschen, Gesellschaft und

Natur, Freiwilligen- und Sorgearbeit ist genauso wichtig wie jene ‚Dienstleistungen' der Natur, die keinen Preis haben." (ebd.: 670, 647) Das alles funktioniert nur mit Unterstützung der Politik.

Die südtiroler „Gemeinwohl-Region Vinschgau" in der Bezirksgemeinschaft Vinschgau strebt solche Ziele an. Vier Pilotgemeinden sind beteiligt: Laas, Latsch, Mals und Schlanders. „Gemeinwohl" wird ins Zentrum gerückt. „Die Gemeinwohl-Ökonomie ist ein relativ neues Wirtschaftsmodell, bei dem auch Aspekte wie Menschenwürde, Solidarität, Nachhaltigkeit, soziale Gerechtigkeit, Umwelt, Mitbestimmung und kleine Kreisläufe" eine Rolle spielen.

Es begann damit, dass 15 Pionierunternehmen 2011 eine Gemeinwohlbilanz für die eigene Firma erstellten. Eine solche Gemeinwohlbilanz gibt es 2015 auch bei der Berliner „Tageszeitung". Es geht dabei um Qualitäten wie Menschenwürde, Solidarität, ökologische Nachhaltigkeit, soziale Gerechtigkeit, Mitbestimmung, Transparenz. In allen Bereichen wird die gesamte Praxis der Tageszeitung geprüft, auch beim ethischen Beschaffungs- und Finanzmanagement, bei der ökologischen Gestaltung der Produkte und Dienstleistungen usf. (taz gemeinwohl Juli 2015).

Die Gemeinden im Vinschgau fragen sich ähnlich wie die Unternehmen, die eine solche Bilanz erstellen: „Wer sind unsere Lieferanten in den öffentlichen Einrichtungen, also etwa bei der Schulausspeisung, im Altersheim, bei den Sportstätten. Wer sind die Firmen, mit denen wir zusammenarbeiten und wie sieht deren Arbeitsweise aus. Sind das Unternehmen, die auf nichts anderes als die Gewinnmaximierung schauen, oder achten sie auch auf ihre Mitarbeiter oder ob die Arbeitsprozesse umweltverträglich ablaufen." Die Gemeinden bevorzugen dann jene Unternehmen, „die ebenfalls gewisse soziale und umweltverträgliche Standards einhalten." Den Befürchtungen, dass dadurch für die Betriebe „die Produkte teurer werden und man somit nicht mehr wettbewerbsfähig" werden könne, werden langfristige Effizienz-Verbesserungen gegenüber gestellt, und damit seien auch Kosteneinsparungen verbunden. Für die Gemeinden ist auf jeden Fall zu beachten, dass damit lokale, zumindest regionale Arbeitsplätze und damit auch Kaufkraft gesichert werden. Öffentliche Aufträge sollen gebunden werden an soziale und ökologische Standards und in der Region bleiben. Gemeinden können sich verpflichten, ihre Aufträge nur an Unternehmen zu vergeben, die soziale und ökologische Standards einhalten (oder quotieren, bezogen auf Frauen oder schwer vermittelbare Personen). Solche Akzente sind auch in einem Beschluss der Stadtverwaltung von Meran in Südtirol enthalten (s. 5.4). Die Provinz Südtirol hat in Artikel 36 des Finanzgesetzes (LG Nr. 15/2011) „eine Möglichkeit festgeschrieben, bei der Vergabe öffentlicher Aufträge ab dem EU-Schwellenwert Sozialklauseln vorzusehen, die eine angemessene Zahl von Punkten für soziale Verpflichtungen der Bieter ermöglichen" (Elsen 2012: 106; s. auch Kommunalpolitische Leitlinien der SPD Frankfurt am Main, Kap. 5.4).

Es gibt vermutlich in anderen Regionen und Staaten weitere interessante Innovationen dieser Art. Auch wenn sie auf die Politik der Staaten und der EU noch wenig Einfluss haben, so tragen doch alle dazu bei, überkommene Strukturen zu relativieren und andere Wege zu erkunden.

Aktuelle Probleme der Genossenschaften
Genossenschaften sind ein bedeutendes Mitglied der Familie der Gemeinnutzen. Die Exis-

tenz von Genossenschaften ist keine Selbstverständlichkeit. Daran erinnern unterschiedliche Entwicklungen in Kanada und Argentinien im 19. Jahrhundert: „Ein weiterer auffälliger Unterschied zwischen den beiden großen Weizen produzierenden Ländern war das Ethos der Hilfsbereitschaft, das in den Prärien Kanadas deutlich wurde. Die skandinavischen, britischen und mitteleuropäischen Einwanderer, die den Weg in die Prärie gefunden hatten, hatten bereits in Europa Erfahrungen mit Konsumgenossenschaften gemacht. Familienfarmen mit wenig Kapital förderten die Bereitschaft der Bauern, ihre Ressourcen zu bündeln. In den 1920er Jahren waren genossenschaftliche Strukturen, die für die Mitglieder den Verkauf und die Lagerung des Getreides organisierten und zudem als Versicherungsverein auf Gegenseitigkeit funktionierten, in den Weizenanbaugebieten Westkanadas fest etabliert. Im Gegensatz dazu führten die befristeten Pachtverhältnisse in den Pampas nicht zu einem dauerhaften Zusammenwirken." (Topik 2012: 710; s. auch Niederer 1974 in 6.8)

Hier wird wieder erinnert an Pfadabhängigkeiten und Wahlmöglichkeiten. Dass sie existieren, erscheint jedem als eine Selbstverständlichkeit, aber dass damit politische Handlungsmöglichkeiten verbunden sind, muss man erst begreifen. Interessant sind diesbezüglich auch die alten Konsum-Genossenschaften aus der Arbeiterbewegung (s. 4.1). Sie haben satzungsgemäß vorgeschriebene und staatlich kontrollierte Regelungen, u.a. Barzahlung und Rückvergütung betreffend (Sywottek 1984: 87). An Bedarfsdeckungswirtschaft orientiert, betreiben sie kein Marketing für expansiv wachsende Märkte (ebd.: 86). Der private Einzelhandel und seine Ketten erschweren das Geschäft, weil durch dessen Standardisierungen und Kommodifizierungen manche Vorteile der Genossenschaften verloren gehen (s. auch Wuester 1980; Hasselmann 1971, 1980). Mangelnde politische Unterstützung und ruinöser Wettbewerb führen Ende des 20. Jahrhunderts zum Ende dieser Genossenschaften.

Oft werden Genossenschaften kritisiert, weil sie nicht „wirtschaftlich" arbeiten: Sie sind in der Tat gehalten, auch die in der Satzung festgelegten gemeinnützigen Aufgaben zu erfüllen – im Prinzip ohne Beeinträchtigung der Wirtschaftlichkeit. Und es wird kritisiert, dass ihre Leiter und Mitarbeiter nicht mit voller Energie an der Arbeit sind. Das ist eine Frage von Personalmanagement. Im Prinzip kann das privatwirtschaftliche Unternehmungen genauso betreffen. Aber wenn ein kleines oder mittelgroßes privatwirtschaftliches Unternehmen bankrottiert, wird das nicht sehr beachtet. Nur wenn eine Genossenschaft in Pleite geht, wird gleich das ganze Prinzip infrage gestellt. Würde man Genossenschaften ähnliche öffentliche Förderung und Fürsorge angedeihen lassen wie z.B. mittelständischen Firmen, ließen sich manche Probleme relativieren.

Susanne Elsen (2012) breitet das ganze Spektrum der Vorteile aus: Genossenschaften „ermöglichen bedarfswirtschaftliche Lösungen, integrieren informelle Ökonomien in den Markt, schaffen Erwerbsarbeit, nutzen Bürgerschaftliches Engagement zugunsten des Gemeinwohls und ermöglichen lokal-regionale Wertschöpfungsprozesse." (Elsen 2012: 101) So umgehen sie einseitig monetäre Rationalitätsprinzipien. „Ihr ökonomisches Potential liegt neben der Bündelung der Kräfte auch in der tendenziellen Ausschaltung des Marktes durch die Mitgliederwirtschaft und das Identitätsprinzip." (ebd.) „Zunehmend werden genossenschaftliche Multistakeholder Verbünde als Organisationsformen zur

Bewirtschaftung von Gemeingütern, der autonomen Versorgung mit Energie sowie der Möglichkeit lokal-regionaler Wertschöpfung erkannt." (ebd.: 105)

Für kleine Kommunen kann man Genossenschaften als „Problemlöser" empfehlen, und das in einer Situation, in der man keinesfalls den Staat als Helfer rufen kann (Brazda 2012). Hier sind Kräfte der Selbstorganisation gefragt. So bewegen die Selbstorganisations-Versuche „von unten" und auf der anderen Seite die Neuentdeckung und Aufwertung des „Commons"-Prinzips durch die Ökonomen sich aufeinander zu. Aber dabei gibt es eine Menge von Problemen. So hat der Gesetzgeber Aufgaben nicht nur bei der Sicherung des Genossenschaftsprinzips, sondern auch bei der Neuorientierung ihrer Aufgaben ohne Gefährdung ihrer Identität (und kann Spielräume eröffnen, s. die GEA-Prinzipien).

Die ganze Bandbreite der aktuellen neuen Genossenschaften wird von der Berliner „Tageszeitung" (selbst eine Genossenschaft) 2012 vorgestellt: Fischereigenossenschaften (Peesch 1961) und viele andere Formen gehören dazu. „Energiewende, Finanzkrise und Geldmangel der Kommunen lassen kollektive Selbsthilfefirmen gedeihen." (Beilage Taz Genossenschaft Tageszeitung 22./23. September 2012 2, S. II)

„Wo die Verkäufer auch Käufer sind, macht Betrug am Kunden keinen Sinn. Das genossenschaftliche Wirtschaften hat dem kapitalistischen Wettbewerb nicht nur diese Vertrauensbasis voraus: Vom gemeinsamen Ziel angetrieben, sind Genossenschaften oft Innovationsmotoren. Und nicht selten koppeln sie ihr wirtschaftliches Handeln an ein politisches Ziel. Was sich anhört wie ein paradiesischer Zustand, wird weltweit seit mehr als hundert Jahren täglich und erfolgreich umgesetzt." (Gellenbeck ebd.: Beilage. 2012)

Nicht unterschlagen werden sollen problematische Seiten der Genossenschaften. Sie liegen in der Gegenwart nicht nur in der Notwendigkeit, gängige Vorurteile und nicht mehr willkommene Dimensionen sozialer Kontrolle zu überwinden. Andere Probleme liegen in der existierenden Einbindung der Genossenschaften in das Marktsystem. Hagen Henrÿ von der Universität Helsinki erinnert daran, dass sich „Genossenschaften wegen ihrer Rechtsstruktur vergleichsweise gut für die Umsetzung des Konzepts der nachhaltigen Entwicklung eignen". Die „aktuelle Genossenschaftsgesetzgebung" läuft dem jedoch zuwider, „da sie die Alleinstellungsmerkmale der Genossenschaften aushöhlt". Erkennbar ist „der seit circa vier Jahrzehnten anhaltende Trend, die Genossenschaften durch die Gesetzgebung den Kapitalgesellschaften in ihrer Struktur anzugleichen" (Henrÿ 2012: 69) – die „Verkapitalgesellschaftung". „Die zum Teil ohne notwendige Anpassung auf die Genossenschaften anzuwendenden Regeln des Arbeitsrechts, des Wettbewerbsrechts, des Steuerrechtes sowie der Buchführungs- und Rechnungslegungsvorschriften macht dabei das gesamte Ausmaß der ‚Verkapitalgesellschaftung' deutlich. Passen sich zudem die Genossenschaften selbst dieser Vereinheitlichung der Unternehmensformen nach dem Muster der Kapitalgesellschaften an, indem sie die sich ausweitende Satzungsautonomie ausschöpfen, dann wird die Berufung auf nicht mehr gelebte, identitätsstiftende Genossenschaftswerte und -prinzipien in der rechtspolitischen Debatte fragwürdig." (ebd.: 69/70) Mit anderen Worten: Die Genossenschaften und ihre Prinzipien geraten unter die Räder des Neoliberalismus. Da versucht das zitierte „Maimanifest" von 2015 in Österreich gegenzuhalten.

Die Diversität auch der Unternehmensformen, so Henrÿ, ist ein wichtiger Teil der zu fördernden sozialkulturellen Vielfalt und unverzichtbar auch, wenn es um nachhaltige Entwicklung geht. Zentral für diese sind vier Aspekte: ökologische Ausgeglichenheit, wirtschaftliche Sicherheit, soziale Gerechtigkeit, politische Stabilität, letztere „vorrangig eine Funktion sozialer Gerechtigkeit und nicht eine Funktion von Wohlstand, wie in der Armutsdebatte häufig angenommen" (ebd.: 71). Für die Genossenschaften ist die „Aufhebung des Verbots von Nicht-Mitgliedergeschäften" wichtig, die es ermöglicht, ihren „Förderüberschuss" auch für Bürgerstiftungen oder Regionalfonds auszugeben (ebd.: 78). Energiegenossenschaften, Projekt- und Strukturentwicklungsgenossenschaften, die unternehmerisch, aber nicht gewinnorientiert arbeiten, können auch mit juristischen Mitgliedern gebildet werden (ebd.: 79). Überlegungen zu dem „Lebenszyklus" solcher Aktivitäten sind nützlich: Wie lange wollen und können Individuen, ausgesetzt dem Druck einer ökonomisch denkenden Umwelt (der je nach vorherrschenden Denkstrukturen und Erfahrungen unterschiedlich sein kann) auf Dauer „kooperativ" sein (ebd.: 80)? Die immer wieder gern vorgebrachte Ausrede, man könne nur nachhaltig wirtschaften, wenn alle anderen das auch tun (ebd.: 73), trifft gerade für Genossenschaften nicht: Sie können dies tun, wenn ihre Mitglieder es tragen.

7. Lebensqualität und Suffizienz

Die Individuen müssen sich mit ihren Wünschen nach Lebensqualität auch beim sozialökologischen Wandel wiederfinden, und die Politik muss von diesen Wünschen angetrieben und aktiv werden. Daher ist es legitim, nach den subjektiven Zielen und Prägungen zu fragen. Die Motive der Handelnden lassen sich analysieren mit den qualitativen empirischen Methoden der Feldforschung, wie sie in den ethnologischen Wissenschaften praktiziert werden und bei denen die Individuen in ihren sozialkulturellen Milieus ernst genommen werden. „Lebenssinn", philosophische und religiöse Dimensionen können dabei nicht außen vor gelassen werden, weil sie das Handeln auch in den Konsumsphären deutlich beeinflussen. Immer aber wird zu beachten sein, dass es um konkrete Individuen in ihrem sozialen Umfeld geht und nicht um allgemeine anthropologische Interpretationen. Deswegen geht es im Folgenden nicht um das, was Philosophen, Theologen oder anderen Intellektuellen denkmöglich ist, sondern um das, was im Alltagsleben wirkt.

7.1 „Sinn" und Lebensqualität

Eigennutz und Verantwortung
Die Frage danach, wie Menschen in ihren jeweiligen Milieus im Rahmen ihrer Standards die Sinnhaftigkeit ihres Tuns und den „Sinn" ihres Lebens stellen und beantworten, damit verbunden Zufriedenheit, Glückschancen usf., ist für empirische kulturwissenschaftliche Forschung legitim. Auch hier kann dabei nicht abgehandelt werden, was Philosophie, Theologie und Sozialpsychologie normativ oder programmatisch dazu sagen. Es geht um die im Alltag wirkenden Standards des guten und richtigen Lebens, um religiöse, ethnische und sozialkulturelle Identitätsbildung oder soziale Abgrenzungen, eingeschlossen demonstrativer Konsum usf., Distinktion, Partnersuche und andere Alltagsbedürfnisse. Man kann das in allgemeiner Form behandeln und anthropologisierend von *dem Menschen* sprechen, aber immer handelt es sich um konkrete Individuen in ihren sozialen Zusammenhängen. Ihr Verhalten ist auch verbunden mit dem Wunsch, bei konkreten Personen Anerkennung und Zuwendung zu erhalten und mit ihnen vertrauensvoll zu kommunizieren. Vieles davon wird in „Subjektwissenschaften" thematisiert. Die Psychologie z. B. setzt für die Lebensqualität die Arbeits- und Liebesfähigkeit im Zentrum, damit auch Genussfähigkeit. Auch das wird immer im sozialen Kontext formuliert. Aber hier geht es um das, was politikrelevant in konkreten gesellschaftlichen Handlungskontexten mit entsprechenden materiellen Auswirkungen im Alltag stattfindet.

Amitai Etzioni argumentiert in seiner Auseinandersetzung mit den neoklassischen ökonomischen Theorien der Nutzenmaximierung: „Akteure streben nach Vergnügen (und daher nach Eigennutz) und versuchen, nach ihren moralischen Verpflichtungen zu leben." (Etzioni 1994, Dettling 1994; s. 3.1) In der Kombination dieser beiden Sätze liegt ein Ansatz, den es hier zu verfolgen gilt. Konsumenten entscheiden nicht nur nach Gebrauchswert. Aber sie entscheiden auch nicht nur aus Habgier oder sozialem Distinktionsbestreben. Alles geschieht nicht nur auf individueller Ebene, sondern auch auf derjenigen der Altersgruppen, Freunde, Bezugspersonen, und die Ergebnisse gehen in die spezifische Definition der „Sinnstrukturen" einer Lebenswelt ein. So können auch Ansätze für Produktkulturen entstehen, die mit der Perspektive „nachhaltiger Entwicklung" in Einklang stehen.

Solche „kulturellen Sinnkonstruktionen" sind sowohl in der Vergangenheit wie in der Gegenwart nicht unmittelbar mit dem Wunsch verbunden, Nachhaltigkeit zu praktizieren, werden aber in den seltensten Fällen die Zukunft, bezogen auf die eigenen Kinder und Mitmenschen ausschließen: „Nach uns die Sintflut" ist eine kaum allgemein flächendeckend verbreitete Maxime, eher ist man sich bewusst, dass man das nicht ernst nehmen will (Kolbert 2006). Wie weit die Verantwortung für die „Mitmenschen" einbezogen ist, das ist eine andere Frage. Biblisch-protestantisch gehören dazu alle, die in irgendeiner Weise vom eigenen Handeln betroffen sind – das ist angesichts der weltweiten Verflechtungen sehr weit.

Vorstellen lässt sich eine *bessere Zukunft* , die mit einem Reichtum an kulturellen Erfahrungswelten und mit großer Vielfalt der Lebensweisen verbunden ist und Prinzipien der Nachhaltigkeit anstelle von Wachstums- und Arbeitszwang einschließt. Bei Ulrich Greiner liest sich das so: „Wirklich innovativ wären Strategien der Verlangsamung und der Besinnung: eine humanistische, sprachliche Bildung etwa, die den Ursprung europäischen Denkens erschließt; eine Schule etwa, die ihr Lehrprogramm nicht in den Verwertungszusammenhängen des Arbeitsmarktes stellt; ein Elternhaus, das sich nicht damit begnügt, fürs nötige Einkommen zu sorgen und die Erziehung den Dienstleistungen staatlicher oder karitativer Institutionen zu überlassen.

Die wahre Reform bestünde also darin, sorgsam Sand ins Getriebe des rasenden Konsumismus zu streuen, in die Beschleunigung eine Verlangsamung einzubauen ..." (U. Greiner 1999: 7). So sähen soziale Innovationen aus. Solchen Appellen zu folgen sind viele bereit, aber von der Politik wird das nicht gestützt. Oder doch?

Perspektive „Beziehungsreichtum"
Im Marxismus spielen Stichworte wie die *freie Entwicklung eines jeden* und *Beziehungsreichtum* eine besondere Rolle. Dietrich Mühlberg erinnert an für ihn und die DDR-Kulturwissenschaft bei ihrer Gründung 1965 einflussreiche Diskussionen zu den philosophischen Frühschriften von Karl Marx und Friedrich Engels: Da heisst es, dass „die freie Entwicklung eines jeden die Bedingung für das Gedeihen der Gemeinschaft" bedeutet (Mühlberg 2013: 3). Das ist, was die Betonung der freien Entfaltung des Einzelnen anbetrifft, eurozentrisch gedacht, orientiert an Renaissance und Aufklärung. In anderen kulturellen Traditionen wird Gemeinschaft stärker gewertet (s. 7.3). Aber immerhin ist beides hier gekoppelt; bei Willy Brandt (s. u.) ist das ähnlich. Nur anarchistisches Denken vertritt ebenso wie neoliberales andere Prinzipien. Dass dies nicht mit exzessiver Verfügung über materiellen Reichtum verbunden sein muss, darf unterstellt werden. Wohl aber gehört eine ausreichende Befriedigung der materiellen Bedürfnisse in den Standards der jeweiligen historisch-konkreten Lebensformen dazu, so in allen Utopien und Traktaten vom guten Staat oder wie bei dem Spruch von Peter Rosegger „Wie reich war ich, als ich noch arm war".

1845 schwärmt Marx davon „heute dies, morgen jenes zu tun, nachmittags zu fischen, abends Viehzucht zu treiben, nach dem Essen zu kritisieren, wie ich gerade Lust habe – ohne je Fischer, Hirt oder Kritiker zu werden." (M/E Deutsche Ideologie MEW 3, 33. Mühlberg 2013: 4) Das ist ein gern zitiertes Wunschbild. Der doppelt freie Lohnarbeiter ist bei Marx die Hoffnung für die Emanzipation des Menschen. „Daß der Stand, der heute nichts besitzt, am *Reichtum der Mittelklassen* teilzunehmen *verlangt, das ist ein Faktum*" (Marx 1842 an Engels, MEW 1, S. 106, zit. in Mühlberg 2013: 6). Was gelegentlich als „Verbürgerlichung des Proletariats" kritisiert wird, ist der Wunsch nach „anständigen" Lebensbedingungen als soziales Grundrecht.

In seiner „Frankfurter Rede" hat der mit aristokratischem Luxus vertraute Ferdinand Lassalle die „verdammte Bedürfnislosigkeit" der deutschen Arbeiter beklagt: „Ihr deutsche Arbeiter seid merkwürdige Leute! Vor französischen und englischen Arbeitern, da müßte man plaidieren, wie man ihrer traurigen Lage abhelfen könne, *Euch* aber muß man vorher erst noch beweisen, daß Ihr in einer traurigen Lage *seid*. So lange Ihr nur ein Stück schlechte Wurst habt und ein Glas Bier, merkt Ihr das gar nicht und wißt gar nicht, daß Euch etwas fehlt! Das kommt aber von Eurer verdammten Bedürfnislosigkeit! ... Fragen Sie alle National-Ökonomen: welches ist das größte Unglück für ein Volk? Wenn es *keine Bedürfnisse hat*. Denn diese sind *der Stachel seiner Entwicklung und Kultur*." (zit. in Stirner 1978: 122; s. auch Bogdal 1978) Aus liberalem Denken stammend, ist diese Aufforderung zur Entfaltung der Bedürfnisse ein Bestandteil des Selbstverständnisses der Wachstumsgesellschaft. Der Proletarier ist dem „Idiotismus des Landlebens" entrissen (MEW 26.2, 476). Es ist „das Aufkommen der ‚sozialen Frage' selbst eine kulturelle Reaktion auf einen Zustand, der bislang ertragen oder für selbstverständlich gehalten wurde – von den Herrschenden oder den Beherrschten" (Mühlberg 2013: 7).

Zur Auseinandersetzung und zum Nachdenken fordert *heute* angesichts der Krise der Wachstumsgesellschaft eine Formulierung aus den „Grundrissen" von Marx auf: „Persönliche Abhängigkeitsverhältnisse (zuerst ganz naturwüchsig) sind die ersten Gesellschaftsformen, in denen sich menschliche Produktivität nur in geringem Umfang und auf isolierten Punkten entwickelt. Persönliche Unabhängigkeit auf *sachlicher* Abhängigkeit gegründet ist die zweite große Form, worin sich erst ein System des allgemeinen gesellschaftlichen Stoffwechsels, der universalen Beziehungen, allseitiger Bedürfnisse, und universeller Vermögen bildet. Freie Individualität, gegründet auf die universelle Entwicklung der Individuen und die Unterordnung ihrer gemeinschaftlichen, gesellschaftlichen Produktivität, als ihres gesellschaftlichen Vermögens, ist die dritte Stufe. Die zweite schafft die Bedingungen der dritten." (Marx: Grundrisse 1953, S. 75/76)

Hier ist von einer „gemeinschaftlichen, gesellschaftlichen Produktivität" die Rede (und beide Attribute werden gleichberechtigt genannt). Ähnlich kann man bei Willy Brandt lesen: „Das Ziel ist die Erziehung eines kritischen, urteilsfähigen Bürgers, der imstande ist, durch einen permanenten Lernprozeß die Bedingungen seiner sozialen Existenz zu erkennen und sich ihnen entsprechend zu verhalten." (Brandt 1969: 1125) Nimmt man als zentrales Kriterium für „freie Individuen" die Fähigkeit der Menschen, Souveränität über ihre (gemeinschaftlichen) Lebensverhältnisse zu entwickeln, dann erhält man vielleicht Maßstäbe für die Bewertung. Was wollen diese Menschen? Der Wunsch nach „Lebens in seiner Fülle" (Dorothee Sölle 1983) und die Auseinandersetzung mit dem Fortschrittszwang haben hier ihren Platz.

Es ist „die Entdeckung, Schöpfung und Befriedigung neuer aus der Gesellschaft selbst hervorgehender Bedürfnisse: die Kultur aller Eigenschaften des gesellschaftlichen Menschen und Produktion desselben als möglichst bedürfnisreichen, weil Eigenschafts- und Beziehungsreichen [...] (denn um nach vielen Seiten hin zu genießen, muss er genussfähig, also zu einem hohen Grad kultiviert sein) [...] eine Bedingung der auf das Kapital gegründeten Produktion"; d.h. auch allseitig (vielseitig) entwickelte Persönlichkeiten (Produzenten) werden für die (kapitalistische) Produktion gebraucht (nicht nur bis Gestern, heute nur vielleicht selektiver) (s. Kapitel vom Geld, Grundrisse von 1857, MEW 42: 322f.). Von der „Sicherung der höchsten Wohlfahrt und der freien allseitigen Entwicklung aller Mitglieder der Gesellschaft" spricht Lenin (Hartmann 1982).

Das Programm des expansiven Konsumismus im Kapitalismus kann so auch verstanden werden als Teil der Entwicklung von eigenschafts- und beziehungsreichen Individuen. Muss das für die Transformationsgesellschaft aber nicht neu reflektiert werden? Hier kann die Erinnerung an die Selbstbegrenzungsfähigkeiten Anregung zum Weiterdenken sein. Eine Kritik an dem Programm der allseitigen Bedürfnisse braucht nicht Askese predigen.

Die deutsche Sozialdemokratie nährte die Hoffnung, „in einem sozial regulierten Kapitalismus wäre auch für arbeitende Menschen ein reicheres Leben möglich", und andere meinten, „der erreichte kulturelle Anspruch der Proletarier mache einen baldigen revolutionären Übergang in eine höhere Gesellschaftsform möglich." (Mühlberg 2013: 8) Das Programm des „Sozialismus in einem Lande" verlangt dann eine „doppelte Transformation" sowohl der Eigentumsverhältnisse wie der Kultur, und es benutzt dazu kulturelle Umwälzung und ggf. Zwangskultivierung (wie in „Traum und Terror" von Karl Schlögel 2008 beschrieben). Das Programm der Kulturrevolution und der Erziehung eines neuen Menschen in den europäischen sozialen Bewegungen lautet ähnlich, braucht nur keine Gewalt. Eine „Avantgarde leistet die Erziehung der Klasse durch die Partei, sie führt die Massen (über die Massenorganisationen) und erzieht sie in sozialistischem Geiste" (Mühlberg 2013: 11). Das Kultivierungsprogramm der Österreichischen Sozialdemokratie der Zwischenkriegszeit, die Volkskunst- und Bildungsprogramme beim Aufbau der DDR (Kühn 2015), ebenso aber auch die Zwangskultivierungsprogramme in China während und nach der Kulturrevolution finden – mit allen notwendigen Differenzierungen – hier ihre Legitimation. Grundlagen für andere Zugänge und Interpretationen werden erst geschaffen, wenn die Kultur der „Subalternen", wie sie widerspruchsreich aus deren eigenen Erfahrungen und Motiven entspringt, mit allen Widersprüchen anerkannt und weiterentwickelt wird, statt in ein edukatives Projekt einbezogen zu werden.

Antonio Gramsci hat „als einer der ersten diesen dogmatischen Dualismus zwischen ökonomischer Basis und Überbau relativiert und auch den Klassenreduktionismus kritisiert, der allein in der Arbeiterklasse eine revolutionäre Kraft sieht." (Mühlberg 2013: 10) Und die Alternativen haben sich das gern zu Herzen genommen, indem sie sich gegen jede Orthodoxie des Besserwissens wandten, mit der Nähe zu anarchistischen Ideen allerdings auch viele Handlungsmöglichkeiten verspielend.

Wenn es um die Krise der Wachstumsgesellschaft geht, steht nicht grenzenlose Freiheit auf dem Programm, sondern es geht auch darum, Grenzen setzen zu können. Die Bedeutung der in den „Frühschriften" programmatisch hervorgehobenen Freiheit bleibt angesichts gegenläufiger Tendenzen wichtig, auch wenn sie nicht grenzenlos ist. Der Markt versucht die Konsumentensouveränität zu relativieren. Es gibt sogar eine neoliberale Doktrin der „Konsumentenwohlfahrt", bei der die Konsumenten nicht gefragt werden und nicht in Prozesse des Aushandelns einbezogen sind (Crouch 2011). Dem Konsumenten wird angeblich zu seinem eigenen Nutzen tendenziell diese Souveränität geraubt, ebenso wie dies bei paternalistischen Bevormundungen geschieht. Aber selbst Verkehrsvorschriften (gegen *Freie Fahrt für freie Bürger*) oder Lebensmittelkontrollen sind Eingriffe, die vom *Hayekanismus* der Neoliberalen als Beeinträchtigungen der Freiheit betrachtet werden könnten, aber letztlich auch von ihnen toleriert werden müssen. Auch das erinnert an unterschiedliche „Pfade".

Die Individuen sind sich in der Regel bewusst, dass sie sich Grenzen setzen müssen. Darauf hinzuweisen ist nicht Kulturkritik, sondern erinnert an die von allen notwendigerweise immer wieder aktivierten Selbstbegrenzungsfähigkeiten (s.2.1).

Wenn die je eigene Kultur als die spezifische Ausprägung von Lebensweise und nicht eine abstrakte allgemeine „Kultivierung des Menschengeschlechts" als das Ziel von Entwicklung bezeichnet wird, dann wird ein neues Verständnis von Entwicklung möglich: Nicht alle müssen nach *immer mehr vom gleichen* streben. In jeder Gesellschaft und in jedem Milieu können die Standards des *guten und richtigen Lebens* kulturell selbst definiert werden, freilich unter Beachtung der Verantwortlichkeit für das Gemeinsame. Niemandem wird damit das Recht auf gesicherte materielle Standards bestritten, aber die Bedürfnisse werden mit ihrer Dynamik in einen kulturellen Kontext *eingebettet*. Für die Zähmung der kapitalistischen Globalisierung ist dies eine unverzichtbare Komponente.

Überlegungen dieser Art spielen auch eine zentrale Rolle, wenn es um die mentale Infrastruktur für eine Gesellschaft der Nachhaltigkeit geht (für die sozialökologische Transformation): Menschen müssen sich vorstellen können, Lebensqualität zu generieren auch ohne ständiges Wachstum und ohne das Versprechen, dass es allen immer besser gehen soll.

Glück und Anderes: „Wir wollen alles, aber subito"

Die Lebensqualität in vorindustriellen Zeiten ist für die Menschen nicht in gleichem Maße abhängig von der Ausbeutung anderer Welten wie heute. Auch in diesen Zeiten (vor allem wenn sie friedlich waren) gibt es Chancen für Glück und Zufriedenheit. Das gilt für die soziale Dimension oder den Umgang mit Armut und Reichtum (s. 4.1).

„Her mit dem *ganzen* Leben", „Wir wollen Brot *und* Rosen" skandierten in den 1970er Jahren die Engagierten der Arbeiterjugendbewegung, riefen die Frauen am Internationalen Frauentag. „Wir wollen alles, aber subito", bestätigten die „autonomen" anarchistisch beeinflussten Bewegungen. 2015 liest man auf Kleinplakaten den Spruch „Luxus für Alle".

Solche Wünsche können auch auf anderes als materielle Güter bezogen werden: Nicht nur moralisierend auf Lebensqualität und Glückschancen allgemein, sondern auf Ansprüche etwa, die nach Souveränität in den eigenen Arbeits- und Lebensverhältnissen fragen: Zeitsouveränität zum Beispiel, oder Spielräume für eigene Zwecke jenseits von

Konsum, Marketing-Gängelung und sozialer Kontrolle (7.1). „Die Fähigkeit, das eigene Leben zu führen" (Steinert 2005: 51) ist als Teil der konkreten Lebensqualität eingeschlossen, freilich auch die Devise von Nazim Hikmet „Leben einzeln und frei wie ein Baum, dabei brüderlich wie ein Wald".

Das kleine Glück (Patchwork-Glück)
Nachhaltigkeit soll bewusst verbunden werden mit Qualität des Lebens: Sie ist nicht als Askese zu realisieren. Die Wiener Kulturwissenschaftlerin Klara Löffler hilft mit ihren Überlegungen zum „kleinen Glück" darüber nachzudenken. Sie folgt nicht dem kultur- und konsumkritischen Ansatz, hinter dem immer auch die Unterscheidung von „wahren" und „falschen" Bedürfnissen verborgen ist. Sie fragt nicht nach den „umfassenden, radikalen Entwürfen eines Glücks, das keinen Alltag kennt", sondern geht nüchtern den „unspektakulären ‚Berichtigungen des Alltags' (Hermann Bausinger)" nach (Löffler 2000: 24). „Die kleinen Vergnügen des Alltags lediglich als Trostrituale zu verstehen, dies hieße jedoch, die individuellen und alltäglichen Formen und Muster der Glückssuche wieder nur vor dem Maßstab kollektiver und allgemeiner Glücksmodelle zu beurteilen und die Eigenart dieser Praxen zu verkennen. Kleine Freuden sind, obwohl in den Alltagen situiert und einer alltäglichen Logik verbunden, paradoxerweise Gegenentwürfe zu eben diesen Alltagen. Sie sind – auch – radikal subjektiv und darum singulär." (ebd.: 29)

„Es ist also viel und wenig zugleich, was man braucht, um glücklich zu sein. Es sind viele, zum Teil konkurrierende und hohe Ideale, die wir vor Augen und auch im Kopf haben, wenn wir uns wieder einmal befragen, ob wir denn eigentlich glücklich sind. ... Doch es ist längst nicht so viel, was die Zeitgenossen angeblich – nach dem Dafürhalten nicht weniger Kulturkritiker – brauchen, um glücklich zu sein, stehen doch diesem Glück im Großen und Ganzen die kleinen Freuden des Alltags gegenüber." (ebd. S. 30) In der Lebenspraxis ist wohl immer klar, dass Glück kein Ausblick ins Unendliche ist (Fél 1972 : 1; s. auch Bilder vom Glück 2002)

7.2 Welten der Suffizienz und der Preis des Fortschritts

Symbolwelten des „Genug".
„Der Suffizienzbegriff war einigen Mitgliedern der Enquete-Kommission von Beginn an verdächtig. Er wurde mit Verzicht gleichgesetzt. Doch hier hat es interessante Lernprozesse bei vielen Mitgliedern gegeben, was zu einem abschließenden und erfolgreichen Änderungsantrag zum Thema Suffizienz führte. Suffizienz hat daher viel mit Sorgearbeit zu tun, mit einer Ökonomie des Maßhaltens, des guten Lebens und des ‚Genug für alle'. Das ist ein wichtiges Ergebnis." (Schlussbericht 2013: 798) „Suffizienz darf dabei allerdings nicht mir reiner Genügsamkeit und Verzicht verwechselt werden, denn statt Verzicht gehe es um das bewusste Reflektieren des guten Lebens", wird betont (ebd.: 660) Veränderungen sind nur möglich, wenn „Menschen angstfrei sind und über ein Mindestmaß an sozialer und emotionaler Sicherheit verfügen." (ebd.: 648; s. auch 784, 793)

Die in allen Gesellschaften vorhandenen „Symbolwelten des Genug" und die handlungsleitenden Standards des „guten und richtigen Lebens" thematisieren Suffizienz, Selbstbegrenzung und Zukunftssicherung. Immer aber gibt es auch Formen des genussvollen Exzesses in Festen und Kulten, mit denen die Zeit gegliedert wurde und Lebensqualität generiert wurde (s. 7.6).

Es gibt eine Fülle von Sprichwörtern und Redensarten, die bei der täglichen Kommunikation über die Standards des guten und richtigen Lebens verwendet werden (können). Dass Bäume nicht in den Himmel wachsen ist so ein Bild. Sprichwörter unterschiedlicher sozialer Herkunft thematisieren Suffizienz, sie sind in allen sozialkulturellen Gemeinschaften kursierende Kleinmünze, halten diese Selbstbegrenzung ebenso in Erinnerung wie einschlägige Mythen: „Wer nie genug hat, ist immer arm." (Wander Bd. 1, Sp. 1554) Gesagt wird auch: „Besser genug, als zu viel" oder „Genug haben ist steter Festtag." Das Sprichwort weiß um die soziale Dimension der Begrenzungsfähigkeit: „Das Wörtlein ´genug´ steht nicht im Wörterbuch eines Reichen". Ebenso weiß es um die Relativität von Reichtum: „Genug haben ist mehr als viel haben." Das kann in sozialen Spott umschlagen: „Was man genug hat, dess ist man satt, sagte der Bauer, da war er drei Tage verheirathet."

Beliebig viele Beispiele für Topoi der freiwilligen Selbstbegrenzung liefert die europäische ebenso wie die internationale Geistesgeschichte, von Diogenes über Franz von Assisi bis zu Mahatma Gandhi. Die individuelle Definition von Reichtum ist auch heute immer wieder Gegenstand moralischer und ethischer Reflexion – bis hin zur Predigt des IG Metall-Vorsitzenden Klaus Zwickel in der Hamburger St. Katharinenkirche über das Thema „Kann denn Mammon christlich sein?"(1999)

Auch die mythischen und märchenhaften Bilder von Suffizienz und Begrenzungen wären hier zu nennen. Das Märchen „Der Fischer und sine Frau" aus den Kinder- und Hausmärchen der Brüder Grimm ist heute noch vielen vertraut: Die Frau hat immer größere Wünsche, die der wundertätige Fisch (der Butt) erfüllen soll, und die Maßlosigkeit wird damit bestraft, dass sie und ihr Mann am Schluss sich in ihrer kleinen Kate (dem Pisspott) wiederfinden müssen.

Eine der stärksten älteren Symbolfiguren für Suffizienz ist die des Herren der Tiere (auch der „Freischütz" greift sie auch auf). Der *Herr der Tiere* gewährt dem Jäger nur eine begrenzte Zahl der zu erlegenden Tiere und bestraft die Übertretung. Als Symbolisierung von Frevel und Hybris gibt es in alpinen Gegenden als Erklärung für die Vergletscherung von Hochregionen zu Beginn der frühen Neuzeit (Reichholf 2007: 121) die Sage von der „Übergossenen Alm": Die übermütigen Hirten auf einer Alm legen ihren „Dirnen" Käselaibe in den Morast, damit sie sich die Schuhe nicht beschmutzen. Als wenig später ein altes Mütterchen um eine milde Gabe bittet, wird es schroff abgewiesen. Es folgt ein schlimmes Unwetter, an dessen Ende die Alm voll Eis und Schnee liegt und nie mehr bestoßen (beweidet) werden kann. Ähnliche „Frevelsagen" mahnen immer wieder zu Selbstbegrenzung.

Faust ist gleichzeitig eine Parabel für den Fluch der Unersättlichkeit und die Unfähigkeit zur Selbstbegrenzung: Als er, schon erblindet, sein Programm der Gewinnung von neuem Land für freie Menschen noch einmal fortsetzen will, hört er das Geräusch von Hacken und Schaufeln und meint, es ginge um dieses neue Programm. In Wirklichkeit schaufelt man sein Grad. Der antike Mythos vom König Midas, der schließlich verhungert, weil ihm alles zu Gold wird, was er anrührt, ist ein anderes Motiv in diesem Zusammenhang.

Die Freizeitforscher plädierten einst dafür, in dem Wechsel von Entspannung und Spannung, Gleichzeitig-Ungleichzeitigem eine befriedigende Lebenspraxis zu finden. Auch dies kehrt in der Ideen- und Geistesgeschichte immer wieder, erst Recht in der Alltagsphilosophie der Sprichwörter und Sprachbilder. Man braucht also nicht nur zu klagen, dass die eigenen, aus der Fülle der Möglichkeiten entstandenen genügsamen Haltungen erwachsener Menschen nicht bei anderen (jüngeren z. B., die gerade in einer anderen, expansiven Phase des Erlebens sind) auftauchen. Statt dessen wäre prüfen, ob und wie sie auch in deren Alltag eine Rolle spielen. Wie oft gibt man sich im Alltag, beim Essen, Lieben, Schauen zufrieden mit dem, was man hat? Wie oft wünscht man sich aber auch die Grenzenlosigkeit? Alle Lust will Ewigkeit, heißt es bei Nietzsche, aber will man das wirklich? Also nehmen wir beides, den Wechsel von Entspannung und Spannung, von Suffizienz und Exzess (7.3), und suchen daraus die Pfade abzuleiten, mit denen auch Nachhaltigkeit denkbar wird.

Dass bei den Akten des Konsums nicht gleich an die sozialen und ökologischen Folgen gedacht wird, das kennt man aus dem eigenen Verhalten. Das aber ist kein Naturgesetz, dank dessen die Zerstörung der Lebenswelt unvermeidbar wäre. Es ist auch keine Entschuldigung für jegliches individuelle Verhalten – da ist einiges korrigierbar, auch wenn dadurch die Welt nicht gleich gerettet werden kann.

Immer werden Unterschiede in den Lebensphasen der Individuen zu berücksichtigen sein, auch beim Shopping (4.4). Es gibt für die notwendigen expansiven Phasen von Kindheit und Heranwachsenden „Raum" im mehrfachen Sinne. Das wirkt sich auf das Verständnis von „Wachstum" aus: Individuen wachsen, und da hat alles, was mit Wachstum zu tun hat, seinen gedanklichen und programmatischen Platz. Aber niemand wächst ewig, so wie Bäume nicht in den Himmel wachsen. Marketing berücksichtigt mit Selbstverständlichkeit die Unterschiede in den Wachstumsphasen der Individuen. Eine Politik der Transformation wird dies auch tun müssen.

Personenbezogenes Wachstum wird in den populären Symbolwelten mythisch-verklärt und verschleiert gern thematisiert, so im „Königsweg des Märchens", der „mit der Kindheit anfängt und mit einer Heirat endet. Auf der Basis dieses Grundmusters erzählt das Märchen von seinem Anliegen: dem Wachstum und der Identität des Menschen." (Wentzel 2014) Im ungarischen Dorfes Átány (Fél 1972) geht es darum, dass sich die jungen Burschen Mittel für das Wirtshaus verschaffen, um mit Gleichaltrigen Trinken zu können: Sie stehlen ihrem Vater z. B. einen Sack Getreide, und dafür werden sie dann später verprügelt. Aber, wenn das Leben kontinuierlich verläuft, werden sie mit ihren eigenen Söhnen später genauso verfahren.

Zielvorstellungen und Bilanzierung des Fortschritts
Das wichtigste ist die persönliche Freiheit. Dieser Konrad Adenauer zugeschriebene Spruch taucht nicht zufällig 2015 in Berlin an Plakatwänden auf. Die Freiheit des Individuum, Versprechen der Aufklärung, wird ideologisch-programmatisch im Neoliberalismus aufgegriffen. Sie wird allerdings durch die von ihm entfesselte ökonomische Dynamik nachrangig hinter die Freiheit des Finanzmarktes gestellt. Schon die Aufklärung kann sich nur beschränkt auf diese Freiheit berufen – der Marquis de Sade ist nur ein Exponent. Die span-

nungsreiche Trias von Freiheit, Gleichheit, Brüderlichkeit (und Schwesterlichkeit) der Französischen Revolution ist wirkungsvoller als die Radikalität der Freiheit und munitioniert noch soziale Bewegungen und soziale Marktwirtschaft. Gern kann heute einer sagen, dass Familie und Glück mit anderen noch wichtiger sind als die persönliche Freiheit des (isolierten) Individuums. Religiöse Prägungen setzen ohnehin andere Akzente; da ist die Freiheit weniger wichtig als der Wunsch, vor seinem Gott und der religiösen Ethik als Individuum bestehen zu können (auch das gibt es in säkularer Variante).

Es gibt immer auszuhaltende Ambivalenzen. Für die Gegenwart wird behauptet: Wirtschaftliches Handeln, Güter und Dienstleistungen erhalten, so definiert der schon zitierte Cuéllar-Bericht von 1995, „ihren Wert durch das, was sie zur Erweiterung unseres Freiheitsspielraums bei der Wahl der Lebensweise beitragen." (Our Creative Diversity 1997: 17; s. 6.5) Hier ist offen, wer mit dem Kollektivplural „unser" gemeint ist. Jedenfalls ist da auch der Bezug zur Gemeinschaft möglich.

Die Bilanz von 200 Jahren Industrialisierung (Miegel 2010: 153; Roscoe 2014) ist widerspruchsreich: Den Gewinnen an Lebenszeit stehen die Schäden der Lebenswelt und Zukunftsfähigkeit gegenüber. Auf Dauer lassen sich die Menschen nicht abspeisen mit der These von der verselbständigten Evolution, wie sie Klaus Haefner vertritt: „Die Evolution hat nie eine Bilanz gezogen, sie hat nie gefragt, wo sind Verluste und Gewinne, sie ist einfach fortgeschritten! ... Es gibt keine Evolutionsbilanz, es gibt auch niemanden, der eine solche Bilanz zieht. Wir müssen mit der Realität der Evolution leben. Insbesondere die Evolution der Informationsverarbeitung schreitet fort." (Haefner 1993: 53) Ähnlich interpretieren die Spekulanten, die immer neue Bereiche in die Vermarktwirtschaftlichung einbeziehen wollen: Den Fortschritt kann man nicht aufhalten, man muss ihn aushalten, meinen sie und gestalten ihn in ihrem Interesse. Im Gegensatz dazu ist darauf zu insistieren: Die Individuen ziehen Bilanz, und zwischen anthropogenen Praxen und natürlicher Evolution besteht ein Unterschied. Der Mensch ist ein Wesen, das Nein sagen kann: Tertium datur, es gibt Kontingenzen. Die vergemeinschafteten Menschen müssen nicht alles realisieren, was sie können, und sie haben immer wieder bewiesen, dass dies möglich ist (8.2; s.u.).

Die Diskussion um den Preis des Fortschrittes ist immer wieder geführt worden (Fetscher 1980). Nicht alle Gemeinschaften sind bereit, sich ihm um jeden Preis zu unterwerfen. Aus der Geschichte kann die italienische Renaissance als Gesellschaft genannt werden, deren Selbstverständnis gekennzeichnet ist durch die Vorstellung von mäßigem Wohlstand ohne Wachstumszwang, und in der Antike finden sich ebenso wie bei Rousseau oder im Barock ähnliche Vorstellungen.

Das Nachdenken über Suffizienz, Selbstbegrenzung und Symbolwelten des Genug (s. 6.5), in allen Gesellschaften geführt, hat im Denken der Marktlehre wenig Platz. Es wird als moralisierende Kritik diskreditiert. Für den Markt ist die Entgrenzung der Bedürfnisse wichtiger: Reichtum muss als offene und an die grenzenlose Verfügung über materielle Güter gebundene Kategorie begriffen werden, und wirtschaftliches Handeln muss all seiner kulturellen Begrenzungen entkleidet sein. Wer ähnlichen Einschränkungen, wie sie beim Zunftwesen, den Marktordnungen oder bei den verwalteten Gemeinnutzen üblich sind, das Wort redet, muss sich den Vorwurf gefallen lassen, dem Fortschritt Hindernisse in den Weg zu legen. Aber der Fortschritt selbst hat angesichts dessen, was er angerichtet hat, keine guten Karten.

Die Existenz und Genese von „Symbolwelten des Genug", von „Ästhetik der Subsistenz", von Selbstbegrenzungsfähigkeiten und Modellen des nach innen gerichteten, nichtexpansiven Wachstums oder die Betonung der Persönlichkeitsentwicklung im Laufe der Lebensphasen (statt der Permanenz des Wachstums) sind Themen, bei denen Ethnologie, Philosophie, Pädagogik und Ethik Hinweise geben können. Dies würde auch gehen, ohne die Religionen und die Theologie zu bemühen. Auf die freilich braucht man nicht zu verzichten (in der Enquete-Kommission Wachstum, Wohlstand, Lebensqualität erscheinen sie gelegentlich in Minderheitenvoten).

Beliebig viele Bilder der freiwilligen Selbstbegrenzung gibt es im europäischen ebenso wie internationale Geistesleben, von Diogenes über Franz von Assisi bis zu Mahatma Gandhi. Aber das sind die mahnenden oder erinnernden Positionen der Philosophen und Denker. Wenn es um die Realisierungsmöglichkeiten, um die gesellschaftliche Praxis geht, dann sind Feldforschungen oder Analysen wie die zu dem Dorf Unterfinning oder zu Átány in Ungarn (s. 3.1, 8.1) wichtiger. Sie zeigen, dass Suffizienz-Strategien auch im Alltag Chancen haben.

Suffizienz in Japan
Eine beeindruckende Dimension vermögen die japanischen Erfahrungen beizusteuern. Japans gesellschaftliche Entwicklung liefert den historischen Beleg, dass ein hohes Niveau des Kulturlebens für die allgemeine Bevölkerung mit entsprechenden Glückschancen möglich ist, ohne dass eine ständig expandierende Wirtschaft immer mehr Reichtum verspricht. Das Japan der Tokugawa-Zeit (1603–1868) verzichtet auf dem Hintergrund einer traditionell-religiösen Naturanschauung bewusst auf Feuerwaffen und jede materielle Expansion. Es gibt eine relativ konstante Bevölkerung, eine kaum wachsende Wirtschaft, keine ökonomische oder territoriale Expansion, und es finden dank rigider Ordnung keine Kriege im Innern statt. Die politisch herrschende Samurai-Schicht verzichtet darauf, auch noch Wirtschaft und Kultur zu beherrschen, so dass Kaufleute, Handwerker und Bauern an dem kulturellen Aufschwung teilhaben können. Jene Energie, die in der vorhergehenden Zeit der Feuerwaffenentwicklung gewidmet ist, wird in dieser Zeit auf die Entwicklung des Spielerischen, der Feuerwerke, konzentriert. Erneuerbare Energien und Materialien herrschen vor. Die produktive Kraft ist nicht auf Expansion und mengenmäßige Ausweitung konzentriert, sondern vielmehr auf das immerzu gesteigerte Niveau der handwerklichen Verarbeitung, Verfeinerung und Veredelung, mithin auf Qualität. (Iriye 2012: 125)

Die Bevorzugung eines eher bescheidenen Lebensstiles bei entwickelter Fähigkeit der Selbstbegrenzung in der großen Mehrheit der Bevölkerung ist kombiniert mit einem Verzicht auf die Entfaltung aller Möglichkeiten materiellen Wachstums. Damit sind Glückschancen nicht gekoppelt daran, dass es allen immer besser gehen soll, sondern an die eigene Würde je spezifischer Lebensweisen. Probleme einer wachsenden Ressourcenknappheit und Schadstoffbelastung sind damit weitgehend ausgeschaltet; Glück kann auch nicht in gleichem Maße materiell definiert werden wie in den prosperierenden Konsumgesellschaften.

Das sind politisch-administrative, ggf. auch unter Zwang durchgesetzte Strategien, wie sie punktuell auch im europäischen Zunftwesen bestehen. Aber es zeigt sich: Menschen können auch so handeln.

Me-ti und Lin-Yü t'ang: Es fehlt nicht viel

Der Autor Lin-Yü t'ang (Lin Yutang, 1895–1976), aus einer chinesischen Pastorenfamilie stammend und zahlreiche Brücken zwischen Ost und West schlagend, favorisiert die Lebensphilosophie des Dichters Li Mi-an aus dem 16. Jahrhundert mit seinem Ideal des „Beinahe richtig": Das „,Beinahe-ideal‚ für das das Chinesische tatsächlich den wunderbaren, nahezu unübersetzbaren, am ehesten vielleicht mit einem ,So lala' wiederzugebenden Ausdruck ch'a-pu-to (wörtlich: ,es fehlt nicht viel') besitzt, wird für Lin nicht nur zur Quintessenz chinesischer Lebensweisheit, sondern fast zum Wesenskern des Lebens überhaupt, ein Gedanke, der angesichts der, modern gesprochen, ,Reglerfunktion' aller Lebensvorgänge auf der einen, und der offensichtlichen Todesnähe aller Idealsucher auf der anderen Seite, nicht ohne weiteres von der Hand zu weisen ist, selbst wenn hier Weisheit und Banalität miteinander zu verschwimmen beginnen." (Bauer 1971: 503)

Bertolt Brecht, an chinesische Philosophie anknüpfend, formuliert in den Geschichten von Me-ti eine nur scheinbar ganz andere Strategie: „Tu kam zu Me-ti und sagte: Ich will am Kampf der Klassen teilnehmen. Lehre mich. Me-ti sagte: Setz dich. Tu setzte sich und fragte: Wie soll ich kämpfen? Me-ti lachte und sagte: Sitzt du gut? Ich weiß nicht, sagte Tu erstaunt, wie soll ich anders sitzen? Me-ti erklärte es ihm. Aber, sagte Tu ungeduldig, ich bin nicht gekommen, sitzen zu lernen. Ich weiß, du willst kämpfen lernen, sagte Me-ti geduldig, aber dazu mußt du gut sitzen, da wir jetzt eben sitzen und sitzend lernen wollen. Tu sagte: Wenn man immer danach strebt, die bequemste Lage einzunehmen und aus dem Bestehenden das Beste herauszuholen, kurz, wenn man nach Genuß strebt, wie soll man da kämpfen? Me-ti sagte: Wenn man nicht nach Genuß strebt, nicht das Beste aus dem Bestehenden herausholen will und nicht die beste Lage einnehmen will, warum sollte man da kämpfen?" (Brecht 1967: Bd. 10, 576)

Beide, Brecht und Lin-Yü t'ang, lenken den Blick darauf, dass im Alltäglichen immer wieder von den Individuen entschieden werden muss, was sie als Glück empfinden. Das entscheidet jeder mit seiner Haltung zu seinen Wünschen und zu den Dingen. Es entscheidet schließlich auch über Zukunft: Was die Menschen in ihren Gemeinschaften in den Mittelpunkt ihrer Strebungen stellen, wie sie sich für spezifische Ziele einspannen lassen, entscheidet über Ressourcenverbrauch, über Krieg und Frieden.

Vergleicht man Lebensweisen des 20. und 21. Jahrhunderts mit anderen, so zeigt sich, dass keine der früheren Lebensformen grenzenlos war. Sie kannten alle ihre Begrenzungen und lebten entsprechend, ohne deswegen ihren Individuen Glückschancen vorzuenthalten. Ja, auch Höhepunkte des exzessiven Genusses (s. 7.6) waren ihnen nicht fremd, wie wir an den öffentlichen Fest- und Hochzeitshäusern ebenso wie an den seit der frühen Neuzeit (seit der Staat sein Steuermonopol durchsetzte) nicht abreißenden Klagen über Genußsucht und Luxus ablesen können. Die Vielfalt der Lebensformen und -möglichkeiten der Vergangenheit sensibilisiert dafür, dass es auch anders sein kann als hier und jetzt.

Lebensplätze, nicht nur Arbeitsplätze, schon gar nicht Wachstum, stehen im Vordergrund, wenn es z. B. um die Ordnung des Zunftwesens oder der Gemeinnutzen geht. Gewiß, es gibt Fehlstellen und Grenzen. Es gibt Ausgeschlossene, Unterprivilegierte, ungleiche Rechte und Ausgestoßene. In Phasen des Niederganges und der Klassenkämpfe von oben gibt es davon mehr als erträglich. Mit vielen Einschränkungen der Vergangenheit möchte man heute genauso wenig leben wie mit den Krankheiten von damals – und braucht es nicht, denn die Standards, aber auch die Möglichkeiten sind besser geworden (so wie sie in der frühen Neuzeit anders sind als im Hochmittelalter). Aber in guten Zeiten haben die Gesellschaften der Vergangenheit ihre humanen Potenzen, und ihre Lebensqualität ist nicht in gleichem Maße abhängig von der Ausbeutung anderer Welten wie heute. Denn das soll nie vergessen werden: Die Europäer, schon gar die Mitteleuropäer leben auf einer Insel der Prosperität, auf Kosten der anderen und in einem Luxus, der den anderen fremd ist. Deswegen kommen sie als Flüchtlinge hierher, und das kann noch außerordentliche Verwerfungen erzeugen. Je eher in Europa und USA (und China und Indien) vorbildliche Formen der sozialökologischen Transformation entwickelt werden, desto mehr Chancen für die Lebenswelt gibt es. Und umgekehrt: Je mehr die Menschen in Europa die Selbstverständlichkeiten der Marktgesellschaft infrage stellen, und je besser sie sich vorstellen können, auch anders zu leben, desto mehr Chancen haben sie auch in möglichen Verwerfungen der Zukunft.

Alles ist nicht so einfach: Man kann zwar darauf hinweisen, dass z. B. im europäischen Barock „Gelassenheit und Lebensfreude" wichtiger waren als Wachstum (Herrsche 2011). Aber als im Verein mit den Kriegen der europäische Staatenwelt eine intensivere Nutzung der nationalen Ressourcen angestrebt wurde, da sorgten Merkantilismus und Physiokratismus im Vorfeld der Industrialisierung zusammen mit dem neuen Ethos des Marktes für die Entfesselung eben jenes Wachstums, das heute die Probleme verursacht. Und das Japan der Tokugawa-Zeit, das sich von der übrigen Welt weitgehend abschloss und ohne expansives Wachstum auszukommen versuchte, hatte bereits vor der gewaltsamen Öffnung für den Handel durch die USA 1853 innere Krisen zu verarbeiten, hervorgerufen durch Bevölkerungswachstum (Iriye 2012: 83, 125).

Aber diese Haltungen zeigen, dass die Politik Möglichkeiten hat. Nur: Wie bringt man sie dazu, diesen Spielraum auszunutzen? Wenn man in den richtigen Umgebungen die Verteidiger des Wachstums immer wieder unter Rechtfertigungsdruck und in Erklärungsnot bringt (und ihnen auch die üblichen Rechtfertigungen zerpflücken kann), dann werden damit „molekulare Wandlungen" angestoßen und es werden Selbstverständlichkeiten problematisiert. Das erweitert die Möglichkeiten.

7.3 Nichtmaterielle und außerökonomische Kräfte

Liebe und Religion
Liebe hat die Kraft, die Welt zu verändern, sagt man und meint damit, dass die individuelle Sicht auf die Welt sich mit dem Einlassen auf Andere in der Liebe stark verändern kann. Es benennt aber auch, dass Liebe die Kraft verleihen kann, Welt und Gesellschaft kreativ zu beeinflussen. Auch „Religion, mit ihrem teilweise dominierenden Einfluss auf kulturelles Verhalten der Menschen, ist ... ein Wirkung erzeugender Faktor, der Mentalitäten, Aktionen, Reaktionen und demzufolge die Entwicklung jedes Landes in starker Weise beeinflussen kann." (mit zunehmender Tendenz) (Wilhelm 2014: 108) „Die eindimensional daherkommende Modernisierungstheorie ei-

nes lediglich ökonomisch-rationalen Verständnisses von globaler Entwicklung hat ausgedient." (ebd.)

Die Sinnfrage stellt sich im Subjektleben gern in Phasen hohen emotionalen Engagements in der Adoleszenz, aber in Schüben auch im Erwachsenenalter. Die Hirnforschung erinnert an die eigenen Kräfte des Menschen, nutzbar für Selbstheilung, und zeigt damit auch, welche Kräfte Menschen aktivieren können. Liebe und Hass, religiöse oder weltanschauliche Überzeugungen können bei Individuen besondere Kräfte freisetzen, so ist auch die außerordentliche Körperbeherrschung bei Fakiren oder Märtyrern begreifbar (s. auch Hüther 2010 a, b).

Religiöse Motive und Haltungen passen ebenso wie ethische Priorisierungen nicht in die Bedürfnispyramide von Maslow (3.2). Das Christentum ist in vielen Varianten seit Paulus der Sexualität gegenüber distanziert (Deschner 1974/1987), wie auch den Frauen meist kein guter Platz zugewiesen ist (auch im Islam kommt, motiviert durch die koranische Version der Geschichte von der Verführung des Joseph durch Potiphars Weib in Ägypten, die Unordnung im sozialen Leben von den Frauen).

Bei Papst Franziskus liest sich das ganz anders. Von der Liebe heißt es in dem Text seiner Enzyklika von 2015: Angesichts der nicht beliebig manipulierbaren Natur des Menschen „muss man anerkennen, dass unser Körper uns in eine direkte Beziehung zu der Umwelt und den anderen Lebewesen stellt. Das Akzeptieren des eigenen Körpers als Gabe Gottes ist notwendig ... Ebenso ist die Wertschätzung des eigenen Körpers in seiner Weiblichkeit oder Männlichkeit notwendig, um in der Begegnung mit dem anderen Geschlecht sich selbst zu erkennen. Auf diese Weise ist es möglich, freudig die besondere Gabe des anderen oder der anderen als Werk Gottes des Schöpfers anzunehmen und sich gegenseitig zu bereichern." (Franziskus 2015: LS 155, S. 135/136: S. 136) Das ist eine Umschreibung der Empfindung, die in dem einverständigen Miteinander der Körper von Liebenden in den besten Situationen entsteht. Im Vorwort wird Franziskus vorgeworfen, dass er damit die Zweigeschlechtlichkeit als einzige Möglichkeit festschreibt. Das mag man kritisieren. Aber er beschreibt Liebe auf eine Weise, die gar nicht zum Zölibat für Priester passt.

Bezogen auf Franz von Assisi schreibt er: „Wie es uns geht, wen wir uns in einen Menschen verlieben, so war jedes Mal, wenn er die Sonne, den Mond oder die kleinsten Tiere bewunderte, seine Reaktion die, zu singen und die anderen Geschöpfe in sein Lob einzubeziehen ... Seine Reaktion war weit mehr als eine intellektuelle Bewertung oder ein wirtschaftliches Kalkül, denn für ihn war jedes Geschöpf eine Schwester oder ein Bruder, ihm verbunden durch die Bande zärtlicher Liebe." (LS 11 S. 28)

Weltliche und religiöse ethisch-moralische Überzeugungen (wie die Ethik der Bergpredigt oder der Humanismus der Klassik von Schiller und Goethe), Weltverbesserungsmotive und der Wunsch, die eigene Lebensweise (das Leben in eigener Würde) und Freiheit gegen Einsprüche und Verbote zu verteidigen – alle wecken sie ungeahnte Kräfte und werfen die Bedürfnispyramide über den Haufen. Von diesen freigesetzten Kräften nehmen die Theoriemodelle der Ökonomen keine Notiz (und die Sozialwissenschaftler tun es auch nur notgedrungen).

Der Islam
Die Pilgerfahrt nach Mekka war in den 1920er Jahren kaum noch wichtig. Genannt wird ein

stark zurückgehender Pilgerverkehr seit der Machtübernahme durch Ibn Sa'ud in Arabien. „Der Pilgerverkehr stieg im Jahre 1927 auf 220.000, war aber 1932 auf 40.000 Köpfe zurückgegangen." (Klute 1937: 203, 205)

Eine Stimme von 1888 vermittelt einen ganz anderen Eindruck: „Der Islam greift sehr schnell um sich, da er praktisch einfach und leichtverständlich ist und dem Hang der Menschen nach Formen schmeichelt." So wird ein nicht näher bestimmter Autor namens Munzinger zitiert (Ratzel 1888: 113). Es wird wenig später erkennbar, dass nicht *die* Menschen, sondern die *Männer* gemeint sind. „Von den monotheistischen Religionen hat in Asien und Afrika der *Islam* zunächst und wohl noch für lange die weiteste Verbreitung und scheint auch da, wo er eben erst Fuß zu fassen beginnt, rascher und tiefer einzuwurzeln als das Christentum. Dem Geiste des Orientalen bietet er keine logischen Schwierigkeiten, seine Widersprüche sind für diesen nicht da oder entsprechen sogar dem eignen widerspruchsvollen Charakter. Was er gebietet, dem läßt sich mit einer gewissen lockern Breite nachleben, und von dem, was er zuläßt, ist die Vielweiberei dem Geschmacke und dem Herkommen aller asiatischen und afrikanischen Völker so zusagend, daß diese Lizenz allein ihm eine unvergleichliche Überlegenheit zu ungunsten des gerade hierin sehr strengen Christentums verleiht. Das Verbot der Vielweiberei schließt vom Christentum mindestens für so lange, als nicht eine tiefgehende Erneuerung der Sitte Platz griffen, die ihrem Wesen nach nur langsam vor sich gehen kann, alle jenen Besitzenden aus, deren höhere gesellschaftliche Stellung eben durch nichts so sehr bezeichnet wird als durch die Möglichkeit, mehrere Frauen zu unterhalten, und welche ihres Besitzes auch in keiner andern Weise so froh werden wie in dieser." (ebd.: S. 113/114)

„Der Islam trieb seine schönsten Blüten in nichtarabischen Ländern" wie Spanien (ebd.: 125). Auch der Sozialdemokrat August Bebel teilt im 19. Jahrhundert die Hochschätzung dieser Epoche und kompiliert im Gefängnis für seine Genossen aus der kulturhistorischen Literatur eine kleine Broschüre darüber (1889).

Ein deutscher Reisender aus den Obernilgebieten schreibt im 19. Jahrhundert: „Tief im Herzen Afrikas ist, vom Nil herkommend, der Halbmond mit Koransprüchen, den die Flagge nubischer Händler unweigerlich tragen muß, da kein Träger einer andern folgen würde, zum Talisman geworden, der eine mächtige Wirkung übt, bald Schutz, bald Schreck unter den Eingeborenen verbreitet." (Ratzel 1888: 123)

„Fanatismus" ist eine Bezeichnung, die gern im Zusammenhang mit Religion gebraucht wird und an die Kräfte erinnert, die jenseits der Bedürfnispyramide durch Religion geweckt werden. *„Feldzüge fanatisierter Massen"* (Ratzel 1888: 127) gibt es im Islam immer wieder, so der Zug des Mahdi gegen die Ägypter und Europäer in Nubien oder der des Fakir Ibrahim Scherif ed-Din 1856/57, der im Ruf stand, ein strenger, heiliger Mann zu sein (sein Beispiel wird hier wegen der Parallelen zur Gegenwart zitiert). Er sammelt Personen (Männer) um sich, lässt ihnen Zeit, sich aus ihrem Stamme zu lösen und ihre Angelegenheiten zu ordnen (Jesus und seine nur zwölf Jünger laden zum Vergleich ein). Der Herrscher von Südbornu in Nordafrika bittet ihn vergeblich, aus seinem schon bevölkerungsarmen Land keine Pilger abzuziehen (ebd.: 127). „Aber in dem Maße, als er [der „kriegerische Pilgerzug"] anschwoll, ward auch der Zusammenhalt schwächer, ... und nur mit äußerster Härte vermochte der Fakir Zucht und Sitte aufrecht zu halten. Aber die harten Strafen, die Hinrichtungen und endlich am meisten die Not wirkten am Ende als starke Gegengewichte", viele trennen sich von dem Zug, und der Rest wird besiegt (ebd.: 129).

Wie christliche Märtyrer sehnen sich muslimische Selbstmordattentäter und freiwillige ISIS-Kämpfer aus Europa Anfang des 21. Jahrhunderts nach dem Tod und dem Himmelreich als Lohn für den Märtyrertod. Die jeglicher Kritik an den Grundüberzeugungen enthobenen Offenbarungsreligionen lassen sich vielleicht auch mit den blickdichten und argumentationsresistenten Parallelwelten von politischen, völkischen, marktfundamentalistischen Bestrebungen vergleichen (während der Aufklärungs-Vernunft-Fundamentalismus wenigstens potentiell argumentationsfähig ist). Politik und ökonomisches Denken müssen solche Verhaltensweisen mühsam in ihre Systeme einfügen; Kulturwissenschaft kann dabei die Eigendynamik erkennen helfen.

„Ihr seid noch immer da! nein, das ist unerhört! Verschwindet doch! Wir haben ja aufgeklärt!" Das ruft in Faust I. Teil in der Walpurgisnacht der Proktophantasmist den Geistern zu. Weder Aufklärung noch die Modelle der Ökonomen haben die emotionalen Dimensionen des Lebens rationalisieren können,

Das Christentum
Nachlassende Kirchenbindung, aber wachsende Religiosität (bis hin zu neuen Marien-Erscheinungen wie 2013 im Vinschgau in Südtirol, Wunderglaubigkeit und Wallfahrtsfreudigkeit im 21. Jahrhundert), gleichzeitig eine noch vor der Mitte des 20. Jahrhunderts in Europa kaum erwartete neue Kraft des Islam sind bemerkenswert. Wenn ein Agnostiker an die Rolle der nicht wissenschaftlich abgestützten, spekulativen Weltanschauungen und Weltinterpretationen erinnert, dann deswegen, weil auch die von ihnen gedanklich und sozialkulturell vermittelten Standards und Werte und die durch sie geweckten Motivationen und Kräfte große Wirkung zeigen. Auch in der Wachstumskrise sind sie wichtig. Wie die christliche Tugendlehre sich auswirkt auf die Bereitschaft der Menschen, im Alltag und im Konsum Selbstbegrenzung zu üben, ist ein Thema, auch wenn das Seelenheil nicht durch ökologisches Handeln erreicht wird.

Wieviel Divisionen hat der Papst? So soll Stalin spottend im Zweiten Weltkrieg gefragt haben, als es um die Rolle des Papstes im Kampf gegen Hitler ging. Dabei hatte Stalin selbst gerade für diesen Krieg die Religion für die Verteidigung von „Mütterchen Russland" aktiviert (auch Hitler soll diese Frage zum Vatikan gestellt haben).

In der katholischen Moraltheologie ist Suffizienz als Gegenteil zur Todsünde Voluptas (Lust) mindestens indirekt präsent. Durch religiöse Ermahnungen werden die Bedürfnisse verändert oder anders interpretiert. „Je mehr die heutige Welt in irdisches Sinnen und Trachten zu versinken droht, desto notwendiger ist es, daß die Gläubigen in den Beispielen der Heiligen Erbauung und Erhebung suchen." Das empfiehlt Augustinus, Bischof von St. Gallen 1902 in dem Empfehlungsschreiben zu einer Ausgabe der „Goldenen Legende. Leben der lieben Heiligen Gottes auf alle Tage des Jahres" (Auer 1904).

Raphael Rehbach (Wien) schreibt in einer Arbeit „Das Konzept der sieben Todsünden und sein Bezug zum Suffizienzdiskurs" (Wien SS 1015) (ich zitiere mit seiner Erlaubnis einige Passagen): „Über die Zeit haben die Todsünden ihren Schrecken verloren – simultan mit dem Machtverlust der Kirche über das menschliche Tun in unserem Kulturkreis. Eine Warnung vor den Todsünden wirkt formal und inhaltlich veraltet" (bezogen auf Eggelhöfer 2010). „Das bedeutet jedoch nicht, dass eine Auseinandersetzung mit dem klassischen Katalog, bestehend aus Hochmut (,Superbia'), Geiz bzw. Habsucht (,Avaritia'), Völlerei (,Gula'), Neid (,Invidua'), Unzucht bzw. Wollust (,Luxuria'), Zorn (,Ira') und Trägheit (,Acedia') damit auch beendet ist. ... Dies liegt einerseits daran, dass die sieben Todsünden wohl ,anthropologische Konstanten' [Ernst 2014: 3] darstellen und andererseits daran, dass die Bewertung der einzelnen Sünden durchaus formbar ist: über die Zeit verwandelte sich so manche Sünde in eine Tugend [Prisching in Bellebaum 2007] ... Zu einer Zeit der blühenden Wachstums- und Konsumeuphorie fand sich z. B. eine Kombination aus ,Avaritia' und ,Luxuria' im 2003 bekannt gewordenen Werbeslogan eines Elektronikfachartikelhändlers ,Geiz ist geil'. ... derzeit ist eine solche Werbekampagne kaum noch denkbar. ... Appelle zum genügsamen Handeln, die den Todsünden innewohnen, werden wieder aktuell" (Gerhard Schulze in Eggelhöfer 2010, zit. Rehbach: 5).

Im katholischen Verständnis sind heute die ehemaligen Todsünden zu Hauptsünden geworden (Rehbach 2015: 6). Ihnen stehen Haupttugenden gegenüber: „Weisheit, Gerechtigkeit, Tapferkeit, Mäßigung, Glaube, Liebe und Hoffnung" (Bellebaum 2007: 11)

Papst Franziskus hat 2015 mit einer nie zuvor gekannten Deutlichkeit die Verbindung zwischen katholischer Ethik und der Bewahrung der Schöpfung im Programm einer sozialökologischen Transformation hergestellt. Die Erde sich untertan zu machen bedeutet für ihn einen Hüterauftrag (Ansaldo 2015), analog zum Patrimonium bei Binswanger (1998).

Der Papst verbindet „scharfe Kritik an der Zerstörung der Umwelt mit einer Kritik des sozialen Unrechts. Er will, dass wir die Bewahrung des Planeten und die Bekämpfung der Armut zusammendenken." Und: „Er würdigt die Klimaforschung, aber beklagt zugleich, wir hätten uns eingerichtet in bequemer Resignation und würden auf technische Lösungen für den Klimawandel warten" (in diesem Zusammenhang ist wohl auch seine Kritik an der Atomkraft zu sehen). Festgestellt wird: „Die Länder mit den größten Ressourcen tun am wenigsten für einen ökologischen Wandel." (Mannion 2015: 61)

„Drastisch beschreibt der Papst die verheerenden Konsequenzen der herrschenden Brennstoffwirtschaft für die Lebensbedingungen der Armen in den Entwicklungsländern, die Zerstörung lokaler Subsistenzökologien durch die globale Ökonomie" (Bahners 2015). Der Papst benennt die „mächtigen wirtschaftlichen Kräfte in den alten Industriestaaten, die an den Hypothesen der Harmlosigkeit und Unsteuerbarkeit des Klimawandels interessiert sind", und er mahnt, „dass es eine Sünde des Wegschauens, des Nichtwahrhabenwollens, des spitzfindigen Wegredens gibt." (ebd.; s. auch Krolzik 1989) Gesagt wird: „Konsumismus und Kapitalismus sind Ursache eines weltweiten Klimawandels, und die Folgen treffen zuerst die Armen ..." (Ansaldo 2015).

Im Übrigen ist auch bei Franziskus vom unspezifizierten „Wir" die Rede, und es gibt es Appelle an das Verhalten (Franziskus 2015: 22, 26). Im Unterschied dazu wird in diesem Buch versucht daran zu erinnern, was die Menschen wirklich schon tun (und taten), um Suffizienz zu praktizieren. Sie üben immer wieder Suffizienz und Selbstbegrenzung, und ihr Verhalten zeitigt molekulare Veränderungen. Und dann geht es darum: Wie kann man Politik in allen Formen und Ebenen dazu bewegen, dies aufzugreifen?

8. Schluss: Menschen können ...

Die Stabilität vorindustrieller Gesellschaften weltweit scheint damit zusammenzuhängen, dass im Jahreslauf lange Phasen der Genügsamkeit (der Suffizienz) unterbrochen werden von kurzzeitigen Exzessen in Festen der verschiedensten Art. Mit „Symbolwelten des Genug" führen alle Gemeinschaften ihren Diskurs über Armut und Reichtum, und sie können sich für reich halten, weil sie geringe Bedürfnisse haben. Es kommt in der Krise der Wachstumsgesellschaft darauf an, neue Definitionen von Wohlstand, Lebensqualität und Entwicklung zu finden, die nicht an Wachstumszwang gebunden sind, ja auch Einschränkungen ermöglichen.

Das ist ein sozialkulturelles Programm – nur mit Bezug auf die je spezifischen Werte und Standards lässt sich Wohlstand definieren. Viele zeitgenössische Experimente des Solidarischen Lebens im alternativen Milieu können in der jetzigen Gestalt nur in der Prosperität funktionieren. Aber sie bedeuten „molekulare Wandlungen" und helfen, das Feld für weiter reichende soziale Innovationen („über sich selbst hinaustreibende Reformen") zu bereiten. Politik und Staat müssen eine wichtige Rolle übernehmen. Sie können für Individuen und Wirtschaft wirksame gesellschaftliche „Instrumente zur Selbstverpflichtung" entwickeln.

8.1 Suffizienz und Exzess

In einem Hofgut bei Memel in Ostpreußen bittet um 1900 der litauische Viehknecht Janis einmal im Jahr seinen Dienstherren um Vorschuss. Er verspricht, am Montag zurückzukommen, geht am Sonntag zum Markt nach Memel, kommt nicht, wie versprochen schon am Montag, sondern erst nach drei Tagen Zecherei am vierten Tag wieder zur Arbeit zurück, geht aber dann das ganze Jahr über bescheiden und anspruchslos seiner Tätigkeit wieder nach (Kalkschmidt 1948: 59).

Wie mit den sprengenden Kräften des Wünschens und Begehrens bei der Suche nach nachhaltiger und zukunftsfähiger Lebensweise umzugehen ist, das dürfte eines der schwierigsten Probleme beim Umgang mit den Grenzen der Wachstumsgesellschaft sein. Dem „stahlharten Gehäuse" des Konsumismus (Jackson 2011: 92) zu entrinnen scheint kaum möglich. Aber das ist genau die Provokation für die Kulturwissenschaft. Können in einer prosperierenden Lebensstilgesellschaft mit anscheinend unbegrenzten Möglichkeiten die Wünsche für das Genussleben durch Symbolwelten des Genug und der Suffizienz relativiert werden, um dem Wachstumszwang Grenzen zu setzen?

Suffizienz-Strategien sind durchaus kombinierbar mit „Leben in seiner Fülle". Auch scheinbar arme Gesellschaften besitzen ihre spezifischen Formen von Reichtum. Überall gibt es Praktiken des lustvollen Konsums und der selbstzweckhaften Verausgabung von Kraft und Ressourcen. Sie dynamisieren das soziale Leben, setzen dem Ehrgeiz erreichbare Ziele, und sie geben Individuen die Chance, sich zu bestätigen und in Szene zu setzen. Feste bieten Höhepunkte des Lebens und des Jahres; oft reduzieren sie auch die Chancen der Anhäufung von Reichtum, weil von den Reichen demonstrativ Verschwendung erwartet wird.

Auch die „armen" Bauern des oberbayerischen Dorfes Unterfinning haben um 1721 ihre Formen des exzessiven Genusses. Die Ernteerträge betragen das drei- bis vierfache des ausgebrachten Saatgutes (heue ist es beim Winterroggen etwa das Fünfundzwanzigfache) (U. Beck 1986: 18, 21). Rechnerisch ergibt sich eine Jahreserzeugung von Fleisch, die für 70 Gramm pro Tag und Kopf ausreicht (ebd. 146, 149). Aber diese geringen Fleischmengen verteilen sie nicht gleichmäßig über das ganze Jahr, sondern verprassen sie anlässlich der Feste des Kirchenjahres oder des Lebenslaufs. Es gibt nur sechs bis acht Festtage als Fleischtage im Jahr, dann aber mit vielen Gästen und riesigen Fleisch-Portionen von gut zwei Kilo pro Person etwa bei Hochzeiten (ebd.: 169, 174). Auf solche Feste kann man sich freuen, sie gliedern die Zeit und sorgen für Genussmöglichkeiten und Bestätigung der Gemeinschaft. Die Kirche legitimiert die Feste (U. Beck 1988), deshalb ist es unbeschadet all ihrer Funktionen als Repräsentantin von Herrschaft möglich, den Zehnten für die Kirche als eine Art bewusst aufgebrachten Luxus zu betrachten, zumal die Religion mit Lebenslauf-Ritualen, Gewitterläuten, Bittprozessionen und Anderem bei der Organisation des Alltags hilft.

Solche Feste sind *ein* Luxus, den die Unterfinninger sich leisten. Ein anderer sind Pferde, die sie auf den schweren Böden kaum nutzen können (Ochsen sind da besser), die sie aber als „Mittel der Repräsentation" mögen (U. Beck 1986: 116, 124).

Formen des exzessiven Genusses im Konsum und im Umgang mit (Lebens-)Zeit und (Lebens-) Kraft werden in allen Gesellschaften als Bestandteil der Lebensqualität empfunden. Wenn eine Gesellschaft solch selbstzweckhaftem Genuss als Artikulation und Bestätigung von Reichtum keinen Raum lässt, dann produziert sie bei ihren Mitgliedern Frustrationen und Aggressionen – und dies umso mehr, je mehr die Menschen das Gefühl haben, dass solche Reichtümer existieren. Mit solchen Exzessen muss ebenso wie mit symbolischen Gebrauchswerten, die der Ästhetik oder der Unterscheidung von anderen wegen gewählt werden, die Lebenswelt nicht zerstört werden. Es gehört im Gegenteil gerade zur Qualität überlebens- und zukunftsfähiger Gesellschaften, dass sie beides, den Exzess und die Stabilität, gewährleisten können: Kulturell strukturierter exzessiver Konsum in Fest und Feier ist eher ein Garant der Nachhaltigkeit als aufgezwungene Askese, aus der viele immer wieder ausbrechen. Der temporäre Exzess lässt die Grenzen besser ertragen und sichert so auf der emotionalen Ebene Elastizität.

Eindrucksvolle Suffizienzstrategien haben die Bewohner mancher Alpentäler entwickelt. „Nous sommes riches en peu de besoins" ist die stolze Devise freier Subsistenzbauern in den Schweizer Alpen (Ruetimeyer 1916: 286; Kramer 1991). Sie beherrschen die Fähigkeit, das richtige *Maß* zu finden. Sie halten sich für reich, weil sie geringe Bedürfnisse haben, und sie können sich vorstellen, ihre Lebensweise über längere Zeiträume hinweg zu praktizieren, ohne auf Elemente von Genuss und Lebensqualität zu verzichten. Mit „Symbolwelten des Genug" führen alle Gemeinschaften ihren Diskurs über Armut und Reichtum, und sie gehen dabei davon aus, dass Menschen nicht nur habgierige Mängelwesen sind.

Garrett Hardin, dem der Topos von der „Tragödie der Gemeindewiesen" zu verdanken ist, meint, „gourmet meals" und erweitertes Genussleben würden sich verbieten, wenn man auf Nachhaltigkeit aus ist. Aber dem wird durch diese Kombination von Exzess und Suffizienz in der Lebenswelt praktisch widersprochen (Kramer 1998).

Sozialpädagogen empfehlen Eltern, wenn sie Probleme mit allzu sehr dem Computerspiel verfallenen Kindern und Jugendlichen haben, einmal in der Woche exzesshaft freie unbegrenzte Nutzung zu erlauben, für die übrigen Tage aber kontrollierte Nutzungszeiten zu vereinbaren. So sind auch in den vorindustriellen Gesellschaften Zeiten der Kargheit mit exzessiven Festen gekoppelt.

8.2 Molekulare Wandlungen

Politik und Wahlmöglichkeiten
Definiert wird, dass Nachhaltigkeit „in der Erhaltung der Gemeingüter besteht, welche die Substanz unserer Lebens- und Produktionsbedingungen bilden. Externalisierung von Kosten ist das Gegenteil von Nachhaltigkeit ... Solange wir zwar das selbstverständliche Recht haben, gemeine und private Ressourcen für unsere Zwecke zu nutzen, aber bei den gemeinen nicht verpflichtet sind, die Abnutzung so zu kompensieren, dass die Ressource oder ein Äquivalent für künftige Nutzer ungeschmälert erhalten bleiben, solange behandeln wir sie als externe Wohlstandsquellen, die gleichsam für sich selbst sorgen." (J. Hoffmann 2012: 40) Das Bürgerliche Gesetzbuch § 903 garantiert den Eigentümern beliebige Verwendung ihres Eigentums, aber schützt nicht Gemeinressourcen (ebd.). Es gibt freilich auch immer noch Ausnahmen wie die Verpflichtungen, die mit einem Besitz verbunden sind (Servitute), z. B. auch für Fließ- oder Grundwasser.

Gesucht wird ein „Regierungsmodell für den Wohlstand" (Jackson 2012: 155), das die Grenzen für das Wachstum und neue Definitionen von Wohlstand, Lebensqualität und Entwicklung berücksichtigt. Das ist ein sozialkulturelles Programm – nur mit Bezug auf Werte und Standards lässt sich z. B. Wohlstand definieren. Der Staat spielt eine wichtige Rolle. Er kann für Individuen und Wirtschaft gesellschaftliche „Instrumente zur Selbstverpflichtung" entwickeln (ebd.: 158), eingeschlossen verpflichtende Regeln. Jackson meint: „Ohne starke Führung kann es keinen Wandel geben" (ebd.: 164), und den demokratischen Regierungen werden die Kompetenzen zugeschrieben, „Instrumente zu nutzen und Verpflichtungen einzugehen, die kurzsichtiges Handeln verhindern, sowie – auch das ist sehr wichtig – die gefährlichen Strukturen abzubauen, durch die Ungleichheit zunimmt und das Wohl beeinträchtigt wird." (ebd.: 165; zur Ungleichheit s. Butterwegge 2012)

Solche Instrumente sind denkbar, auch über Steuergesetze und strukturelle Vorgaben. Aber woher „starke Führung" die Kraft dafür hernimmt, ist zu fragen, sind den demokratischen Institutionen doch gerade durch die neoliberalen Ideologien („Hayekanismus") zahlreiche Handlungsmöglichkeiten geraubt worden, etwa durch die Privatisierung der staatlichen Banken. Manche meinen, es sei nur ein schmaler Grat, der diese Strategie von der Ökodiktatur trennt. Es kann aber auch sein, dass die Bevölkerung mehrheitlich durchaus bereit wäre, deutlichere Maßnahmen zu akzeptieren als die Politiker in ihren Bindungen an die Interessen einer dem selbstzweckhaften Wachstum zugewandten Wirtschaft.

Mit den Technologien der technisch-industriellen Nachhaltigkeit und Management-

Strategien des „Grünen Kapitalismus" werden die Eigentums- und Machtverhältnisse und die Makro-Ebene von Politik und Politischer Ökonomie nicht verändert, und die lokalen und regionalen Initiativen können das auch nicht. Letztere aber sind wichtig als Ort der „molekularen Veränderungen", mit denen die Selbstverständlichkeiten der Makro-Verhältnisse relativiert und ausgehöhlt werden (s. 7.4; Ott 2011), und durch die Wahlentscheidungen und den Druck der demokratischen „Zivilgesellschaft" können politische Handlungsträger motiviert werden, ökosoziale Wege einzuschlagen. Gewicht erhält so die „Mikroebene der Alltagspraktiken und des Alltagsverstands", die sonst „kaum als eigenständige Größe der Verallgemeinerung bestimmter Konsummuster und der Schaffung der Bedingungen bestimmter Produktionsmuster thematisiert, sondern primär in ihrer Funktionalität bzw. Dysfunktionalität für die Herstellung makroökonomischer Kohärenz wahrgenommen" werden. Es geht um eine „in den Alltagspraktiken der Menschen tief verankerte Lebensweise" (Brand/Wissen 2011: 82; s. 5.4; 6.8)

Viele zeitgenössische Experimente im alternativen Milieu können in der jetzigen Gestalt nur in der Prosperität funktionieren. Es gibt z.B. eine Solidarische Gartengemeinschaft, die anonyme Beitragsbestimmung, anonyme Bieterrunde zur Deckung der Unkosten usf. praktiziert: Das sind Formen der schwach geregelten Gemeinnutzen, die unter dem Druck harter Realität nach einiger Zeit entweder scheitern oder zur genossenschaftlichen Professionalisierung gezwungen werden (bei der zwar betriebswirtschaftliche Kalkulation betrieben wird, aber die „ideellen" Ziele nicht vergessen werden) (s. 7.1, 7.3, s. auch Weißengruber 2015).

Alle Diskussionen, alle Beispiele helfen, das Feld für weiter reichende soziale Innovationen zu bereiten. Das sind Kulturprozesse mit offenem Ausgang. Aber Trends dieser Art laufen parallel zu Konsumoffensiven zwecks Entgrenzung der Bedürfnisse, und mit ihnen werden wie mit dem Rebound-Effekt viele Anstrengungen wieder zunichte gemacht oder überkompensiert. Das zu prüfen und zu kalkulieren gehört zu den „Forschungsaufgaben auf dem Feld der sozialen Innovationsforschung" (Schlussbericht 2013: 662).

Wie durch die Verbindung von sozialem Experiment, Verantwortung für die „soziale Frage" als Voraussetzung der Integration einer Gesellschaft ein Reformklima erzeugt wird, das nicht nur Einschnitte, sondern flankierend auch Selbstbefähigung („Empowerment") beinhaltet, kann uns der Blick auf die sozialen Experimente der vergangenen hundert, hundertfünfzig Jahre zeigen (s. 6.5) Wie unter den heutigen Bedingungen solche Experimente durch die öffentlichen Hände ermutigt werden können, kann Gegenstand innovativer Strategien werden.

Der Staat hat die Aufgabe, „eine Vorbildfunktion zu übernehmen, Vorgaben zu formulieren, Innovationen zu fördern und für die Einhaltung der Standards zu sorgen." So wird in einem Sondervotum der EK WWL (Schlussbericht 2013: 785). „Weitgehender Konsens war, dass es einerseits Menschen braucht, die nachhaltig konsumieren ‚wollen', andererseits auch Rahmenbedingungen, die es ihnen ermöglichen, nachhaltig konsumieren zu ‚können'." (ebd.; s. zur Vergabepraxis der öffentlichen Hand 7.4)

Alltäglichkeiten und das „Sanfte Gesetz"
Adalbert Stifter erinnert in der „Vorrede zu den Bunten Steinen" an die Bedeutung von scheinbaren „Lappalien", kleinen Ereignissen: „Das Wehen der Luft, das Rieseln des

Wassers, das Wachsen des Getreides, das Wogen des Meeres, das Grünen der Erde, das Glänzen des Himmels, das Schimmern der Gestirne halte ich für groß: das prächtig einherziehende Gewitter, den Blitz, welcher Häuser spaltet, den Sturm, der die Brandung treibt, den feuerspeienden Berg, das Erdbeben, welches Länder verschüttet, halte ich nicht für größer als obige Erscheinungen, ja ich halte sie für kleiner, weil sie nur Wirkungen viel höherer Gesetze sind." ... „Wir wollen das sanfte Gesetz zu erblicken suchen, wodurch das menschliche Geschlecht geleitet wird. Es gibt Kräfte, die nach dem Bestehen des Einzelnen zielen. Sie nehmen alles und verwenden es, was zum Bestehen und zum Entwickeln desselben notwendig ist. Sie sichern den Bestand des Einen und dadurch den aller." (Stifter 1853)

Alltags- und Kulturgeschichte oder Forschungen zur Lebensweise werden gern kritisiert, wenn sie „überhaupt nicht mehr mit überindividuellen Handlungskontexten" vermittelt sind (Deppe 1990). Es sind die „molekularen Veränderungen", die erst dann ihre Bedeutung erhalten, wenn sie über das unmittelbare Umfeld hinaus in anderen Handlungskontexten wirken. Im Zusammenhang mit den Konsumwelten geht es um Mikro-Strukturen, die sehr intensiv mit Makrostrukturen vermittelt sind. Dieter Klein (2013) hat die „molekularen Wandlungen" im Mikrobereich gewürdigt als Chance, eine „kleine Transformation" daraus zu generieren. Denn nicht nur auf der Ebene des Staates gibt es Ansätze für eine Politik in Richtung auf Nachhaltigkeit. Auch bei den Individuen wächst Problembewusstsein, und sie reagieren mit veränderten Haltungen. Sie sind in ihren Lebenswelten in Vergangenheit und Gegenwart immer gewohnt, sich Grenzen zu setzen, und sei es in der Kombination von Suffizienz und Exzess.

Eingriffe mit Folgewirkungen: Kleinmaßstäbliche Wandlungen

Es gibt schon länger Überlegungen zu „über sich selbst hinaustreibenden Reformen", inspiriert durch die Diskussion über „Reform und Revolution" im 19. Jahrhundert: Während der 1848er Revolution versuchen Karl Marx und Friedrich Engels an verschiedenen Stellen in den Revolutionsprozess einzugreifen mit Programmen und Einzelforderungen, die gesellschaftliche Dynamik entwickeln sollen. Als isolierte Maßregeln sind sie unhaltbar und sollen konsequentere Maßnahmen nach sich ziehen (Kramer 1971: 194 und 43, 49). An „systemüberwindende Reformen" sowie „antikapitalistische Strukturreformen" denken Manche auch 1968 und später (Nevermann 1968). Im 21. Jahrhundert ist so etwas noch komplizierter, und es geht nicht um Sozialismus, sondern um Sozialökologie und Nachhaltigkeit.

In der Krise der Wachstumsgesellschaft wachsen die Chancen für die Transformation in eine nachhaltige und zukunftsfähige Lebensform, wenn man sich daran erinnert, dass überall und immer Strategien der Suffizienz praktiziert werden. Ein anständiges Leben mit Zukunft ist möglich, und viele Menschen sind nicht nur bereit, entsprechende Strategien zu übernehmen, sie praktizieren sie auch im Alltag vielfältig. Daran muss man sie nur erinnern. Und für die Politik gibt es eine Menge von Möglichkeiten, jenseits einer radikalen Umgestaltung: Die Förderung aller Formen der Selbstorganisation jenseits von Markt und Staat, die Neugestaltung des Genossenschaftswesens, die Intensivierung des Verbraucher- und Umweltschutzes, Gemeinsam nutzen und Teilen gehören dazu.

Manche Innovationen können weitreichende Folgen haben. Prozesse des molekularen Wandels – nicht immer erfolgreich, manchmal vielleicht sogar mit kontraproduktiven Details – finden auch in unserem Alltag ständig statt. Einige Beispiele sind schon genannt (s. 7.1, 7.2). Winzige Beispiele und opportunistische Strategien mögen Skepsis bezüglich der Reichweite wecken. Sie sind aber auch ein Zeichen dafür, dass entsprechende Haltungen verbreitet sind und Alltags-Sinnstrukturen mit prägen.

Die Erinnerung an frühere qualitätvolle Lebensformen ohne Wachstumszwang ist wichtig: Sie haben ihre Grenzen – aber die Markt- und Finanzwirtschaft produziert auch eine Menge von Konflikten und Beeinträchtigungen von Lebensqualität, und sie kann mit dem in vielen Aspekten von ihr verursachten Elend überhaupt nicht umgehen. Historische und aktuelle andere Lebensformen sind Hinweise auf Kontingenzen und Prozesse, dank derer die eigenen und aktuellen Zustände relativiert („hinterfragt") werden können.

Die Existenz und Genese von „Symbolwelten des Genug", von „Ästhetik der Subsistenz", von Selbstbegrenzungsfähigkeiten und Modellen des nach innen gerichteten, nichtexpansiven Wachstums oder die Betonung der Persönlichkeitsentwicklung im Laufe der Lebensphasen (statt der Permanenz des Wachstums) sind Themen, bei denen Ethnologie, Philosophie, Pädagogik und Ethik Hinweise geben können.

Offenes Ende

Um zurechtzukommen mit dem Versuch, in der Kulturgeschichte die Ansatzpunkte, die Kontingenzen und Pfadabhängigkeiten zu finden, mit denen eine sozialökologische Transformation gefördert werden kann, wurde Einiges aus der Kulturgeschichte rekapituliert.

Papst Franziskus, die Enquete-Kommission Wachstum, Wohlstand, Lebensqualität (EK WWL), Autoren wie Meinhard Miegel oder Tim Jackson und viele andere appellieren an das *(unser)* Verhalten *der* Menschen. Im Unterschied dazu versuche ich daran zu erinnern, was viele Menschen wirklich schon tun (und taten), um Suffizienz zu praktizieren.

Die Menschen können Krisen wie die aktuellen bewältigen. Aber es sind nicht *die* Menschen, auch nicht einfach *wir*. Sondern man muss sagen: Es gibt bei Vielen derzeit die Bereitschaft, umzudenken und anders zu handeln. Diese Bereitschaft schlägt sich bei vielen Menschen (längst nicht allen) trotz gegenläufiger öffentlicher Trends in vielen kleinen Änderungen und Mentalitätsakzentuierungen nieder. Das findet Resonanz in den Medien und wird durch sie verstärkt. Dies kann sich auf gemeinschaftliches Handeln in Wirtschaft und Politik niederschlagen und kann Veränderungen der Rahmenbedingungen von Gesetzen, Verwaltungshandeln, Vereinbarungen bringen – siehe Rückbau von Privatisierungen öffentlicher Dienste oder Freihandelsabkommen. Und es kann dazu führen, dass auch die Regierenden gezwungen werden und bereit sind, den widerstrebenden Kräften von Ökonomie und Konkurrenz Einhalt zu bieten. Das ist die nicht-apokalyptische Perspektive. Andere, die des Chaos, beobachten wir in Nordafrika und Vorderasien.

Kontingenzen und Pfadabhängigkeiten sind hier herausgearbeitet worden. Will man das präzisieren, ist die Krise, sind die Parameter der Grenzen des Wachstums genauer zu formulieren, muss vor allem das Ziel umschrieben werden. Ich bediene mich dazu der Formel von der Nachhaltigkeit der Lebensweise, seit dem Brundtland-Bericht (Hauff 1987) gern verwendet, aber immer interpretationsbedürftig.

Mein Marburger Lehrer Wolfgang Abendroth soll gegen Ende seines Lebens angesichts der gigantischen Rüstung im Kalten Krieg in den 1980er Jahren sehr pessimistisch geworden sein. Er fürchtete einen großen Krieg. Glücklicherweise war sein Pessimismus unbegründet. Daran muss ich denken, wenn ich heute an meine geringe Hoffnung denke, was die gesellschaftliche Transformation in Richtung auf eine ernsthafte ökologische Wende und nachhaltige Lebensweise in einer friedensfähigen Welt angeht.

Dörscheid/Verbandsgemeinde Loreley; Meran Sonntag, 4. Januar 2016

Nachträge

Sehr viel ist zu den hier behandelten Themen geschrieben worden. Ich habe versucht, exemplarisch einige Interpretationen und Begriffe anzubieten, mit denen auch Anschlüsse an soziales und politisches Handeln möglich sind. Ich nenne hier noch einige Texte, die mir inzwischen wichtig geworden sind, die ich aber nicht mehr berücksichtigen konnte.

Felber, Christian: Gemeinwohl-Ökonomie. Das Wirtschaftsmodell der Zukunft. Wien: Deuticke 2010: Eines der vielen Modelle, die sagen, wie man es machen kann. Auch Felber geht von der „multiplen Krise" (S. 7) aus. Sie hängt zusammen mit der „fundamentalen Anreizstruktur" von Gewinnstreben und Konkurrenz (ebd.), die verschiedene Krisen des Kapitalismus produziert. Es geht um Gemeinwohl-Ökonomie (24) mit allen Rezepten, wie sie organisiert, definiert und gemessen werden kann (25 f.). Die Matrix für die Gemeinwohlbilanz (32/33) geht daraus hervor.

Fücks, Ralf: Intelligent wachsen. Die grüne Revolution. München: Hanser 2013. „Ökologie und Wohlstand müssen sich nicht im Weg stehen. Ein anderes Wirtschaftsmodell ist möglich, das nicht auf Raubbau beruht, sondern auf dem ‚Wachsen mit der Natur'. Es geht um eine ‚grüne Revolution', einen Umbau unserer Produktionsweise auf der Basis hocheffizienter Technologien und erneuerbarer Energiequellen. Gleichzeitig müssen Staat und Bürger ihre Rolle als Akteure des Wandels spielen. Wir brauchen einen Dreiklang aus wissenschaftlichen, politischen und sozialen Innovationen." (Klappentext) Innovationen werden gern einfach als Fortschritt gewertet; dass Modernisierungsgewinne auch verloren gehen können, bleibt unbeachtet.

Hellmann, Kai-Uwe: Alles Konsum oder was? Zum Verhältnis von Freizeit und Konsum. In: Freericks, Renate; Brinkmann, Dieter (Hrsg.): Handbuch Freizeitsoziologie. S. 537–555. Der Konsum- und Wirtschaftssoziologe aus Berlin vergleicht Freizeit- und Konsumforschung, beide beschäftigen sich mit Residualkategorien: Alles, was nicht Arbeit ist, wird Freizeit; alles, was nicht Produktion ist, wird Konsum (538). In den 1960er Jahren beginnt die Freizeitforschung, Konsum positiv zu werten (540). Später sind Listen von Freizeitaktivitäten kaum frei von Aspekten des Konsums. Es ist von einer „Ausweitung der Konsumzone" die Rede, „die weit über die allseits vertrauten Kauf- und Verbrauchsakte hinausgreift" (543) – bis hin zu den „Angeboten" der Religion. Konsum wird von vielen als „Zentralwert der gegenwärtigen Gesellschaft" (546) betrachtet. Konsumforschung, zunächst von der Verhaltensforschung beeinflusst, dann den Nutzenmaximierer in den Vordergrund stellend, bezieht schließlich qualitative Methoden ein, um der Vielzahl innerer Antriebe der Konsumenten nahezukommen (547). Die „Consumer Studies" der 1980er Jahre fragen mit ethnographischer Feldarbeit (548) danach, in welchem Umfeld der einzelne Konsument handelt (ähnlich wie die Sozioökonomie). Die „Consumer Culture Theory" (CCT) will wissen, was der Konsum für die Lebensführung der Menschen bedeutet, eingeschlossen Identitätsarbeit. Indem sie den Focus darauf richtet, blendet sie alle anderen möglichen Aspekte des Strebens nach dem „guten und richtigen Leben" aus, Religion z. B.

Radermacher, Franz Josef; Beyers, Bert: Welt mit Zukunft. Die ökosoziale Perspektive. 5. Aufl. 2013. Hamburg: Murmann. Hier werden Hoffnungen auf die regulierende EU gesetzt (246). „Der Welt droht ein ökologischer Kollaps, wenn sie die sozialen Fragen zulasten der Umwelt zu lösen versucht", oder es kommt zu diktatorischen Regimes. „Mit Nachhaltigkeit kompatibel ist nur eine ausbilanzierte Zukunft, ein weltweites ökosoziales Marktmodell, in dem die reiche Welt in Form einer doppelten Zurückhaltung mittels Kofinanzierung und geeignet austarierten Marktöffnungen der ärmeren Welt ein Aufholen im Sinne einer akzeptablen Ausgleichstruktur ermöglicht, wobei Reich und Arm bei abgestimmter Zurückhaltung gemeinsam der Umwelt und der Ressourcenbasis den Raum geben, der naturgesetzlich erforderlich ist, um einen ökologischen Kollaps zu verhindern." (9) Wie aber man dazu kommt, bleibt offen.

Sinn, Hans-Werner: Das grüne Paradoxon. Plädoyer für eine illusionsfreie Klimapolitik. Berlin: Ullstein 2012 (*forum@ifo.de*). Es muss „eine globale Strategie zur Beschränkung des Rohstoffangebots gefunden werden." (Klappentext) Ein „angebotstheoretischer Ansatz" (19, 504) wird vertreten, während früher (541) die Nachfrageorientierung im Vordergrund stand. Aber die Elastizität der Nachfrage wird im Gegensatz zu der des Angebotes nicht berücksichtigt.

Schmidt-Bleek, Friedrich: Grüne Lügen. Nichts für die Umwelt, alles fürs Geschäft – wie Politik und Wirtschaft die Welt zugrunde richten. 3. Aufl. München: Ludwig 2014. Viele „der als grün verkauften Maßnahmen verschärfen die Probleme, statt sie zu lösen. Denn wir leisten uns einen nachsorgenden Umweltschutz, der lediglich auf bestimmte Schäden und Symptome reagiert, anstatt bei den Ursachen anzusetzen." Er entwirft „ein konkretes Projekt für eine Ressourcenwende, die unseren Wohlstand sichert und zugleich die bedrohte Ökosphäre nachhaltig stabilisiert." (Klappentext) „Unsere ‚Umweltschutzmaßnahmen' reduzieren zwar den Schadstoffausstoß, erhöhen aber auch unseren Bedarf an Ressourcen. Um an diese zu gelangen, zerstören und verschmutzen wir die Welt immer schneller."

Stern, Nicholas: Der Global Deal. Wie wir dem Klimawandel begegnen und ein neues Zeitalter von Wachstum und Wohlstand schaffen. München: C. H. Beck 2009. 2005 hat Klimapolitik ernsthaft begonnen, und bei dem Abkommen von Paris 2015 wird endlich schnelles Handeln vereinbart. Bei dem Klimagipfel-Diplomaten Stern stehen die wirtschaftspolitischen Aspekte des Klimawandels im Vordergrund. Auch bei ihm wird auf Wachstum als Ausweg gesetzt. Schnelles Handeln ist angesagt, denn „wir werden einen Wachstumsmotor brauchen, um uns aus der Flaute zu ziehen" (16).

Bibliographie

Abel, Wilhelm: Massenarmut und Hungerkrisen im vorindustriellen Deutschland. Göttingen 1972.

Abendroth, Wolfgang: Antagonistische Gesellschaft und politische Demokratie. Neuwied/Berlin 1967.

Abriß. Zur Geschichte der Kultur und Lebensweise der werktätigen Klassen und Schichten des deutschen Volkes vom 11. Jahrhundert bis 1945. Ein Abriß. Deutsche Historiker-Gesellschaft. Wissenschaftliche Mitteilungen 1972/I—III (Weißel, Strobach, Jacobeit).

Aderinwale, Ayodele: Afrika und der Globalisierungsprozeß. In: Rainer Tetzlaff (Hrsg.): Weltkulturen unter Globalisierungsdruck. Erfahrungen und Antworten aus den Kontinenten. Bonn 2000 (EINE Welt. Texte der Stiftung Entwicklung und Frieden Bd. 9), S. 232–258.

Adorno, Theodor W. und Max Horkheimer: Dialektik der Aufklärung. In: Horkheimer, Max: Gesammelte Schriften 5, Frankfurt/M. 1987, S. 1–288.

Adorno, Theodor W.: Freizeit. In: Gesammelte Schriften 8 (Soziologische Schriften 1). 2. Aufl. Frankfurt am Main 1980, Werke 10.2, S. 645–655.

Apel, Karl-Otto: Das Problem der Gerechtigkeit in einer multikulturellen Gesellschaft. In: Fornet-Betancourt. 1998, S. 106–130.

Atlas der Globalisierung. Weniger wird mehr. Berlin: Le Monde diplomatique/TAZ Verlags- und Vertriebs GmbH 2015.

Auer, Wilhelm: Goldene Legende. Leben der lieben Heiligen Gottes auf alle Tage des Jahres. Nach P. Matthäus Vogel S.J. neu bearbeitet von –. Köln: Rheinisches Verlagsinstitut für kath. Literatur, Gustav Brake 1904.

Aufklärung. Erläuterungen zur deutschen Literatur. 3. Aufl. Berlin: Volk und Wissen 1974.

Bader, Pauline; Becker, Florian; Demirović, Alex, Dück, Julia: Die multiple Krise – Krisendynamiken im neoliberalen Kapitalismus. In: Demirović 2011, S. 11–28.

Barber, Benjamin Die Perversion der Freiheit. [Zeit-Gespräch mit] Die Zeit v. 6. Juli 2000, S. 24/25.

Barfuss, Thomas: Konformität und bizarres Bewusstsein. Zur Verallgemeinerung von Lebensweisen in der Kultur des 20. Jahrhunderts. Hamburg 2009.

Bauche, Ulrich: Landtischler, Tischlerhandwerk und Intarsienkunst in den Vierlanden unter der beiderstädtischen Herrschaft Lübecks und Hamburgs bis 1867. Hamburg: Museum Hamburgische Geschichte 1965.

Bauer, Wolfgang: China und die Hoffnung auf Glück. München: Hanser 1971.

Baum, Wilhelm: Nikolaus Cusanus in Tirol. Bozen: Athesia 1983.

Bebel, August: Die Mohamedanisch-Arabische Kulturperiode. 2. Aufl. Stuttgart 1989.

Beck, Rainer: Der Pfarrer und das Dorf. In: Dülmen, Jan van (Hrsg.): Armut, Liebe, Ehre. Frankfurt/M. 1988, S. 107–143.

Beck, Rainer: Naturale Ökonomie. Unterfinning. Bäuerliche Wirtschaft in einem oberbayerischen Dorf des frühen 18. Jahrhunderts. München, Berlin 1986.

Beck, Ulrich: Reflexive Modernisierung. Frankfurt/M.: Suhrkamp 1991.

Beck, Ulrich: Weltrisikogesellschaft. Auf der Suche nach der verlorenen Sicherheit. Frankfurt am Main: Suhrkamp Verlag 2007; Bonn: Bundeszentrale für politische Bildung 2007.

Becker. Jochen: Dienstleistung im Wasteland. In: TAZ Die Tageszeitung v. 5. Juli 2000, S. 13.

Beckert, Sven: King Cotton. Eine Geschichte des globalen Kapitalismus. 2. Aufl. München: Beck 2014; Bonn: Bundeszentrale für politische Bildung 2015.

Behringer, Wolfgang: Kulturgeschichte des Klimas. Von der Eiszeit bis zur globalen Erwärmung. München: Beck 2007; Bonn: Bundeszentrale für politische Bildung 2007.

Bellebaum u.a. (Hrsg.): Die sieben Todsünden. Münster: Aschendorff 2007.

Berdahl, Robert M. u.a.: Klassen und Kultur. Sozialanthropologische Perspektiven in der Geschichtsschreibung. Frankfurt am Main: Syndikat 1982. Darin: Medick, Hans: Plebejische Kultur, plebejische Öffentlichkeit, plebejische Ökonomie. Über Erfahrungen und Verhaltensweisen Besitzarmer und Besitzloser in der Übergangsphase zum Kapitalismus. S. 157–204.

Bericht Bürgerschaftliches Engagement: auf dem Weg in eine zukunftsfähige Bürgergesellschaft. Opladen: Leske + Budrich 2002 (Enquete-Kommission „Zukunft des Bürgerschaftlichen Engagements" des Deutschen Bundestages Schriftenreihe Bd. 4).

Berliner Diskussion. Perspektiven Europäischer Ethnologie – Versuch einer Zwischenbilanz. Gespräch zwischen Wolfgang Kaschuba, Peter Niedermüller,

Bernd Jürgen Warneken und Gisela Welz. In: Berliner Blätter 23/2001. S. 167–190.

Bertz, Eduard: Philosophie des Fahrrads. Dresden, Leipzig: C. Reißner 1900.

Biedenkopf, Kurt H.: Für eine ökologische Reform der Marktwirtschaft. In: Stratmann-Mertens, Eckhard; Hickel, Rudolf; Priewe, Jan (Hrsg.): Wachstum. Abschied von einem Dogma. Kontroverse über eine ökologisch-soziale Wirtschaftspolitik. Frankfurt am Main: S. Fischer 1991, S. 83–100.

Binswanger, Hans Christoph: Die Glaubensgemeinschaft der Ökonomen. München: Gerling Akademie Verl. 1998.

Bloch, Ernst: Das Prinzip Hoffnung. Bd. 1–3. Frankfurt am Main: Suhrkamp 1959.

Bogdal, Klaus-Michael: Schaurige Bilder. Der Arbeiter im Blick des Bürgers. Frankfurt am Main: Syndikat 1978.

Bollig, Michael; Casimir, Michael J.: Pastorale Nomaden. In: Handbuch der Ethnologie: Festschrift für Ulla Johansen. Hrsg. v. Thomas Schweizer, Margarete Schweizer und Waltraud Kokot. Berlin: Reimer, 1993 (Ethnol. Paperbacks), S. 521–559.

Bosch, Claudia: Fest und flüssig. Das Feiern im Festzelt als Cultural Performance. Tübingen 2015 Ludwig-Uhland-Institut für empirische Kulturwissenschaft, Untersuchungen 118). [Cannstätter Wasen]

Böth, Gitta: Kleidung. In: Brednich, Rolf W. (Hrsg.): Grundriß der Volkskunde, 3. überarb. u. erw. Aufl. Berlin: Reimer 2001, S. 221–238.

Brand, Ulrich: Schöne Grüne Welt. Über die Mythen der Greeen Economy. 3. akt. Aufl. 2013 (Luxemburg Argumente).

Brand, Ulrich: Post-Neoliberalismus? Aktuelle Konflikte, Gegen-hegemoniale Strategien. Hamburg: VSA 2011.

Brand, Ulrich: Wachstum und Herrschaft. In: Aus Politik und Zeitgeschichte 27-28/2012, S. 8–14.

Brand, Ulrich; Wissen, Markus: Sozial-ökologische Krise und imperiale Lebensweise. Zu Krise und Kontinuität kapitalistischer Naturverhältnisse. In: Demirović 2011, S. 79–94.

Braudel, Fernand: Sozialgeschichte des 15.- 18. Jahrhunderts. Der Alltag. München: Kindler 1985.

Braun, Karl; Boller, Christian; Frank, Marta Leonora; Linzner, Felix (Hrsg.): Friedenszeiten. Zum Eigensinn der Monate Januar 1913 bis Juli 1914. Marburg: Jonas 2015

Brecht, Bertolt: Werke. Frankfurt am Main: Suhrkamp 1967.

Brehmer, Arthur (Hrsg.): Die Welt in 100 Jahren. Mit einem einführenden Essay „Zukunft von Gestern" von Georg Ruppelt. Hildesheim u.a.: Olms Verl. 2013.

Breidenbach, Joana; Zukrigl, Ina: Tanz der Kulturen. Kulturelle Identität in einer globalisierten Welt. Reinbek: Rowohlt Enz. 2000.

Bromley, Roger; Göttlich, Udo; Winter, Carsten (Hrsg.): Cultural Studies. Grundlagentexte zur Einführung. Lüneburg: Zu Klampen 1999.

Brunnengräber, Achim; Dietz, Christina: Der Klimawandel – eine multiple Krise gesellschaftlicher Naturverhältnisse. In: Demirović 2011, S. 95–110.

Bund/Misereor: Zukunftsfähiges Deutschland. Basel, Boston, Berlin 1996.

Buol, M.: Ein Herrgottskind. Lebensbild der ekstatischen Jungfrau Maria von Mörl. Kaltern/Brixen 1997.

Butterwegge, Christoph: Armut in einem reichen Land. Wie das Problem verharmlost und verdrängt wird. 3. akt. Aufl. Frankfurt am Main u.a.: Campus 2012; Bonn: Bundeszentrale für politische Bildung 2012.

Calließ, Jörg; Rüsen, Jörn; Striegnitz, Meinfried (Hrsg.): Mensch und Umwelt in der Geschichte. Pfaffenweiler: Centaurus 1989.

Candeias, Mario; Rilling, Rainer; Weise, Katharina (Hrsg.): Krise der Privatisierung. Rückkehr des Öffentlichen. Berlin: Dietz 2009 (Rosa-Luxemburg-Stiftung Texte rls 53).

Capra, Fritjof: Lebensnetz. Bern, München: Scherz-Verlag 1996.

Capra, Fritjof: Wendezeit. Bausteine für ein neues Weltbild. Bern, München: Scherz-Verlag 1985.

Cluetrain-Manifest. 95 Thesen für eine neue Unternehmenskultur im digitalen Zeitalter. München: Econ 2000.

Crouch, Colin: Das befremdliche Überleben des Neoliberalismus. Postdemokratie II. Berlin: Suhrkamp 2011; Bonn: Bundeszentrale für politische Bildung 2011.

Curtius, Mechthild; Hund, Wulf D.: Mode und Gesellschaft. Zur Strategie der Konsumindustrie. Frankfurt am Main: EVA 1971 (Modelle ...12).

Dahrendorf, Ralf: Gesellschaft und Demokratie in Deutschland. München 1965.

Das neue Buch der Erfindungen, Gewerbe und Industrien. Rundschau auf allen Gebieten der gewerblichen Arbeit. 6. Umgearbeitete und verbesserte Aufl. Leipzig, Berlin: O. Spamer 1873, . Bd. 5: Die Chemie des täglichen Lebens.

Demirović, Alex; Dück, Julia; Becker, Florian; Bader, Pauline (Hrsg.): Vielfachkrise im finanzmarktdominierten Kapitalismus. In Kooperation mit dem wissenschaftlichen Beirat von Attac. Hamburg: VSA 2011.

Deppe, Frank: Lebenswelt und Politik. In: Subjektivität und Politik. Bericht von der 5. Internationalen Ferien-Universität Kritische Psychologie 1990 in Fulda. Marburg: VAG 1990, S. 71–104

Dethier, Jens (Hrsg.). Lehmarchitektur. Die Zukunft einer vergessenen Bautradition. München: Prestel Verl. 1982.

Dettling, Warnfried: [Rezension zu Etzioni, Amitai: Jenseits des Egoismus-Prinzips. Ein neues Bild von Wirtschaft, Politik und Gesellschaft. Stuttgart 1994]. In: Die Zeit v. 12.8.1994.

Dichter, Ernest: Strategie im Reich der Wünsche [1961]. München: Deutscher Taschenbuch Verlag 1964.

Die kleinen Leute – Spuren in der deutschen Geschichte. Berlin: Deutsches Historisches Museum 2011.

Dietrich, Isolde: Erfahrungen mit der Ausstellung „Parzelle, Laube, Kolonie – Kleingärten zwischen 1880 und 1930". In: Mitteilungen aus der kulturwissenschaftlichen Forschung 27/1989, S. 89–100.

Dietrich, Isolde: Hammer, Zirkel, Gartenzaun. Die Politik der SED gegenüber den Kleingärtnern. Berlin: I. Dietrich; BoD Norderstedt 2003.

Dilger, Gerhard: Jenseits der „Entwicklung". In: TAZ Die Tageszeitung 14./15. April 2012.

Edschmid, Kasimir: Zauber und Größe des Mittelmeers. Frankfurt am Main: Societäts-Verlag 1933.

Egardt, Brita: Kost. In: Schwedische Volkskunde. Quellen, Forschung, Ergebnisse. Festschrift für Sigfrid Svensson ... Stockholm u. a.: Almqvist & Wiksell 1961, S. 368–392.

Eggelhöfer u. a.: Lust und Laster. Ostfildern: Hatje Cantz 2010.

Ehrensperger, Ingrid: Gutbürgerliche Küche. Sparherd statt offener Feuerstelle. In: Gyr, Ueli (Hrsg.): Soll und Haben. Alltag und Lebensformen bürgerlicher Kultur. Festgabe für Paul Hugger. Zürich: Offizin Verlag 1995, S. 229–242.

Eisendle, Reinhard; Miklautz, Elfie (Hrsg.): Produktkulturen. Dynamik und Bedeutungswandel des Konsums. Frankfurt/New York: Campus 1992.

Elliesen, Tillmann: Kein Schutz vor Hollywood. In: Entwicklung +Zusammenarbeit Jg. 46/ 2005, S. 12.

Elsen, Susanne: Die Kirche und die ökosoziale Wende. Ms. Bozen/Brixen Mai 2014.

Elsen, Susanne: Genossenschaften, Gemeingüter und Gemeinwesen. In: Miribung, Georg: Internationale Tagung Der Beitrag von Genossenschaften zur nachhaltigen regionalen Entwicklung – Prämissen, Möglichkeiten, Ausblicke. Bozen: Europäische Akademie (Eurac) 2012, S. 99–114.

Engelmann, Jan (Hrsg.): Die kleinen Unterschiede. Der Cultural Studies-Reader. Frankfurt am Main, New York: Campus 1999.

Enzensberger, Hans Magnus: Die große Wanderung. Frankfurt/M.: Suhrkamp 1992.

Enzensberger, Hans Magnus: Reminiszenzen an den Überfluß. In: Der Spiegel 51/1996, S. 108–118.

Eriksson, Olof: Energie-Zukunft aus Designer-Perspektive. In: Design Art. Schwedische Alltagsform zwischen Kunst und Industrie. Berlin: Elefanten Press 1988, S. 168–173.

Ernst, Heiko: Die Sieben Todsünden. Heute noch relevant? In: Aus Politik und Zeitgeschichte 52/2014: S. 3–7.

Essen und Trinken in Deutschland. Is(s) was?! Museumsmagazin Haus der Geschichte der Bundesrepublik Deutschland 2014 [Begleitheft zu einer Ausstellung].

Etzioni, Amitai: Jenseits des Egoismus-Prinzips. Ein neues Bild von Wirtschaft, Politik und Gesellschaft. Stuttgart 1994.

Fél, Edit; Hofer, Támas: Bäuerliche Denkweise in Wirtschaft und Haushalt. Göttingen: Schwartz 1972.

Fernandes, Walter: Unipolar World, Recent Economic Agreements and North-South-Conflicts. In: Fornet-Betancourt 1998, S. 70–91.

Fielhauer, Helmut Paul: Volkskunde als demokratische Kulturgeschichtsschreibung. Ausgewählte Aufsätze aus zwei Jahrzehnten. Wien 1987, S. 75–87.

Fielhauer, Helmut Paul: Vom Hirtenhaus zur Molkerei. Studien zur Milchversorgung Wiens im 18. und 19. Jahrhundert. In: Reiner Hefte für Volkskunde Jg. 2 H. 1. Rein/Steiermark 1981, S. 47–106.

Fischer, Andreas; Zurstrassen, Bettina (Hrsg.): Sozioökomische Bildung. Bonn: Bundeszentrale für politische Bildung 2014.

Florida, Richard: The Rise of the Creative Class: And How It's Transforming Work, Leisure, Community and EveryDay Life. New York: B & T 2004.

Fornet-Betancourt, Raúl (Hrsg.): Armut im Spannungsfeld zwischen Globalisierung und dem Recht auf eigene Kultur. Dokumentation des VI. Internationalen Seminars des philosophischen Dialogprogramms. Frankfurt am Main: IKO-Verlag für Interkulturelle Kommunikation 1998 (Denktraditionen im Dialog; 2).

Forsthoff, Ernst (Hrsg.): Rechtsstaatlichkeit und Sozialstaatlichkeit. Aufsätze und Essays. Darmstadt: Wissenschaftliche Buchgesellschaft 1968 (Wege der Forschung CXVIII).

Fraenger, Wilhelm: Deutsche Vorlagen zu russischen Volksbilderbogen. In: Jahrbuch für Historische Volkskunde II/1926, S. 126–173.

Franz, Günther (Hrsg.): Deutsches Bauerntum im Mittelalter. Darmstadt: Wissenschaftliche Buchgesellschaft 1976 (Wege der Forschung 416).

Freytag, Gustav: Erinnerungen aus meinem Leben. Leipzig: Hirzel 1887.

Friedrichs, Werner: „Realfiktionen" der Ökonomie als Gegenstand sozioökonomischer Bildung. In: Fischer 2014, S. 243–265.

Fritz, Helmut: Das Evangelium der Erfrischung. Coca-Colas Weltmission. Reinbek bei Hamburg: Rowohlt 1985.

Füller, Henning; Glasze, Georg: Gated communities und andere Formen abgegrenzten Wohnens. In: Aus Politik und Zeitgeschichte 4–5/2014, S. 33–38.

Gasteyger, Curt: Europa zwischen Spaltung und Einigung. Darstellung und Dokumentation 1945–2005. Überarbeitete Neuauflage. Bonn: Bundeszentrale für politische Bildung 2005.

Geertz, Clifford: Dichte Beschreibung. Beiträge zum Verstehen kultureller Systeme. Frankfurt/M. 1983/87.

Gemeinsam nutzen statt einzeln verbrauchen. Eine neue Beziehung zu den Dingen. Internationales Forum für Gestaltung Ulm, Tagung 1992. Gießen: Wagenbach 1993.

Gerlach, Hellmut von: Von Rechts nach Links. [1937] Frankfurt am Main: Fischer Taschenbuch Verlag 1987/Europa Verlag Zürich.

Gestaltung und neue Wirklichkeit. IFG Ulm Internationales Forum für Gestaltung. Tagung 1988. Ulm: IFG, 1989.

Glauber, Hans (Hrsg.): Langsamer, Weniger, Besser, Schöner. 15 Jahre Toblacher Gespräche (9. Toblacher Gespräche 1993). Bausteine für die Zukunft. München: Oekom 2006.

Gödde, Petra: Globale Kulturen. In: Iriye, Akira; Osterhammel, Jürgen (Hrsg.): Geschichte der Welt 1945 bis heute. Die globalisierte Welt. München: C.H. Beck; Harvard UP 2013. Band 6 S. 535–669.

Goebel, Simon u.a.: Materialisierung von Kultur. Diskurse Dinge Praktiken. In: Zeitschrift für Volkskunde 2014, S. 115–124.

Gomringer, Eugen: Gestaltung und neue Wirklichkeit. IFG Ulm Internationales Forum für Gestaltung. Tagung 1988. Ulm: IFG, 1989.

Görlich, Joachim: Die Theorie rationalen Handelns in der Wirtschaftsethnologie. In: Handbuch der Ethnologie: Festschrift für Ulla Johansen. Hrsg. v. Thomas Schweizer, Margarete Schweizer und Waltraud Kokot. Berlin: Reimer 1993. (Ethnol. Paperbacks), S. 241–262.

Grandits, Ernst A. (Hrsg.): 2112. Die Welt in 100 Jahren. Darin: Welzer, Harald: Jeder nach seinen Chancen, jeder nach seinen Möglichkeiten. Die soziale Welt des 22. Jahrhunderts, S. 13–29.

Grandmontagne, Marc: Kulturelle Vielfalt zwischen Markt und Staat. In: Kulturpolitische Mitteilungen 145 (II/2014) S. 20–22.

Graupe, Silja: Der kühle Gleichmut des Ökonomen. Leidenschaftslosigkeit als Paradigma der Wirtschaftswissenschaft und die Fragefelder der Sozio-Ökonomie. In: Fischer u.a. 2014 S. 177–205.

Greiner, Bernd u.a.: Ökonomie im Kalten Krieg. Hamburg: Hamburger Edition HIS 2008; Bundeszentrale für politische Bildung 2010.

Greiner, Ulrich Alles neu. Die Reform. In: Die Zeit v. 9. Sept. 1999.

Grenzen-los? Jedes System braucht Grenzen – aber wie durchlässig müssen diese sein? Ernst Ulrich von Weizsäcker (Hrsg.) Berlin; Basel; Boston: Birkhäuser, 1997.

Groh, Dieter (1992): Anthropologische Dimensionen der Geschichte. Frankfurt/M.: Suhrkamp 1992.

Groh, Rut; Groh, Dieter: Zur Entstehung und Funktion der Kompensationsthese. In: Einheit der Wissenschaften. Internationales Kolloquium der Akademie der Wissenschaften zu Berlin, Bonn 25.–27. Juni 1990, S. 234–279.

Grossarth, Jan: Der Veganerfresser. In: Frankfurter Allgemeine Sonntagszeitung 22. März 2015, S. 30.

Güther, Bernd: Infrastruktur und Staat. Marburg: VAG 1977.

Haefner, Klaus: Von der sozialen zur soziotechnischen Welt. In: Kaiser 1993, S. 48–53.

Haferkamp, Hans (Hrsg.): Sozialstruktur und Kultur. Frankfurt am Main: Suhrkamp Verlag 1990.

Hamann, Volker; Wolbert, Barbara: „Brücke zwischen zwei Welten" und „Zwischenfeld zwischen den Kulturen". Vorstellungen zu kulturellen Übernahmen aus Afrika in der deutschen Alternativkultur. In: Kulturkontakt – Kulturkonflikt. Zur Erfahrung des Fremden. Notizen Frankfurt am Main 1988, 461–470.

Harrison, Pierre: Das Imperium Nestlé. Praktiken eines Nahrungsmultis am Beispiel Lateinamerika. Nördlingen 1988.

Hartmann, Wolf-D.; Wilde, Gert: Wie man reich wird. Nachdenken über Bedürfnisse. Leipzig u.a.: Urania 1982.

Hauff, Volker (Hrsg.): Unsere gemeinsame Zukunft. Weltkommission für Umwelt und Entwicklung. Greven 1987.

Haug, Wolfgang Fritz (1971): Kritik der Warenästhetik. Frankfurt am Main: Suhrkamp Verlag 1971.

Haug, Wolfgang Fritz (1975) (Hrsg.): Warenästhetik. Beiträge zur Diskussion, Weiterentwicklung und Vermittlung ihrer Kritik. Frankfurt am Main: Suhrkamp Verlag 1975.

Haug, Wolfgang Fritz (1980): Warenästhetik und kapitalistische Massenkultur. Berlin: Argument Verlag 1980.

Haug, Wolfgang Fritz (1990): Der Staatssozialismus als Blockade von Subjektivität. In: Subjektivität und Politik. Bericht von der 5. Internationalen Ferien-Universität Kritische Psychologie 1990 in Fulda. Marburg: VAG 1990, S. 189–202.

Haug, Wolfgang Fritz (2012): hightech-Kapitalismus in der grossen Krise. Hamburg: Argument Verlag 2012.

Haupt, Heinz-Gerhard; Nolte, Paul: Markt, Konsum und Kommerz. In: Mauch, Christof; Patel, Kiran Klaus (Hrsg.): Wettlauf um die Moderne. Die USA und Deutschland 1890 bis heute. München Pantheon 2008; Bonn: Bundeszentrale für politische Bildung 2008, S. 187–224.

Heckmann, Friedrich; Spoo, Eckart (Hrsg.): Wirtschaft von unten. Selbsthilfe und Kooperation. Heilbronn: Distel Verlag 1997.

Hedtke, Reinhold: Was ist sozio-ökonomische Bildung? In: Fischer u.a 2014, S. 81–127.

Heimerdinger, Timo (2010): Die Schnullerfee als elterliches Risikomanagement. In: Österreichische Zeitschrift für Volkskunde LXIV/113, 2010 H. 1 S. 3–21.

Heimerdinger, Timo (2011): Verwickelt aber tragfähig. Europäisch-ethnologische Perspektiven auf ein Stück Stoff: das Babytragetuch. In Österreichische Zeitschrift für Volkskunde LXV/114, 2011 H. 3 S. 311–345.

Helfrich, Silke; Heinrich-Böll-Stiftung (Hrsg.): Commons. Für eine neue Politik jenseits von Markt und Staat. Bielefeld: Transcript-Verlag 2012.

Heller, Agnes: Das Alltagsleben. Versuch einer Erklärung der individuellen Reproduktion. Hrsg. von Hans Joas. Frankfurt am Main: Suhrkamp Verlag 1978.

Hellmich, Simon Niklas: Was ist Sozioökonomie? In: Fischer 2014, S. 32–62.

Henrÿ, Hagen Genossenschaften und das Konzept der Nachhaltigkeit. Pflichten und Möglichkeiten des Gesetzgebers. In: Miribung, Georg: Internationale Tagung: Der Beitrag von Genossenschaften zur nachhaltigen regionalen Entwicklung - Prämissen, Möglichkeiten, Ausblicke. Bozen: Europäische Akademie (Eurac) 2012, 67–74.

Hern, Eva: Katastrophen. Frankfurt am Main: Fischer 2014.

Herrmann, Ulrike: Der Sieg des Kapitals. Wie der Reichtum in die Welt kam: Die Geschichte von Wachstum, Geld und Krisen. Frankfurt/M.: Westend 2013.

Herrsche, Peter: Gelassenheit und Lebensfreude. Was wir vom Barock lernen können. Freiburg u.a.: Herder 2011.

Hildebrandt, Volker: Von der „Job-Sklaverei" zu „New Work". In: Frankfurter Rundschau v. 24.7.1998, S. 18.

Hinkelammert, Franz J.: Globalisierung und Ausschluß aus lateinamerikanischer Sicht. In: Fornet-Betancourt 1998, S. 92–104.

Hirsch, Fred: Die sozialen Grenzen des Wachstums. Reinbek b. Hamburg: Rowohlt 1980.

Hoffmann, Hanns Hubert: Bauer und Herrschaft in Franken. In: Franz 1976, S. 424–468.

Hoffmann, Hilmar (1997a): Zukunft ist ein kulturelles Programm. In: Brockhaus. Die Bibliothek. Kunst und Kultur Bd. 1 Hrsg. v. d. Brockhaus-Redaktion. Leipzig, Mannheim: Brockhaus 1997, S. 11-14.

Hoffmann, Hilmar (1997b): Besitz – Kapital – Kultur. In: Der Architekt. Zeitschrift des Bundes Deutscher Architekten 5/1997 S. 297–299.

Hoffmann, Hilmar; Kramer, Dieter: Auf dem Weg zum Kulturstaat? In: Verbraucherpolitische Hefte NRW, 8/1989, S. 131–142.

Hoffmann, Hilmar; Kramer, Dieter: Freizeitpolitik in der Großstadt. Probleme und Aufgaben. In: Heinz Schilling (Hrsg.): Aspekte der Freizeit. Hessische Blätter für Volks- und Kulturforschung, NF 7/8 (1978), S. 70–80. Auch in: Freizeitpädagogik (Frankfurt/M.) 2/1981, S. 69–80.

Hoffmann, Johannes; Scherhorn, Johannes: Nachhaltigkeit als Herausforderung für die marktwirtschaftliche Ordnung. Ein Plädoyer. In: Aus Politik und Zeitgeschichte 27–28/2012, S. 39–45.

Hoffmeister, Dieter: Arbeiterfamilienschicksale im 19. Jahrhundert. Qualitative Untersuchungen zum Zusammenhang von familiärer Unvollständigkeit, Notbehelfsökonomie und Arbeiterbewegung. Marburg: Verlag Arbeiterbewegung und Gesellschaftswissenschaft 1984 (Schriftenreihe ... Bd. 43).

Hofstätter, Peter R.: Gruppendynamik. Die Kritik der Massenpsychologie. Reinbek: 1957 (rowohlts deutsche enzyklopädie 38).

Hofstetter, Yvonne: Europa versagt. Wir sind völlig abhängig geworden von amerikanischen Schlüsseltechnologien. Was bedeutet das für die TTIP-Verhandlungen? In: Die Zeit v. 5. März 2015.

Horn, Klaus (Hrsg.): Gruppendynamik und der ‚subjektive Faktor'. Repressive Entsublimierung oder politisierende Praxis? Frankfurt am Main: Suhrkamp Verlag 2. Aufl. 1973.

Hörning, Karl H.; Winter, Rainer (Hrsg.): Widerspenstige Kulturen. Cultural Studies als Herausforderung. Frankfurt am Main: Suhrkamp 1999 (suhrkamp taschenbuch wissenschaft 1423).

Hund, Wulf D. (1970): Kommunikation in der Gesellschaft. Frankfurt am Main: EVA 1970 (Modelle ...7).

Hund, Wulf D. (1980) ; Kirchhoff-Hund, Bärbel: Soziologie der Kommunikation. Arbeitsbuch zu Struktur und Funktion der Medien. Grundbegriffe und exemplarische Analysen. Reinbek bei Hamburg: Rowohlt 1980.

Hundert gute Gründe für die Energiewende – raus aus der Atomkraft. Eine Produktion der TAZ in Kooperation mit den Elektrizitätswerken Schönau. Berlin 2011.

Hüther, Gerald (2010a): Bedienungsanleitung für ein menschliches Gehirn. Göttingen: Vandenhoeck & Ruprecht 2010.

Hüther, Gerald (2010b): Die Macht der inneren Bilder. Wie Visionen das Gehirn, den Menschen und die Welt verändern. Göttingen: Vandenhoeck & Ruprecht 2010.

IFG 1990 Ulm Internationales Forum für Gestaltung. Im Namen des Nutzers. Tagung 1990. Ulm: IFG 1991.

IFG 1992 Ulm Internationales Forum für Gestaltung: Gemeinsam nutzen statt einzeln zu verbrauchen. Eine neue Beziehung zu den Dingen. Tagung 1992. Gießen: Anabas 1993.

Immermann, Karl Lebrecht: Der Oberhof. Aus des Verfassers „Münchhausen". Leipzig: Reclam o. J. 10 [= Münchhausen. Eine Geschichte in Arabesken. ... Nachwort von Hans-Joachim Piechotta. Frankfurt am Main: Insel-Verl. 1984]

Iriye, Akira (2012); Osterhammel, Jürgen (Hrsg.): Geschichte der Welt Bd. 5: 1870–1945. Weltmärkte und Weltkriege. Hrsg. v. Emely Rosenberg. München: C. H. Beck; Harvard Up 2012.

Iriye, Akira (2013); Osterhammel, Jürgen (Hrsg.): Geschichte der Welt Bd. 6: 1945 bis heute. Die globalisierte Welt. Hrsg. v. Akira Iriye. München: C.H. Beck; Harvard UP 2013.

Iriye, Akira (2014); Osterhammel, Jürgen (Hrsg.): Geschichte der Welt. Bd. 3: Weltreiche und Weltmeere 1350–1750. Hrsg. v. Wolfgang Reinhard. München C.H.Beck; Harvard Up 2014.

Jackson, Tim: Wohlstand ohne Wachstum. Leben und Wirtschaften in einer endlichen Welt. Hrsg. von der Heinrich-Böll-Stiftung. München: oekom 2011; Bonn: Bundeszentrale für politische Bildung 2012.

Johler, Reinhard; Tschofen, Bernhard (Hrsg.): Empirische Kulturwissenschaft. Eine Tübinger Enzyklopädie. Tübingen 2008 (Untersuchungen des LUI 100).

Just, Renate: In Askese aasen. In: Die Zeit v. 14. Januar 1999.

Kaiser, Gert (Hrsg.): Kultur und Technik im 21. Jahrhundert. Frankfurt am Main u.a.: Campus 1993 (Schriftenreihe des Wissenschaftszentrum NRW Bd. 1).

Kalkschmidt, Eugen: Vom Memelland bis München. Hamburg-Bergedorf: Strom-Verlag 1948.

Kardiner, Abram; Preble, Edward: Wegbereiter der modernen Anthropologie. Frankfurt am Main: Suhrkamp Verlag 1974.

Kaschuba, Wolfgang (1988): Volkskultur zwischen feudaler und bürgerlicher Gesellschaft. Frankfurt am Main/New York: Campus 1988.

Kernig, Claus D.: Und mehret euch? Deutschland und die Weltbevölkerung im 21. Jahrhundert. Bonn: Dietz Verl. 2006; Bundeszentrale für politische Bildung 2006.

Kittsteiner, Han Dieter (1942–2008): Die Entstehung des modernen Gewissens. Frankfurt am Main: Fischer Taschenbuch Verlag 1995.

Klein, Dieter: Chancen für einen friedensfähigen Kapitalismus. Berlin/DDR 1988.

Klein, Dieter: Das Morgen tanzt im Heute. Hamburg: VSA 2013.

Klein, Naomi: Die Entscheidung: Kapital vs. Klima. In: Blätter für deutsche und internationale Politik 5/2015 S. 43–57.

Klein, Naomi: No Logo! Der Kampf der Global Players um Marktmacht. Ein Spiel mit vielen Verlierern und wenigen Gewinnern. O.O.: Riemann One Earth Spirit 2001.

Kleinspehn, Thomas: Warum sind wir so unersättlich? Über den Bedeutungswandel des Essens. Frankfurt am Main: Suhrkamp 1987.

Köhler, Ulrich; Seitz, Stefan: Agrargesellschaften. In: Handbuch der Ethnologie: Festschrift für Ulla Johansen. Hrsg. v. Thomas Schweizer, Margarete Schweizer und Waltraud Kokot. Berlin: Reimer, 1993. (Ethnol. Paperbacks), S. 561–592.

Kohr, Leopold: Small is beautiful. Ausgewählte Schriften aus dem Gesamtwerk. Wien: Deuticke 1995.

Kolbert, Elizabeth: Vor uns die Sintflut. Depeschen von der Klimafront. Berlin: Berlin Verl., Bonn: Bundeszentrale für politische Bildung 2006.

Konersmann, Ralf (Hrsg.): Kulturphilosophie. Leipzig: Reclam Verlag 1996 (Reclam-Bibliothek Bd. 1554).

König, Gudrun M. (2004): Stacheldraht.: Die Analyse materieller Kultur und das Prinzip der Dingbedeutsamkeit (2004). In: Johler/Tschofen 2008, S. 117–138.

König, Gudrun M. (2008): Der gute schlechte Geschmack. Geschlechterdiskurse und Konsumkritik um 1900. In: Johler/Tschofen 2008, S. 423–436

König, Wolfgang: Geschichte der Konsumgesellschaft. Stuttgart: F. Steiner 2000 (VSWG Vierteljahrsschrift für Sozial- und Wirtschaftsgeschichte Beihefte 154).

Koppe, Gottlieb: Unterricht im Ackerbau und in der Viehzucht. Handbuch für Landleute und alle, welche es mit dem Landmann gut meinen, besonders im preußischen Staate. Berlin 1818; [*später erschienen unter dem Titel:* Johann Gottlieb Koppe's Unterricht im Ackerbau und in der Viehzucht: Anleitung zu vorteilhaftem Betriebe der Landwirtschaft. Mit Koppes Bildnis und Lebensbeschreibung hrsg. von Emil Theodor Wolf, 11. Auflage: Parey, Berlin 1885].

Kornwachs, Klaus: Systemtheorie als Instrument der Interdisziplinarität? In: Spektrum der Wissenschaft Sept.1994, S. 117–121.

Kramer, Dieter (1976): Kulturgeschichtliche Museen und Sammlungen im Hessischen Museumsentwicklungsplan. In: Brückner, Wolfgang und Bernward Deneke (Hrsg.): Volkskunde im Museum. ... Perspektiven musealer Sammel- und Darbietungspraxis. Geschichte und Problematik des „Volkskundlichen" in kulturhistorischen Museen. Würzburg 1976 (Veröff. z. Volkskunde und Kulturgeschichte, 1), S. 177–217.

Kramer, Dieter (1990a): Die Pferde der Bauern von Unterfinning. In: Zeitschrift für Volkskunde 86/1990, S. 167–176. Auch in: Kramer, Dieter: Von der Notwendigkeit der Kulturwissenschaft. Marburg: Jonas 1997, S. 2834.

Kramer, Dieter (1990b): Alltagskultur - Die Dynamik des Privaten. In: Hoffmann, Hilmar; Klotz, Heinrich: Die Kultur unseres Jahrhunderts 1970–1990. Düsseldorf u. a. 1990, S. 227–245.

Kramer, Dieter (1993): Kultur und Regeln. Bemerkungen zu Günter Wiegelmanns theoretischen Konzepten. In: Hessische Blätter für Volks- und Kulturforschung NF 30/1993, S. 145–152. [Auch in: Wiegelmann, Günter: Theoretische Konzepte der Europäischen Ethnologie. 2. erw. Aufl. Münster: Lit 1995, S. 242–249].

Kramer, Dieter (1998): No gourmet meals? Sozialkulturelle Rahmenbedingungen der Nachhaltigkeit. In: Politische Ökologie Sonderheft 11 (Wege aus der Wachstumsfalle) 16. Jg. Jan./Feb. 1998. S. 38–42.

Kramer, Dieter (2001a): Kulturmuster für Lebensplätze. Eine mentale Infrastruktur für die Zeit nach der Vollbeschäftigung. In: Volkskundliche Tableaus. Eine Festschrift für Martin Scharfe zum 65. Geburtstag ... Münster u. a.: Waxmann, 2001, S. 327–243.

Kramer, Dieter (2001b): Macht, Recht und Kampf um kulturelle Hegemonie im Zeichen von Globalisierung. In: Wagner, Bernd (Hrsg.): Kulturelle Globalisierung –Zwischen Weltkultur und kultureller Fragmentierung. Essen: Klartext Verl. 2001 (Schriftenreihe der HGDÖ; Bd. 13).

Kramer, Dieter (2001c): Zur Kultur des Reichtums. Ein Essay zu sozialkulturellen Dimensionen von Reichtum. In: Jörg Stadlinger (Hrsg.): Reichtum heute: Diskussion eines kontroversen Sachverhaltes. Münster: Westfälisches Dampfboot 2001, S. 258–273.

Kramer, Dieter (2003): Was kommt nach dem Ende der Vollerwerbsgesellschaft? In: Hess, Sabine; Moser, Johannes (Hrsg.): Kultur der Arbeit – Kultur der neuen Ökonomie. Kulturwissenschaftliche Beiträge zu neoliberalen Arbeits- und Lebenswelten. Graz: Kuckuck 2003 [Kuckuck. Notizen zur Alltagskultur Sonderband 4], S. 49–71.

Kramer, Dieter (2011): Von der Freizeitplanung zur Kulturpolitik. Eine Bilanzierung von Gewinnen und Verlusten. Frankfurt/M.: P. Lang 2011.

Kramer, Dieter (2012): Kulturelle und historische Dimensionen der Diskussion um Gemeinnutzen. Ein Beispiel für die Aktualität von Themen der Europäischen Ethnologie. In: Zeitschrift für Volkskunde 2012 H. 2 S. 265–285.

Kramer, Dieter (2016): Fremde gehören immer dazu. Marburg/Weimar: Jonas 2016.

Kraus, Karl: Franz Ferdinand und seine Talente. In: Die Fackel 10. Juli 1914 S. 1–4.

Kriener, Manfred: Die Erfindung des Fast Food. In: Die Zeit v. 7. August 2014, S. 15.

Krippendorf, Jost: Die Landschaftsfresser. Bern: Haupt 1975.

Krippendorf, Jost: Die Ferienmenschen. Für ein neues Verständnis von Freizeit und Reisen. München 1986.

Krolzik, Udo: Kulturvierung der Schöpfung – zur Bewertung der Naturbearbeitung durch den Menschen in Theologie und Kirche vom 12. bis zum 19. Jahrhundert. In: Calließ 1989: S. 277–302.

Kuczynski, Jürgen: Die Geschichte der Lage der Arbeiter unter dem Kapitalismus Band 9: Bürgerliche und halbfeudale Literatur aus den Jahren 1840 bis 1847 zur Lage der Arbeiter. Eine Chrestomathie. Berlin: Akademie-Verlag 1960.

Kuczynski, Jürgen: Geschichte des Alltags des deutschen Volkes. Studien 1, 1600–1650 Köln 1980; Studien 2, 1650–1810. Köln 1981.

Künsting, Sabine: Welz, Gisela: Fremde Kultur als Muster für Alternativkulturen und soziale Bewegungen. In: Kulturkontakt – Kulturkonflikt. Zur Erfahrung des Fremden. Notizen Frankfurt am Main 1988, T. 2 S. 403–409.

Kurella, Doris: Inka, Ordnungsmacht der Anden. In: Spektrum der Wissenschaft Oktober 2013, S. 66–73.

Kurz, Robert: Schwarzbuch Kapitalismus. Ein Abgesang auf die Marktwirtschaft. Erw. Neuauflage 2009, Frankfurt/M.: Eichborn 2009.

Lafargue, Paul: Das Recht auf Faulheit [1883frz./1891 deutsch.] Hrsg. und eingeleitet von Iring Fetscher. Frankfurt am Main: EVA 1966.

Lamparter, Dietmar H.: Superstar-Alarm. Warum meine Tochter unbedingt sofort weiße Turnschuhe brauchte. In: Die Zeit v, 9. Juli 2015 S. 24.

Lang, Hartmut: Ethnodemographie. In: Handbuch der Ethnologie: Festschrift für Ulla Johansen. Hrsg. v. Thomas Schweizer, Margarete Schweizer und Waltraud Kokot. Berlin: Reimer, 1993, S. 117–133.

Leggewie, Claus; Welzer, Harald: Das Ende der Welt, wie wir sie kannten. Klima, Zukunft und die Chancen der Demokratie. Frankfurt am Main: S. Fischer 2009.

Lengyel, Stefan : Design - aus vielen Funktionen wächst die Form. In: Spektrum der Wissenschaft, April 1994, 88–94.

Lesarten der Geschichte. Ländliche Ordnungen und Geschlechterverhältnisse. Festschrift für Heide Wunder zum 65. Geburtstag. Kassel: University Press 2004.

Lessing, Hans-Erhard (Hrsg.): Fahrradkultur 1. Der Höhepunkt um 1900. [darin gekürzter Reprint von:

Schiefferdecker, [Paul]: Das Radfahren und seine Hygiene. Nebst einem Anhang: das Recht des Radfahrer von Prof. Dr. jur. (Johannes) Schumacher. Bonn 1900] Reinbek bei Hamburg: Rowohlt 1982.

Liberti, Stefano: Landraub. Reisen ins Reich des neuen Kolonialismus. Berlin: Rotbuch Verl. 2012; Bonn: Bundeszentrale für politische Bildung 2012.

Lorek, Sylvia; Spangenberg, Joachim H.: Reichtum und Ökologie. In: Stadlinger, Jörg (Hrsg.): Reichtum heute: Diskussion eines kontroversen Sachverhaltes. Münster: Westfälisches Dampfboot 2001, S. 155–170.

Loschek, Ingrid: Wann ist Mode? Strukturen, Strategien und Innovationen. Berlin: Reimer 2007.

Luhmann, Niklas: Ökologische Kommunikation. Opladen: Leske 1986.

Maase, Kaspar (1992): BRAVO Amerika. Erkundungen zur Jugendkultur der Bundesrepublik. Hamburg: Junius 1992 (Schriftenreihe des Hamburger Instituts für Sozialforschung).

Maase, Kaspar (1997): Grenzenloses Vergnügen. Der Aufstieg der Massenkultur 1850–1970. Frankfurt am Main: Fischer Tb. 1997.

Magnus, Jochen: Big Data: Technik überholt die Utopien. In: Rhein-Zeitung (Koblenz) 6. Oktober 2014 S. 8.

Mandeville, Bernard: Die Bienenfabel oder Private Laster als gesellschaftliche Vorteile. Leipzig, Weimar: Kiepenheuer 1988.

Maria Theresia und ihre Zeit. Eine Darstellung der Epoche von 1470–1780 aus Anlaß der 200. Wiederkehr des Todestages der Kaiserin. Salzburg: Residenz Verl. 1979.

Marx, Karl; Engels, Friedrich: Werke. Bd. 1ff. Berlin: Dietz Verl. 1961–1989.

Massarrat, Mohssen: Mittlerer und Naher Osten. Eine Einführung in Geschichte und Gegenwart der Region. Münster: Agenda Verl. 1996.

Matthäi, Ingrid: ‚Grüne Inseln' in der Großstadt. Eine kultursoziolohgische Studie über das organisierte Kleingartenwesen in Westberlin. Marburg: VAG 1989.

Mayer, Theodor: Vom Werden und Wesen der Landgemeinde. In: Franz 1976, S. 331–373.

McNeill John R. McNeill/Peter Engelke: Mensch und Umwelt im Zeitalter des Anthropozän. In: Iriye Bd. 6 2013: S. 357–534.

Meier, Christian: Athen. Ein Neubeginn der Weltgeschichte. Berlin: Jobst Siedler 1993.

Meißner, Jörg: Strategien der Werbekunst von 1850 bis 1933. Berlin: Deutsches Historisches Museum 2004.

Melber, Henning: Der Hype um die Mittelklassen. In: Entwicklung und Zusammenarbeit 2/2015 S. 36–37.

Meyer, Sibylle; Schulze, Eva: Technik ... ganz privat. Technikfolgen für Familien. In: Wechselwirkung April 1995, S. 56–61.

Meyer-Schönberger, u. a.: Big Data München 2013 in: Das Argument 311/2015 S. 137–138.

Miegel, Meinhard (2010): Exit: Wohlstand ohne Wachstum. Berlin: Ullstein/Propyläen 2010; Bonn: Bundeszentrale für politische Bildung 2010.

Miegel, Meinhard (2012): Welches Wachstum und welchen Wohlstand wollen wir? In: Aus Politik und Zeitgeschichte 27–28/2012 S. 3–8.

Misik, Robert: Das Kult-Buch. Glanz und Elend der Kommerzkultur. Berlin: Aufbau 2007; Bonn: Bundeszentrale für politische Bildung 2007.

Model, Otto u. a.: Staatsbürger-Taschenbuch. 33. neubearb. Aufl. München: C.H. Beck 2012.

Möser, Justus: Klage wider die Packenträger; Schutzrede der Packenträger, Urteil über die Packenträger. In: Justus Mösers Sämtliche Werke Bd. 4 Zweite Abt. Patriotische Phantasien und Zugehöriges. Patriotische Phantasien I., Oldenburg (Oldbg), Berlin 1943, S. 185–197.

Mühlberg, Dietrich: Linke und Kultur. Ein Rückblick aus aktuellem Anlass. Beitrag zur Auftaktveranstaltung für einen „Gesprächskreis Kultur" bei der Rosa-Luxemburg-Stiftung am 8./9. November 1913. Ms.

Müller-Doohm, Stefan: Jürgen Habermas. Eine Biographie. Berlin: Suhrkamp 2014; Darmstadt: Wissenschaftliche Buchgesellschaft 2014.

Müller-Wichmann, Christiane: Zeitnot. Untersuchungen zum „Freizeitproblem" und seiner pädagogischen Zugänglichkeit. Weinheim, Basel: Beltz 1984.

Naumann, Friedrich: Mitteleuropa. Volksausgabe mit Bulgarien u. Mitteleuropa. Berlin: Georg Reimer 1916.

Neuhäuser, Christian: Faires Wachstum und die Rolle der Unternehmen. In: Aus Politik und Zeitgeschichte 27–28/2012 S. 57–62.

Nevermann, Knut: Zur Strategie systemüberwindender Reformen. Blätter für deutsche und internationale Politik 1968, S. 597–607.

Niederer, Arnold: Interfamiliäre und intrafamiliäre Kooperation In: In Memoriam António Jorge Dias. Lissabon: Instituto de alta Cultura 1974, S. 359–367.

Nitsch, Franz; Fischer, Jürgen; Stock, Klaus (Hrsg.): 90 Jahre Arbeitersport. Bundestreffen des Freundeskreises ehemaliger Arbeitersportler. Münster: Lit 1985.

Nuscheler, Franz: Das „Recht auf Entwicklung". Fortschritt oder Danaergeschenk in der Entwicklung der Menschenrechte? Deutsche Gesellschaft für die Vereinten Nationen, Blaue Reihe Nr. 67, Bonn 1996.

Nutzen statt Besitzen. Auf dem Weg zu einer ressourcenschonenden Konsumkultur. Berlin 2012: Heinrich Böll Stiftung Schriften zur Ökologie Bd. 27 (Heinrich Böll Stiftung Ökologie/NABU).

Nuys-Henkelmann, Christian de: Alltagskultur Moderne Zeiten: Der Verlust der Gemütlichkeit. In: Hoffmann, Hilmar; Klotz, Heinrich (Hrsg.): Die Kultur unseres Jahrhunderts Bd. 2 1918–1933. Düsseldorf u. a.: ECON 1990, S. 11–46.

Nuys-Henkelmann, Christian de: Alltagskultur. „Wenn das der Führer wüßte ...“ Leben mit Hitler. In: Hoffmann, Hilmar; Klotz, Heinrich (Hrsg.:). Die Kultur unseres Jahrhunderts Bd. 3 1933–1945. Düsseldorf u. a.: ECON 1991, S. 203–229.

Oikos. Von der Feuerstelle zur Mikrowelle. Haushalt und Wohnen im Wandel. Stuttgart 1992 (Katalog zur Ausstellung des Deutschen Werkbundes Baden-Württemberg in Zusammenarbeit mit dem Design Center Stuttgart).

Oldenberg, Karl: Die Konsumtion. In: Grundriß der Sozialökonomik II. Abt. 1. Teil 2. Aufl. Tübingen 1923, S. 188–263.

Ostrom, Elinor: Die Verfassung der Allmende: Jenseits von Staat und Markt. Tübingen: Mohr & Siebeck 1999.

Ostrom, Elinor: Was mehr wird, wenn wir teilen. Vom gesellschaftlichen Wert der Gemeingüter. München: Oekom 2011.

Ott, Konrad; Döring, Ralf: Theorie und Praxis starker Nachhaltigkeit: Marburg: Metropolis 2004.

Our Creative Diversity. Report of the World Commission on Culture and Development. UNESCO-Publishing, Paris 1995/1996 (Pérez de Cuéllar-Report). Zitiert nach der deutschen Fassung: Unsere kreative Vielfalt. Bericht der „Weltkommission Kultur und Entwicklung" (Kurzfassung). Deutsche UNESCO-Kommission, 2. erw. Aufl. 1997.

Packard, Vance: Die geheimen Verführer. Der Griff nach dem Unbewussten in Jedermann. Düsseldorf: Econ 1960.

Papst Franziskus: Laudato si'. Über die Sorge für das gemeinsame Haus. Die Umwelt-Enzyklika. Stuttgart: kbw 2015.

Paqué, K.-H.; Jochimsen, B.; Bettzüge, M.I.; Schneidewind, U.: Wachstum, Wohlstand, Lebensqualität. Aktuelle Debatten. In: Aus Politik und Zeitgeschichte 27–28/2012 S. 15–27.

Pearce, Fred: Die letzten guten Hirten. Wie Nomaden das Gemeinschaftsland nutzen und schützen. In: Le Monde diplomatique August 2012, S. 12/13.

Pearce, Fred: Landgrabbing. Der globale Kampf um Grund und Boden. München: Antje Kunstmann 2012.

Peesch, Reinhard: Die Fischerkommunen auf Rügen und Hiddensee. Berlin: Deutsche Akademie der Wissenschaften 1961.

Petzoldt, Leander: Deutsche Volkssagen. München: Beck 1970.

Piorkowsky, Michael-Burkhard: Produktive Konsumenten sind basale Akteure in der realen Ökonomie. In: Fischer 2014, S. 223–242.

Ploetz: Der große Ploetz 33. Aufl. Freiburg: Herder; Darmstadt: Wissenschaftliche Buchgesellschaft 1998.

Polanyi, Karl: The Great Transformation. Politische und ökonomische Ursprünge von Gesellschaft und Wirtschaftssystemen. Frankfurt am Main: Suhrkamp Taschenbuch Verlag: Frankfurt/M. 1978 (Suhrkamp Taschenbuch Wissenschaft 260).

Pott, Emil: Zur Verproviantierung unserer Hütten im Jahr 1899. In: Mitteilungen des Deutschen und Österreichischen Alpenvereins 1899, S. 54–56.

Pries, Ludger: Kurze Geschichte eines angekündigten – und nie eingetretenen – Todes: Der Informelle Urbane Sektor in Lateinamerika. In: Peripherie Nr. 62/1996, S. 7–28.

Privat in der Öffentlichkeit. Internationales Forum für Gestaltung Ulm Tagung 1991. Ulm 1992.

Prunner, Gernot: Papiergötter aus China. Hamburg: Hamb. Museum für Völkerkunde 1973 (Wegweiser zur Völkerkunde H. 14).

Pues, Lothar u. a.: Art-Investor. Handbuch für Kunst & Investment. München: Finanzbuchverlag 2002.

Rachewiltz, Siegfried de; Rauchegger, Andreas; Ganner, Christiane (Hrsg.:) Die Kunst des Flickens und Wiederverwertens im historischen Tirol. Meran [Schriften des Landwirtschaftsmuseums Brunnenburg Nr. 15], 66–86.

Rao, Aparna: Zur Problematik der Wildbeuterkategorie. In: Handbuch der Ethnologie: Festschrift für Ulla Johansen. Hrsg. v. Thomas Schweizer, Margarete Schweizer und Waltraud Kokot. Berlin: Reimer, 1993 (Ethnol. Paperbacks), S. 491–520.

Ratgeber Verbraucherschutz kompakt. Hrsg. Presse- und Informationsamt der Bundesregierung 5. Aufl. Berlin 2015.

Reichholf, Josef H.: Eine kurze Naturgeschichte des letzten Jahrtausends. Frankfurt am Main: S. Fischer 2007.

Reinhard, Wolfgang: Europa und die atlantische Welt. In: Irye Bd. 3 2014, S. 669–830.

Rieken, Bernd: Nordsee ist Mordsee. Sturmfluten und ihre Bedeutung für die Mentalitätsgeschichte der Friesen. Waxmann: Münster u. a. 2005.

Riesman, David: Die einsame Masse. Eine Untersuchung der Wandlungen des amerikanischen Charakters. Reinbek bei Hamburg: Rowohlt 1958.

Rifkin, Jeremy: Die dritte industrielle Revolution. Die Zukunft der Wirtschaft nach dem Atomzeitalter. Frankfurt am Main: Campus 2011; Bonn: Bundeszentrale für politische Bildung 2011.

Rifkin, Jeremy: Die Null-Grenzkosten-Gesellschaft. Das Internet der Dinge – Kollaboratives Gemeingut und der Rückzug des Kapitalismus. Frankfurt am Main: Campus 2014.

Röbke, Thomas: Zwanzig Jahre Neue Kulturpolitik. Erklärungen und Dokumente 1972–1992. Hagen/Essen: Kulturpolitische Gesellschaft/Klartext Verl. 1993 (Edition Umbruch, Bd. 1).

Rohrmoser, Anton: Kultur in der eigenständigen Regionalentwicklung. In: Dorf als sozial- und kulturpolitisches Handlungsfeld. VHS Landkreis Kassel, Kassel/Wolfhagen 1994, S. 22–42.

Rohwetter, Marcus: Überfluss für alle. Karl und Theo Albrecht verkauften billigen Luxus und lebten selbst bescheiden. Das macht sie zu Vorbildern. Die Zeit, 24. Juli 2014, S. 1.

Rolshoven, Johanna: (Einladung zur) Kulturdebatte. In: Österreichische Zeitschrift für Volkskunde 117/2014, S. 293–299.

Roscoe, Philip: Rechnet sich das? Wie ökonomisches Denken unsere Gesellschaft ärmer macht. Berlin: Hanser 2014.

Rosenberg, Emily S.: Transnationale Strömungen in einer Welt, die zusammenhält. In: Iriye Bd. 5 2013, S. 815–998.

Rufin, Jean-Christophe: Das Reich und die neuen Barbaren. Mit einem Geleitwort von Adolf Muschg. Berlin: Verlag Volk und Welt 1993.

Rumford: Rezepte für ein besseres Bayern. Ausstellung München 2014: Stadtmuseum München, Hirmer 2014.

Sachs, Wolfgang (Hrsg.): Wie im Westen, so auf Erden. Ein polemisches Handbuch zur Entwicklungspolitik. Reinbek b. Hamburg: Rowohlt Tb. 1993.

Sachs, Wolfgang: Der Planet als Patient. Über die Widersprüche globaler Umweltpolitik. Berlin u. a.: Birkhäuser 1994.

Sahlins, Marshall: Kultur und praktische Vernunft. Frankfurt am Main: Suhrkamp Verlag 1981.

Scherhorn, Gerhard: Wird der fordistische Gesellschaftsvertrag aufgekündigt? In: Grenzen-los? Jedes System braucht Grenzen – aber wie durchlässig müssen diese sein? Ernst Ulrich von Weizsäcker (Hrsg.) – Berlin; Basel; Boston: Birkhäuser, 1997, S. 160–169.

Schildt, Axel; Detlef Siegfried: Deutsche Kulturgeschichte. Die Bundesrepublik – 1945 bis zur Gegenwart. München: Hanser 2009; Bonn: Bundeszentrale für politische Bildung 2009.

Schlögel, Karl: Terror und Traum. Moskau 1937. München: Hanser 2008.

Schlussbericht der Enquete-Kommission Wachstum, Wohlstand, Lebensqualität – Wege zu nachhaltigem Wirtschaften und gesellschaftlichem Fortschritt in der Sozialen Marktwirtschaft. Deutscher Bundestag Drucksache 17/13300. Berlin 2013.

Schmidt-Bleek, Friedrich: Grüne Lügen. Nix für die Umwelt, alles fürs Geschäft – wie Politik und Wirtschaft die Welt zugrunde richten. München: 2014.

Schulze, Gerhard: Die Erlebnisgesellschaft. Kultursoziologie der Gegenwart. Mit einem aktuellen Vorwort des Autors. Frankfurt am Main/New York: Campus 2005.

Schutz des Menschen und der Umwelt, Verantwortung für die Zukunft. Wege zum nachhaltigen Umgang mit Stoff- und Materialströmen. Zwischenbericht der Enquete-Kommission „Schutz des Menschen und der Umwelt - Bewertungskriterien und Perspektiven für umweltverträgliche Stoffkreisläufe in der Industriegesellschaft" des 12. Deutschen Bundestages. Bonn 1993.

Schwibbe, Gudrun [Rez. zur Armutsforschung] In: Zeitschrift für Volkskunde 214/1, S. 165–168.

Scott, Margaret: Kleidung und Mode im Mittelalter. Darmstadt: Wissenschaftliche Buchgesellschaft 2009.

Siebel, Walter: Stadtkultur. In: Das neue Interesse an der Kultur. Hagen 1990 (Kulturpolitische Gesellschaft, Dok., 34), S. 133–146.

Simon, Gabriele: Mehr Genuß! Mehr Faulheit! Mehr Schlendrian! In: Welche Dinge braucht der Mensch? Katalogbuch zur gleichnamigen Ausstellung. Hrsg. i. A. des Deutschen Werkbundes Hessen von Dagmar Steffen. 2. Aufl. Frankfurt am Main 1996, S. 162–168.

Sladek, Ursula: Moderne ökologische Energieversorgung – Das Beispiel der Stadt Schönau/Schwarzwald. In: Heckmann, Friedrich; Spoo, Eckart (Hrsg.): Wirtschaft von unten. Selbsthilfe und Kooperation. Heilbronn: Distel Verlag 1997, S. 198–203.

Smith, Adam: Untersuchung über Wesen und Ursachen des Reichtums der Völker. Reprint Tübingen 2005 [zit. in Birgit Weber 2010: 29].

Sölle, Dorothee: Wege zum Leben in seiner Fülle. In: Die Zeit Nr. 34 v. 19.8.1983, S. 14.

Spangenberg, Joachim H.: Evolution und Trägheit. In: Kaiser 1993, S. 288–305.

Stahel, Walter R.: Im Namen des Nutzers. Internationales Forum für Gestaltung Ulm. Tagung 1990. Ulm 1991.

Steinhau, Henry: Keine Panik vor Big Brother. In: TAZ Die Tageszeitung v. 15.02.2000.

Steinmüller, Angela und Karlheinz: Ungezähmte Zukunft. Wild Cards und die Grenzen der Berechenbarkeit. München: Gerling Akademie 2003.

Stifter, Adalbert: Bunte Steine. Vorrede. Leipzig: Heckenast 1853.

Stöcker, Christian: Nerd-Attack! Eine Geschichte der digitalen Welt von c 64 bis zu Twitter und Facebook. München: DVO 2011; Bonn: Bonn: Bundeszentrale für politische Bildung 2011.

Stoffwechsel Berlin. Urbane Präsenzen und Repräsentationen. Berliner Blätter der Kulturanthropologen der Humboldt-Universität Themenheft Heft 53/2010 „Stoffwechsel Berlin. Urbane Präsenzen und Repräsentationen".

Stratmann-Mertens, Eckhard; Hickel, Rudolf; Priewe, Jan (Hrsg.): Wachstum. Abschied von einem Dogma. Kontroverse über eine ökologisch-soziale Wirtschaftspolitik. Frankfurt am Main: S. Fischer 1991.

Streissler, Erich und Monika (Hrsg.): Konsum und Nachfrage. Köln: Kiepenheuer & Witsch 1966 (Neue wiss. Bibl.).

Strohschneider, Tom: Linke Mehrheit? Über rot-rot-grün, politische Bündnisse und Hegemonie. Hamburg: VSA 2014.

Tandon, Yash: Gemeinschaftsrechte und Umwelt in Afrika. In: Sachs, Wolfgang (Hrsg.), Der Planet als Patient. Über die Widersprüche globaler Umweltpolitik. Berlin, Basel, Boston: Birkhäuser Verlag 1994 (Wuppertal Paperbacks), S. 227–250.

Tanzer, Gerhard: Spectacle müssen seyn. Die Freizeit der Wiener im 18. Jahrhundert. Wien u. a.: Böhlau 1992 (Kulturstudien Bd. 21).

Tetzlaff, Rainer (Hrsg.): Weltkulturen unter Globalisierungsdruck. Erfahrungen und Antworten aus den Kontinenten. Bonn 2000 (EINE Welt. Texte der Stiftung Entwicklung und Frieden Bd. 9).

Tévoédjrè, Albert: Armut, Reichtum der Völker. Wuppertal: P. Hammer 1980.

Thie, Hans: Rotes Grün. Pioniere und Prinzipien einer ökologischen Gesellschaft. Eine Veröffentlichung der Rosa-Luxemburg-Stiftung. Hamburg: VSA 2013.

Thompson, Edward P.: Plebeische Kultur und moralische Ökonomie. Aufsätze zur englischen Sozialgeschichte des 18. und 19. Jahrhunderts. Ausgewählt und eingeleitet von Dieter Groh. Frankfurt/M., Berlin 1980: Ullstein (Sozialgeschichtliche Bibliothek, Ullstein Materialien).

Thun, Matteo: Design heute: Maßstäbe. Formgebung zwischen Industrie und Kunst-Stück (Deutsches Architekturmuseum, Frankfurt am Main) München: Prestel 1988.

Tiebler, Petra: Umwelttrends im Konsumentenverhalten. In: Steger, Ulrich (Hrsg.): Handbuch des Umweltmanagements. München 1992.

Tjaden, Karl Hermann: Mensch, Gesellschaftsformation, Biosphäre: Über die gesellschaftliche Dialektik des Verhältnisses von Mensch und Natur. Marburg: Verl. Arbeiterbewegung und Gesellschaftswissenschaften 1990.

Tolksdorf, Ulrich: Nahrungsforschung. In: Brednich, Rolf W. (Hrsg.): Grundriß der Volkskunde, 3. überarb. u. erw. Aufl. Berlin: Reimer 2001, S. 239–254.

Topik, Steven C./Wells, Allen: Warenketten in einer globalen Wirtschaft. In: Iriye Bd. 5, S. 589–812.

Trojanow, Ilija: Kommentar. In: TAZ Die Tageszeitung v. 14.05.2014 S. 08.

Tully, Claus J.: Nachhaltiger Konsum. In: Aus Politik und Zeitgeschichte 27–28/2012 S. 51–56.

Turgenew, Iwan Sergejewitsch: Erste Liebe. Leipzig: Ph. Reclam jun. 1977.

Übereinkommen über Schutz und Förderung der Vielfalt kultureller Ausdrucksformen vom 20. Oktober 2005 (Convention on the Protection and Promotion of the Diversity of Cultural Expressions). Zwischen Deutschland, Österreich und der Schweiz abgestimmte Übersetzung. Bonn: Deutsche UNESCO-Kommission 2006.

Ulbricht, Justus H.: Heimatschutz ist Umweltschutz. Das Netzwerk der Neuen Rechten mit seinem neo-völkischen Grundmuster. In: Grüner Weg 31a. Zeitschrift des Studienarchivs Arbeiterkultur und Ökologie, Baunatal. 8. Jg. 1994, H. 4, S. 7–21.

Unmüßig, Barbara; Sachs, Wolfgang; Fatheuer, Thomas: Kritik der grünen Ökonomie. Berlin 2012.

Veigl, Hans (1996): Die 50er und 60er Jahre. Geplantes Glück zwischen Motorroller und Minirock. Fotoredaktion: Sabine Derman. Wien: Ueberreuter 1996.

Veigl, Hans (1997): Geplantes Glück. Die langen fünfziger Jahre. Kultureller Wandel in Österreich von 1950 bis 1970. Diss. Wien 1997.

Vester, Michael: Soziale Ungleichheit, Klassen und Kultur. In: Handbuch der Kulturwissenschaften. Stuttgart, Weimar: Metzler 2004, Bd. 3, S. 318–340.

Vöchting, Friedrich: Die italienische Südfrage. Entstehung und Problematik eines wirtschaftlichen Notstandsgebietes. Berlin 1951.

Vogel, Wolf-Dieter: „Wiederaneignung unserer Ressourcen und Identität" [Gespräch mit Boliviens Außenminister David Choquehuanca]. In: TAZ Die Tageszeitung v. 10./11. November 2012, S. 21.

Vogel, Wolf-Dieter: Interview [mit Edgardo Lander] TAZ Die Tageszeitung v. 9.07.2014, S. 13.

Helfrich, Silke; Heinrich-Böll-Stiftung (Hrsg.): Commons. Für eine neue Politik jenseits von Markt und Staat. Bielefeld: Transcript-Verlag 2012.

Volland, Maja: TTIP: Politik gegen den Bürger. In: Blätter für deutsche und internationale Politik 3/2015 S. 25–27.

Wagner, Fritz: USA. Geburt und Aufstieg der neuen Welt. Geschichte in Zeitdokumenten. 1607–1865. München: Münchner Verl. und Graph. Kunstanstalt 1947.

Wander, Karl-Friedrich Wilhelm: Sprichwörter-Lexikon [1866–1880] 5 Bde. Nachdruck Darmstadt: Wissenschaftliche Buchgesellschaft 1970.

Warneken, Bernd Jürgen: Die Ethnographie popularer Kulturen. Eine Einführung. Wien u. a.: Böhlau 2006.

Weber, Beda: Meran und seine Umgebungen. Innsbruck: Wagner'sche Buchh. 1875, reprint Meran Touriseum 2007.

Weber, Birgit: Haushalt – Markt – Konsum. Informationen zur politischen Bildung 308/2010.

Weber-Kellermann, Ingeborg: Erntebrauch in der ländlichen Arbeitswelt des 19. Jahrhunderts aufgrund der Mannhardtbefragung in Deutschland 1865. Marburg: Elwert 1965.

Weerth, Georg: Werke in zwei Bänden. Hrsg. v. Bruno Kaiser. Berlin, Weimar 1976: Aufbau Verl. 1976, Band 1 S. 158–170.

Wehler, Hans-Ulrich: Deutsche Gesellschaftsgeschichte. Bd. 1, 2, 4. München: Beck 1987–2003.

Wehler, Hans-Ulrich: Deutsche Gesellschaftsgeschichte. Fünfter Band Bundesrepublik und DDR. München: Beck 2008.

Weiss, Richard: Das Alpwesen Graubündens. Wirtschaft, Sachkultur, Recht, Älplerarbeit und Alperleben. Erlenbach-Zürich: E. Rentsch 1941.

Weißengruber, Silvia: Arbeit und Kritik. Versuche alternativer Lebenspraktiken im Neoliberalismus. Marburg: Jonas 2015 (Grazer Beiträge zur Europäischen Ethnologie Band 19).

Weizsäcker, Carl Christian von: Das Ende der Knappheit? FAZ v. 18.10.2014.

Weizsäcker, Ernst Ulrich von, mit Amory und Hunter Lovins: Faktor vier. Doppelter Wohlstand – halbierter Naturverbrauch. München: Droemer Knaur 1995.

Weizsäcker, Ernst Ulrich von: Arbeit und Umwelt. Perspektiven für das 21. Jahrhundert. In: Blätter für deutsche und internationale Politik 9/1993, 1047–1060. Auch in: Hoffmann, Hilmar und Dieter Kramer (Hrsg.): Arbeit ohne Sinn? Sinn ohne Arbeit? Frankfurt/M. 1993.

Weizsäcker, Ernst Ulrich von: Bewertungskriterien für die Biotechnologie. In: Kaiser, Gert 1993, S. 281–284.

Weller, Ines: Globalisierung und Chemisierung. In: Forum Wissenschaft (Marburg) H. 3/1994, S. 6-10.

Welzer, Harald: Jeder nach seinen Chancen, jeder nach seinen Möglichkeiten. Die soziale Welt des 22. Jahrhunderts. In: Grandits, Ernst A. (Hrsg.): 2112. Die Welt in 100 Jahren. S. 13–29.

Welzer, Harald; Rammler, Stephan (Hrsg.): Der FUTURZWEI Zukunftsalmanach 2013. Geschichten vom guten Umgang mit der Welt. Schwerpunkt Mobilität. Frankfurt am Main: Fischer Taschenbuch Verlag 2012; Bonn: Bundeszentrale für politische Bildung 2013.

Wiegelmann, Günter: Theoretische Konzepte der europäischen Ethnologie. Diskussionen um Regeln und Modelle. Münster 1990.

Wietschorke, Jens: „A Bit o' Colour. Bürgerliche Konstruktionen von „Arbeiterkultur" und die kulturelle Logik des besseren Lebens im frühen 20. Jahrhundert. In: Alltag Kultur Wissenschaft. Hrsg. von Burkhart Lauterbach. 1. Jg. 2014. Würzburg: Königshausen & Neumann 2014, S. 137–166.

Winterhagen, Johannes: Abgeschaltet. Was mit der Energiewende auf uns zukommt. München: Hanser 2012; Bonn: Bundeszentrale für politische Bildung 2011.

Wissen, Markus/Brand, Ulrich: Imperiale Lebensweise und die politische ökonomie natürlicher Ressourcen. In: Jäger, Johannes/Schmidt, Lukas et al. (Hrsg.): Globale Ressourcen und Rohstoffpolitik. Wien: Promedia 2016.

Yu Keping: Chinesische Sichtweisen auf Globalisierung: Vom „sino-westlichen" zum „Globalisierungs"-Diskurs. In: Tetzlaff, Rainer (Hrsg.): Weltkulturen unter Globalisierungsdruck. Erfahrungen und Antworten aus den Kontinenten. Bonn 2000 (EINE Welt. Texte der Stiftung Entwicklung und Frieden Bd. 9), S. 151–173.

Zapf, Wolfgang (Hrsg.): Lebensbedingungen in der Bundesrepublik. Sozialer Wandel und Wohlfahrtsentwicklung. Frankfurt am Main/New York: Campus 1977, 2. Aufl. 1978.

Zeiler, Thomas W.: Offene Türen in der Weltwirtschaft. In: Iriye Bd. 6 2013, S. 183–355.

Zimmerli, Walther Ch.: Das Abendland nach seinem Untergang. In: Hoffmann, Hilmar/Dieter Kramer (Hrsg.): Das verunsicherte Europa. Frankfurt/M. 1992, S. 54–76.

Zukunftsfähiges Deutschland in einer globalisierten Welt. Ein Anstoß zur gesellschaftlichen Debatte. Eine Studie des Wuppertal Instituts für Klima, Umwelt, Energie. Frankfurt am Main: Fischer Taschenbuch Verlag 2008/Bundeszentrale für politische Bildung 2008.

Zukunftsfähiges Deutschland. Ein Beitrag zu einer global nachhaltigen Entwicklung. Hrsg. von BUND und Misereor. Studie des Wuppertal Instituts für Klima, Umwelt, Energie. Basel u. a.: Birkhäuser 1996.

Zweig, Stefan: Die Welt von Gestern. Erinnerungen eines Europäers [1944] Frankfurt am Main: Fischer Taschenbuch Verlag 1970.

Zwickel, Klaus: Kann denn Mammon christlich sein?". In: Frankfurter Rundschau Dok. v. 27.2.1999.

Wichtigste Schlagworte

Aktanten   75
Alltag   12, 22, 24, 65, 81, 113 (drei Dimensionen), 136, 146, 153, 155
Altersphasen (s. auch Shopping)   114
Apokalypse, Katastrophe   23, 28, 85
Appelle   15, 100, 151
Arbeitslosigkeit   106, 109
Armut   53, 56, 104
Ästhetik der Subsistenz   97, 118
Ausschreibungen   90, 93

Barock   147
Bedürfnislosigkeit   138
Bedürfnisse, Bedürfnistheorie „wahre" und „falsche" Bedürfnisse   42, 43, 100
Bevölkerungswachstum   23, 87
Beziehungsreichtum   64, 137, 139
Bhutan   90
Bienenfabel (Mandeville)   80, 85

Christentum   150
Commons s. Gemeinnutzen

Design   119 f.
Dialog der Kulturen s. interkultureller Dialog

Energiewende   109
Entgrenzung der Bedürfnisse   144
Erlebniseinkauf   67
Ernährung   32, 68, 120
Ethnologische Forschung   21, 40
Exzess   31, 66, 84, 107, 116, 142, 143, 152

Familiäre Kooperation   126
Faulheit   115, 128
Feuerbachthesen   29
Fortschritt, sogenannter   17, 34, 35, 141, 143
Frauenarbeit   108, 132, 140
Freihandel (auch TTIP)   26, 79, 91, 93
Freizeit   30, 43, 44, 50, 58, 78, 105, 114, 143

Geltungskonsum   48
Gemeinnutzen (Commons)   40, 77, 78, 102, 124, 125
Gemeinsam nutzen (collaborative consumption)   119, 120
Gemeinwohlökonomie, -bilanzen   22, 132

Genug   141, 142, 144
Genuss   66, 106
Geplante Obsoleszenz   78, 98
Geschenkfeste   99
Globale Kultur   57, 82, 84
Globaler Finanzausgleich   82, 87
Glück, s. auch Lebensqualität   140, 141, 146
Greeen economy   107 f.
Grundeinkommen   103
Grundrechte, soziale und materielle   51 f., 88, 89, 111

Herr der Tiere   142
Homo oeconomicus   45 f.

Idiotismus des Landlebens   138
Imperiale Lebensweisen, transnationale Verbraucherklasse   80 f.
Informeller Sektor   127, 128
Infrastruktur   26, 51
Innovationen   95, 104, soziale Innovationen 131
Interkultureller Dialog   21
Islam   96, 148 f.

Japan   145, 147

Kalter Krieg   50, 56, 59, 158
Klimawandel   12, 25, 151
Kommunikationsforschung   63
Konsumentenbildung   44
Konsumentensouveränität   45, 46, 62, 63, 67, 70
Konsumentenverantwortung   100
Konversion s. Transformation
Krieg   122
Krisenpotenziale   27
Krisenelastizität   88
KSZE-Verträge   46, 89
Kulturelle Prägungen   31
Kulturfixierung   56

Landwirtschaft, Landgrabbing   105
Lebensphasen   143, 145, 148
Lebensplätze   128, 146
Lebensqualität   113, 136, 140, 150, 146
Liebe   51, 60, 62, 66, 113, 147, 148
Luxese   82, 114
Luxus   54, 116, 118, 138, 140, 153

Luxus-Kritik 55, 73, 116, 146

Mangelwirtschaft 122
Markenartikel (Branding) 70
Markt, Märkte 30, 41, 47, 53, 57, 110
Marktzerrüttung 46, 89
Meritorische Güter 51
Mode 70, 74, 99, 112
Modernisierung (sogenannte) 17, 30, 35
Molekulare Veränderungen 82, 114, 121, 122, 147, 154
Multiple Krise 39, 85

Nahrungsmittel, -industrie 32, 68, 69, 71
Naturstoffwechsel 20, 38, 75
Nord-Süd-Teilung 86
Notbehelfsökonomie 123
Nutzenmaximierung, Rational choice 42, 47, 115, 136

Ökobilanz 101
Ökodiktatur 102, 154

Papst Franziskus 148, 151
Peuplierung 59
Pfadabhängigkeit (Spielräume) 13, 15, 18, 29, 32, 41, 47, 49, 53 f., 55, 60, 72 f., 73, 76, 79 f., 89, 94, 111, 112, 133, 136, 140, 147, 154
Positionelle Güter 81
Psychologie 65

Rational choice s. Nutzenmaximierung
Rebound-Effekt (Gewinne oder Ersparnisse in der Produktion werden aufgezehrt) 26, 59, 47 f., 81, 104, 108, 119, 120, 122, 155

Selbstbegrenzung 13, 22, 140, 141 als Risikominimierung 31, 88, 117

Shopping 60 f.
Sozialökologie 103
Soziökonomie 13, 38
Spielräume s. Pfadabhängigkeit
Staatenfinanzausgleich 88
Standards des guten und richtigen Lebens 18, 77, 99, 117, 136
Stoffströme 75
Strukturpolitik 37
Subalterne, sogenannte 17, 37
Subsistenz 35, 39
Suffizienz 13, 22, 113, 152
Sünde 151
Symbolwelten 40, 46, 61, 75, 76, 84, 111, 144, 153
Systemtheorie 41, 42

Tourismus 25, 49, 58, 89, 101, 105, 141
Transfereinkommen (als Stützung des Wachstums) 103
Transformation, sozialökologische 18, 26, 44, 80, 102, 141
TTIP s. Freihandel

UNESCO 17/18, 76, 88
Urban Gardening 123

Vegetarisch, Vegan usf. 120
Verbraucher 67, -erziehung 44, 80, -politik 110, 111
Verzicht 12, 99 s. auch Selbstbegrenzung
Vielfalt (als Ressource) 37, 39, 76, 79, 88, 90, 94, 118

Waren 48, 62, 68
Werbung 65, 70, 72, 116

Zünfte 67, 110, 144